Schritte PLUS NEU 6 Österreich

Niveau B1.2

Deutsch als Zweitsprache
Kursbuch und Arbeitsbuch mit Audios online

Silke Hilpert
Marion Kerner
Angela Pude
Anne Robert
Anja Schümann
Franz Specht
Dörte Weers
Barbara Gottstein-Schramm
Valeska Hagner
Susanne Kalender
Isabel Krämer-Kienle

Barbara Békési
Lukas Mayrhofer

Hueber Verlag

Für die hilfreichen Hinweise danken wir:
PD Dr. Marion Grein, Johannes Gutenberg-Universität Mainz
sowie allen Teilnehmerinnen und Teilnehmern an den Kursleiter-Workshops

Unter Mitarbeit von:
Katja Hanke

Foto-Hörgeschichte:
Darsteller: Shary Osman, Sven Binner, Horst Kerner, Niklas Remoundos u. a.
Fotograf: Matthias Kraus, München

Audiodateien zum Arbeitsbuch
Produktion: Tonstudio tonetown, Wien
Sprecherinnen und Sprecher: Gabriela Hütter, Simon Jaritz, Lukas Mayrhofer, Karola Niederhuber, Aimie Rehburg, Peter Strauß

Die Audio- und Videodateien finden Sie in der *Hueber Media*-App.
Die Audiodateien stehen zusätzlich auch unter www.hueber.de/schritte-plus-neu/at zur Verfügung.

5. 4. 3. | Die letzten Ziffern
2028 27 26 25 24 | bezeichnen Zahl und Jahr des Druckes.
Alle Drucke dieser Auflage können, da unverändert, nebeneinander benutzt werden.
1. Auflage

Umschlaggestaltung: Sieveking Agentur, München
Gestaltung und Satz: Sieveking Agentur, München
Druck und Bindung: Passavia Druckservice GmbH & Co. KG, Passau
Printed in Germany
ISBN 978-3-19-761080-1

Art. 530_28610_001_03

Aufbau

Symbole und Piktogramme

Kursbuch

2 🔊 8 Hörtext

Foto-Hörgeschichte als Slide-Show

Aktivität im Kurs

Einsatz mobiler Geräte (fakultativ)

ÜG Verweis auf Schritte Neu Grammatik (ISBN 978-3-19-011081-0)

Grammatik:

Wie lange?	..., seit/seitdem ich 16 bin. ..., bis die Schule wieder anfängt

Hinweis:

irgend-: irgendwer, irgendwie, irgendwann, ...

Kommunikation:

Unglaublich! / Wahnsinn! ...
Wirklich? Das ist ja kaum zu glauben.

Arbeitsbuch

🔊 12 Hörtext

B2 Verweis ins Kursbuch

◇ Vertiefungsübung zum binnendifferenzierenden Arbeiten

◆ Erweiterungsübung zum binnendifferenzierenden Arbeiten

Inhaltsverzeichnis **Kursbuch**

D	E	Wortfelder	Grammatik
Von mir aus können wir uns gern duzen. • das *Du* anbieten. • duzen oder siezen?		• Arbeit und Kollegen • Umgang im Büro	• Konjunktion *falls*: *..., falls dich das interessiert.* • zweiteilige Konjunktion *je ... desto/umso*: *..., desto schlechter wird die Stimmung.* • Relativsatz mit Präpositionen: *Ist das die Bekannte, von der du erzählt hast?* • Adjektiv als Nomen: *bekannt → die/der Bekannte* • n-Deklination: *ein Kollege, einen Kollegen*
Internetforum • in einem Forum antworten	**Radioreportage** • eine Radiodiskussion zum Thema „digitale Welt" verstehen • über digitale Medien diskutieren	• Technik und Alltag • digitale Medien	• Konjunktionen *während, nachdem, bevor*: *Du suchst nach der Datei, während ich das Programm runterlade. Alex war Polizist, bevor er „Superstar" wurde. Nachdem du den Ordner kopiert hattest, hast du ihn gelöscht.* • Konjunktion *als ob*: *Du tust ja so, als ob ich keine Ahnung hätte.*
Crowdsourcing • eine Radioreportage zum Thema Crowdsourcing verstehen • Crowdsourcing ausprobieren	**Die sprechende Zahnbürste – eine Kolumne** • einen Lesetext zum Thema verstehen	• Produkte und Werbung • Beschwerden und Reklamation • Missgeschicke und Pannen	• zweiteilige Konjunktion *sowohl ... als auch*: *sowohl gut als auch gesund* • zweiteilige Konjunktion *weder ... noch*: *weder gut noch gesund* • Relativsatz mit *wo* und *was*: *Das, was du suchst, ...* • Partizip Präsens als Adjektiv: *wohltun → wohltuend*
In der Fremde • Aussagen zum Fremdsein verstehen • über Erfahrungen mit dem Fremdsein sprechen	**Andere Länder, andere Sitten** • über Einladungen sprechen • Ratschläge geben	• Regeln und Gesetze • Umgangsformen • fremd sein • Länder und Sitten	• Futur I / Präsens und Zeitangabe (Zukünftiges ausdrücken): *Viele Wintersportler werden wahrscheinlich mit dem Auto unterwegs sein.* • Konjunktion *da*: *Ich kann es Ihnen zeigen, da ich gefilmt habe.*
Dieser Mensch ist ein Vorbild für mich. • über Vorbilder sprechen	**Gewissensfrage** • über Gewissensfragen sprechen und einen Standpunkt vertreten	• Vereine • soziales Engagement • Vorbilder • Gewissensfragen	• Konjunktion *seit/seitdem*: *..., seit/seitdem ich 16 bin.* • Konjunktion *bis*: *..., bis die Schule wieder anfängt.* • Konjunktion *indem*: *..., indem Sie mitmachen.* • Konjunktionen *ohne dass / ohne zu*: *..., ohne dass man ... schreibt. / ... ohne ... zu schreiben.* • Präposition *außer* + Dativ: *alle außer meinem Bruder*
Aus der österreichischen Geschichte • österr. Geschichte nach 1945 verstehen • die Geschichte des Heimatlandes präsentieren		• Biografien • Demokratie • Politik und Gesellschaft • österreichische Nachkriegsgeschichte	• Passiv Perfekt: *1975 ist ein Lernhilfeverein gegründet worden.* • Passiv Präteritum: *Die Flüchtlinge wurden nicht herzlich empfangen.* • Adjektivdeklination mit Komparativ und Superlativ: *ein größerer Teil, der größere/größte Teil*
Blick zurück – Blick nach vorn • über den eigenen Deutschlernweg sprechen • über Pläne und die Zukunft sprechen		• Spezialitäten • Heimat • Europa	• Wiederholung Wortbildung Nomen: *das Volk + s + das Fest = das Volksfest* • Wiederholung Verben mit Präpositionen: *denken an* • Wiederholung Präpositionaladverbien: *denken an – daran – woran?*

Inhaltsverzeichnis **Arbeitsbuch**

Vorwort

Liebe Leserinnen, liebe Leser,

mit *Schritte plus Neu Österreich* legen wir Ihnen ein komplett neu bearbeitetes Lehrwerk vor, mit dem wir das jahrelang bewährte und erprobte Konzept von *Schritte plus* noch verbessern und erweitern konnten. Erfahrene Kursleiterinnen und Kursleiter haben uns bei der Neubearbeitung beraten, um *Schritte plus Neu Österreich* zu einem noch passgenaueren Lehrwerk für die Erfordernisse Ihres Unterrichts zu machen. Wir geben Ihnen im Folgenden einen Überblick über Neues und Altbewährtes im Lehrwerk und wünschen Ihnen viel Freude in Ihrem Unterricht.

Schritte plus Neu Österreich ...

- führt Lernende ohne Vorkenntnisse in 6 Bänden zu den Sprachniveaus A1, A2 und B1.
- orientiert sich an den Vorgaben des Gemeinsamen Europäischen Referenzrahmens und bereitet auf alle gängigen Prüfungsformate vor.
- ist speziell für Kurse in Österreich erstellt: enthält gängigen österreichischen Wortschatz, sämtliche Hörtexte sind in österreichischem Standarddeutsch aufgenommen.
- bereitet die Lernenden auf Alltag und Beruf vor.
- eignet sich besonders für den Unterricht mit heterogenen Lerngruppen.
- ermöglicht einen zeitgemäßen Unterricht: die Audios zum Kurs- und Arbeitsbuch sind im Internetservice und auch über die *Hueber Media*-App abrufbar.

Der Aufbau von *Schritte plus Neu Österreich*

Kursbuch (sieben Lektionen)

Lektionsaufbau:

- Einstiegsdoppelseite mit einer rundum neuen Foto-Hörgeschichte als thematischer und sprachlicher Rahmen der Lektion (verfügbar als Audio oder Slide-Show).
- Lernschritte A–C: schrittweise Einführung des Stoffs in abgeschlossenen Einheiten mit einer klaren Struktur
- Lernschritte D+E: Trainieren der vier Fertigkeiten Hören, Lesen, Sprechen und Schreiben in authentischen Alltagssituationen und systematische Erweiterung des Stoffs der Lernschritte A–C
- Übersichtsseite Grammatik und Kommunikation mit Möglichkeiten zum Festigen und Weiterlernen sowie eine Übersicht über die Lernziele
- eine Doppelseite „Für zwischendurch ..." mit spannenden fakultativen Unterrichtsangeboten wie Projekten, Spielen, Liedern, Landeskunde etc. und vielen Möglichkeiten zur Binnendifferenzierung

Arbeitsbuch (sieben Lektionen)

Lektionsaufbau:

- abwechslungsreiche Übungen zu den Lernschritten A–E des Kursbuchs
- Übungsangebot in verschiedenen Schwierigkeitsgraden, zum binnendifferenzierten Üben
- ein systematisches Phonetik-Training
- ein systematisches Schreibtraining
- Aufgaben zum Selbstentdecken grammatischer Strukturen (Grammatik entdecken)
- Aufgaben zur Prüfungsvorbereitung
- Selbsttests am Ende jeder Lektion zur Kontrolle des eigenen Lernerfolgs der Teilnehmer
- fakultative Fokusseiten zu den Themen Alltag, Beruf und Familie

Anhang:

- Lernwortschatzseiten mit Lerntipps, Beispielsätzen und illustrierten Wortfeldern
- Grammatikübersicht

Außerdem finden Sie im Lehrwerkservice zu *Schritte plus Neu Österreich* die Audios sowie vielfältige Zusatzmaterialien für den Unterricht und zum Weiterlernen.

Viel Spaß beim Lehren und Lernen mit *Schritte plus Neu Österreich* wünschen Ihnen

Autoren und Verlag

Die erste Stunde im Kurs

1 Wie heißen Sie? Stellen Sie sich vor.

2 Schauen Sie das Foto an.
Kennen Sie die Personen? Wenn ja: Sammeln Sie Informationen.
Lesen Sie dann die Texte und ergänzen Sie. Sprechen Sie.

Mit vollem Namen heißt sie Ella Wegmann. Sie arbeitet als Journalistin beim Stadt-Kurier. Sie ist neugierig, sie interessiert sich für alles und sie kann sehr gut schreiben. In ihrer Freizeit macht Ella gern Sport. Ich glaube, sie joggt fast jeden Tag. Ella ist meine beste Mitarbeiterin. Manchmal habe ich Angst, sie könnte zu einer anderen Zeitung gehen.

Sami Kirsch ist mein Chef. Er ist Mitte 40 und Chefredakteur da beim Stadtkurier. Das ist ein sehr stressiger Job. Sami isst oft ungesunde Sachen und trinkt viel zu viel Kaffee. Dazu kommt, dass er zu wenig Sport macht. Kein Wunder, dass er Magenprobleme hat. Manchmal mache ich mir Sorgen um seine Gesundheit. Aber er ist ein wirklich guter und sehr netter Chef.

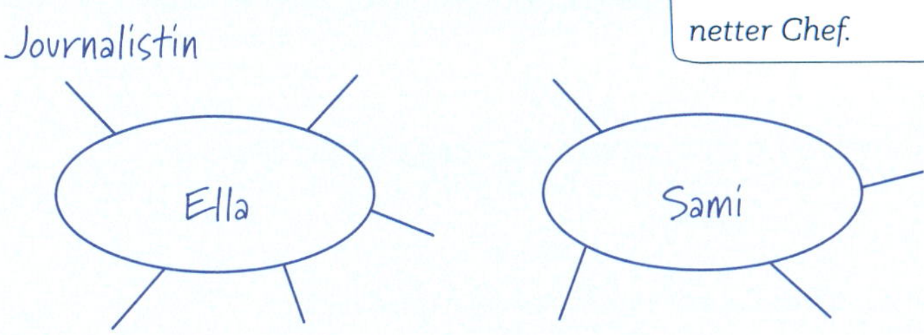

3 Erzählen Sie Ihrer Partnerin / Ihrem Partner über sich.
Stellen Sie dann Ihre Partnerin / Ihren Partner im Kurs vor.

Name | Beruf/Arbeitsplatz | Familie | Wohnort | Hobbys | Träume | ...

Unter Kollegen

Folge 8: Der wichtige Herr Böhm

1 🔊 1–4 **1 Was meinen Sie? Schauen Sie die Fotos an und beantworten Sie die Fragen.**
Hören Sie dann und vergleichen Sie.

Foto 1: Ella ist schlecht gelaunt. Warum?
Foto 2–4: Wo sind die beiden Frauen? Was machen sie dort?
Foto 3+4: Wer ist der Mann?

Vielleicht ist Ella schlecht gelaunt, weil die Frau keine Zeit für sie hat.

1 🔊 1–4 **2 Was passt? Ordnen Sie zu. Hören Sie noch einmal und vergleichen Sie.**

E = Ella KH = Katharina Hammerl B = Herr Böhm

a ………… hat eine Idee für einen Artikel über die Arbeit als Journalistin.
b ………… und ………… langweilen sich.
c ………… interviewt ………… zum ersten Mal.
d ………… freut sich, dass sie ihr großes Vorbild ………… endlich einmal kennenlernt.
e ………… hält Sami Kirsch für einen großartigen Journalisten.
f ………… erzählt, dass man auf ………… oft lange warten muss.
g ………… meint, dass ………… immer das Gleiche sagt.

Ella Wegmann

Du, Vivi, ich habe heute Katharina Hammerl kennengelernt!

Wer ist das noch einmal? Eine Sportlerin?

Blödsinn! Das ist die Kollegin, von der ich dir schon so oft erzählt habe.

Ah ja! Die Berühmte aus Graz?

Genau die, schau ...

Und? Wie ist die so?

Voll nett! Überhaupt nicht eingebildet. Wir sind jetzt per *Du*, falls dich das interessiert. Und sie hat mich zum Mittagessen eingeladen.

WOW! Ein richtig guter Tag für dich!?

3 Lesen Sie den Chat und beantworten Sie die Fragen.

– Was erfahren Sie über Katharina Hammerl?
– Wie findet Ella Katharina Hammerl?

4 Haben Sie ein Vorbild? Zeigen Sie ein Foto und erzählen Sie.

Mein großes Vorbild ist meine Freundin Svetlana. Zu ihr kann ich immer gehen, wenn ich Probleme habe. Sie kann sehr gut zuhören und hat immer gute Ratschläge.

A Wir sind jetzt per *Du*, **falls** dich das interessiert.

A1 Ein guter Tag für Ella?

a Was bedeutet *falls*? Lesen Sie die Tabelle und kreuzen Sie an.

Wir sind jetzt per *Du*,	falls	dich das	interessiert.
Kein Problem ist unlösbar,	falls	man seine Aufgaben ordentlich	gemacht hat.

falls = ○ weil ○ wenn ○ obwohl

b Schreiben Sie Sätze mit *falls* und vergleichen Sie mit Ihrer Partnerin / Ihrem Partner.

1 Sie haben ein Problem? Dann können Sie sich gern an mich wenden.
2 Sie möchten noch etwas wissen? Dann können Sie einfach anrufen.
3 Sie haben noch Fragen? Dann sind meine Mitarbeiterinnen und Mitarbeiter immer für Sie da.

1 Falls Sie ein Problem haben, können ...

A2 Probleme im Büro

a Welche Überschrift passt? Überfliegen Sie den ersten Abschnitt und kreuzen Sie an.

○ **Gutes Zeitmanagement: Wie schaffe ich meine Aufgaben rechtzeitig?**
○ **Grenzen setzen: Wie lehne ich Aufgaben im Job ab?**

Das kennen Sie sicher: Sie haben viel zu tun und wissen kaum, wie Sie Ihre Arbeit schaffen sollen. Plötzlich steht eine Kollegin oder ein Kollege vor Ihnen und bittet Sie um Hilfe. Die Chefin oder der Chef hat noch eine weitere Aufgabe für Sie. Sie möchten hilfsbereit sein und niemanden enttäuschen? Eventuell haben Sie auch Angst vor negativen Konsequenzen, falls Sie *Nein* sagen. Doch auch wenn es schwerfällt: Es ist wichtig, rechtzeitig *Nein* zu sagen. Denn Sie wirken unzuverlässig, falls Sie Ihre Aufgaben dann doch nicht schaffen.

- Achten Sie darauf, wie Sie *Nein* sagen: Seien Sie freundlich, aber bestimmt.
- Erklären Sie, warum Sie *Nein* sagen müssen. Beachten Sie dabei, dass Sie mit kurzen und klaren Erklärungen sicherer wirken.
- Sprechen Sie das Problem auch an, falls Sie schon zugesagt haben und Ihnen erst nachher klar wird, dass Sie das zeitlich nicht schaffen können.
- Zeigen Sie Verständnis für die Situation des Kollegen bzw. des Chefs und bieten Sie Alternativen/Kompromisse an. Vielleicht können Aufgaben getauscht oder verschoben werden?

b Lesen Sie den Text jetzt ganz und beantworten Sie die Fragen.

1 Warum ist es nicht so leicht, im Job *Nein* zu sagen?
2 Wie sollte man Aufgaben ablehnen?
3 Was sollte man tun, wenn man eine Aufgabe abgelehnt hat?

A3 „Könnten Sie das für mich übernehmen?" – Wie reagieren Sie? Ordnen Sie zu.

Alternativen vorschlagen | auf Alternativvorschläge reagieren | Aufträge/Aufgaben ablehnen

....	....	....
Tut mir leid, aber ich habe gerade selber viel zu viel zu tun. *Ich habe leider gerade überhaupt keine Zeit, zusätzliche Aufgaben zu übernehmen.* *Da kann ich dir/Ihnen leider nicht helfen, weil ...* *Ich muss noch ... bis ... bearbeiten. / erledigen. / Darum ...*	*Wenn wir ... tauschen/verschieben, könnte ich dir/Ihnen vielleicht helfen.* *Vielleicht könnte ... meine Aufgaben übernehmen, dann könnte ich ...* *Ich könnte dir/Ihnen helfen, falls du/Sie jemanden für meine Aufgaben/... findest/finden.*	*Ja, gute Idee.* *Ja, stimmt. Das wäre möglich.* *Ich spreche gleich einmal mit ...* *Das geht leider nicht, weil ...*

A4 Rollenspiel: Arbeitsaufträge ablehnen

a Arbeiten Sie zu zweit: Wählen Sie die Rollen oder schreiben Sie eigene Rollenkärtchen. Markieren Sie in A3: Welche Sätze wollen Sie benutzen?

Partner A
Sie schaffen es nicht, die heutige Konferenz vorzubereiten. Sie bitten eine Kollegin / einen Kollegen um Hilfe. Es muss sich jemand um heiße und kalte Getränke, die Technik und um Blöcke und Kulis für die Teilnehmenden kümmern.

Partner B
Sie müssen heute die morgige Geschäftsreise für die Chefin oder den Chef vorbereiten. Eine Kollegin oder ein Kollege bittet Sie um Hilfe. Lehnen Sie die Aufgabe ab, nennen Sie den Grund und bieten Sie Alternativen an.

b Spielen Sie ein Gespräch. Tauschen Sie auch die Rollen.

A Kollegin/Kollege	*B Kollegin/Kollege*
Sie bitten B um Hilfe. Sie haben eine zusätzliche Aufgabe für B.	
	Sie lehnen die Aufgabe ab. Sie erklären, warum Sie *Nein* sagen.
	Sie machen einen Alternativvorschlag.
Sie reagieren auf den Vorschlag.	

◆ Frau Richter, ich brauche dringend Ihre Hilfe.
○ Worum geht's denn?
◆ Ich schaffe es heute leider nicht, die Konferenz vorzubereiten. Es muss sich jemand um ... kümmern. Könnten Sie das für mich übernehmen?
○ Tut mir leid, aber ich habe ...
◆ ...

B Je länger man wartet, desto schlechter wird ...

B1 Wo bleibt denn der so lange?

1 ◀)) 5 **a** Hören Sie und verbinden Sie. Ergänzen Sie dann die Tabelle.

1 Je länger man wartet, | desto länger muss man auf sie warten.
2 Je wichtiger die Leute sind, | desto weniger muss man glauben.
3 Je mehr man weiß, | desto schlechter wird die Stimmung.

Je länger man ...., desto/umso schlechter .... die Stimmung.

b Kettenspiel: Arbeiten Sie in Gruppen und schreiben Sie zehn Kettensätze.

Je netter meine Kollegen sind, desto lieber gehe ich in die Arbeit.
Je lieber ich in die Arbeit gehe, desto ...

B2 Freundschaften im Job. Lesen Sie. Steht das im Text? Kreuzen Sie an.

Freundschaften im Job haben positiven Einfluss auf das Betriebsklima. Trotzdem warnt die Karriereexpertin Tanja Simma vor zu engen Freundschaften am Arbeitsplatz.

Frau Simma, Studien zeigen, dass Freundschaften am Arbeitsplatz das Betriebsklima verbessern. Je angenehmer die Arbeitsatmosphäre ist, desto weniger Stress haben die Mitarbeiter und desto besser arbeiten sie. Warum warnen Sie trotzdem vor Freundschaften im Job?

Na ja, Freundschaften im Job können auch zu Schwierigkeiten führen. So kann zum Beispiel die Freundin plötzlich zur Chefin werden.

Privat- und Berufsleben sollten also getrennt werden?

Nein, ein gutes Betriebsklima ist schon wichtig. Je kälter das Betriebsklima ist, desto schneller wechseln die Mitarbeiter den Betrieb und desto häufiger sind sie krank.

Ist es nicht schwierig, immer auf Distanz zu bleiben?

Einen freundschaftlichen Umgang kann man nicht vermeiden. Aber der Kontakt muss trotzdem professionell bleiben.

Und wie schafft man das?

Zunächst sollte man gute Zusammenarbeit nicht mit Freundschaft verwechseln. Außerdem gibt es am Arbeitsplatz natürlich Tabuthemen, beispielsweise Beziehungsprobleme und Geldsorgen.

1 ○ Freundschaften im Job beeinflussen die Arbeitsleistung negativ.
2 ○ Frau Simma meint, dass Freundschaften im Job auch problematisch sein können.
3 ○ Angestellte, die sich am Arbeitsplatz nicht wohlfühlen, melden sich häufiger krank.
4 ○ Auch sehr private Gesprächsthemen sind am Arbeitsplatz sinnvoll.

B3 Kolleginnen/Kollegen oder Freundinnen/Freunde? Machen Sie Notizen. Diskutieren Sie.

1 Sind Freundschaften im Job in Ordnung?
2 Welche Gesprächsthemen sind im Job okay/tabu?
3 Welche Regeln im Umgang mit Kolleginnen und Kollegen finden Sie wichtig?
4 ...

1 Ja: sinnvoll, man arbeitet besser

◆ Ich finde, dass Freundschaften im Job nicht nur völlig in Ordnung, sondern auch sinnvoll sind. Denn je besser man sich mit den Kollegen versteht, desto besser arbeitet man.
○ Ja, das denke ich auch. Ich habe meine beste Freundin ...

C ... die Kollegin, **von der** ich dir erzählt habe.

C1 Lesen Sie die Tabelle und ergänzen Sie.

a Das ist die Kollegin, von der ich dir so oft erzählt habe.
(Ich habe dir so oft von ihr erzählt.)

b Sami gehört zu den Kollegen, ... ich nur Gutes sagen kann.
(Ich kann von ihnen nur Gutes sagen.)

c Das ist ein Mann, ... man Bescheid weiß,
wenn man einmal mit ihm gesprochen hat.
(Man weiß über ihn Bescheid, wenn man einmal mit ihm gesprochen hat.)

Bescheid wissen über	+ ihn/sie:	..., über den/die	man Bescheid weiß.
erzählen von	+ ihm/ihr:	..., von dem/der	ich erzählt habe.
sagen von	+ ihnen:	..., von denen	ich nur Gutes sagen kann.

C2 Wer ist ...? Ergänzen Sie und vergleichen Sie mit Ihrer Partnerin / Ihrem Partner.

1 *Mit ihm bin ich monatelang durch Asien gereist.*

2 *Von ihm bekomme ich oft so schöne Gedichte.*

3 *Ich muss immer über sie lachen.*

4 *Ich denke oft an sie.*

1 Tom? Das ist so ein verrückter Bekannter,
mit dem ....

2 Leo? Das ist mein treuester und romantischster Freund,
....

3 Michaela? Das ist eine witzige Bekannte,
....

4 Maria? Das ist eine meiner besten Freundinnen,
....

bekannt → der/die Bekannte
ein Bekannter / eine Bekannte
auch so: Jugendlicher, Erwachsener, Deutscher, ...

C3 Was machen Sie mit wem?

Ergänzen Sie die Sätze auf Zettel. Tauschen Sie dann die Zettel im Kurs und raten Sie: Wer hat was geschrieben?

Ich habe einen Nachbarn, der ...
Mit meinem Kollegen ...
Ich kenne viele Menschen, die ...

der/ein Kollege
den/einen Kollegen
dem/einem Kollegen
auch so: einen Nachbarn, Menschen, Journalisten, ...

Ich habe einen Nachbarn, der im Orchester spielt.
Mit meinem Kollegen Andreas gehe ich gern ...

D Von mir aus können wir uns gern duzen.

D1 Das *Du* anbieten

a *Du* oder *Sie*? In welchen Situationen werden Sie geduzt/gesiezt? Erzählen Sie.

am Arbeitsplatz | von den Nachbarn | in einem Geschäft | in meinem Lieblingslokal | vom Klassenvorstand | im Kindergarten | beim Elternabend | auf dem Amt | auf dem Magistrat | ...

Von den Nachbarn werde ich gesiezt.

1 6–9 **b** Wo sind die Leute? Hören Sie die Gespräche und kreuzen Sie an.

1 ○ im Büro ○ im Stiegenhaus
2 ○ auf der Universität ○ auf dem Magistrat
3 ○ auf dem Spielplatz ○ im Kindergarten
4 ○ in der Schule ○ im Kurs

1 6–9 **c** Was ist richtig? Kreuzen Sie an. Hören Sie dann noch einmal und vergleichen Sie.

1 ○ Frau Richter arbeitet schon lange in der Firma.
2 ○ Frau Stein soll sich an Herrn Ramsauer wenden, wenn sie Fragen hat.
3 ○ Der Beamte kennt Roger vom Studium.
4 ○ Der Beamte entschuldigt sich.
5 ○ Die beiden Väter kommen zu spät zum Elternabend.
6 ○ Die beiden Väter treffen sich zum ersten Mal.
7 ○ Im Kurs sind nicht viele Teilnehmende.
8 ○ Im Kurs müssen sich alle duzen.

1 6–9 **D2 Wie bieten die Leute das *Du* an? Wie nehmen sie das *Du* an?**

Hören Sie noch einmal. In welchem Gespräch (1–4) hören Sie das? Ergänzen Sie.

das *Du* anbieten	*Gespräch*	das *Du* annehmen	*Gespräch*	beim *Sie* bleiben	*Gespräch*
Wenn es Ihnen recht ist, dann können wir uns gern duzen.	○	Ja, gern! Ich heiße ...	○	Ich möchte lieber beim *Sie* bleiben.	○
Von mir aus können wir uns gern duzen. Ich heiße ...	○	Gern! Hallo ... Ich bin ...	○	Könnten Sie bitte *Sie* zu mir sagen?	○
Sollen wir uns nicht einfach duzen?	○	Ja, klar! Ich heiße ...	○		

D3 Rollenspiele: Arbeiten Sie zu zweit und wählen Sie eine Rollenkarte.

Wählen Sie ein bis zwei Situationen und spielen Sie ein Gespräch. Verwenden Sie die Sätze aus D2.

Sie treffen eine Mutter aus dem Kindergarten Ihres Kindes auf dem Spielplatz und unterhalten sich. Die andere Mutter bietet Ihnen das *Du* an.

Sie treffen eine Nachbarin im Zug und kommen ins Gespräch. Im Laufe des Gesprächs bieten Sie der Nachbarin das *Du* an.

Sie treffen einen älteren Kollegen aus einer anderen Abteilung auf der Weihnachtsfeier und unterhalten sich. Der Kollege bietet Ihnen das *Du* an.

D4 Duzen oder Siezen?

a Überfliegen Sie den Text und ordnen Sie zu.

Im Privatleben | Grundsätzlich | Im Arbeitsleben

DUZEN ODER SIEZEN?

Gibt es da eigentlich verbindliche Regeln? Das ist eine schwierige Frage. Wir haben versucht, für Sie eine kurze Antwort zu finden.

1 ________________ wird in der Regel gesiezt. Das gilt vor allem bei Kontakt zu Kunden sowie auf Ämtern und Behörden. Allerdings gibt es zunehmend Branchen, in denen das *Du* üblich ist, wie z. B. in der Computerbranche, in der Werbung, in der Gastronomie und auf dem Bau. Wird in einem Betrieb normalerweise gesiezt, dann bietet die Person das *Du* an, die eine höhere Position hat oder schon länger im Betrieb ist.

2 ________________ wird im Vergleich zu früher mehr geduzt, also nicht nur in der Familie und unter Freunden. Das *Du* schafft Gemeinschaft, egal, ob man über die Kinder, die Nachbarn, denselben Arbeitsweg oder den Hund spricht. Es gilt dabei nach wie vor die altbekannte Regel, nach der die Älteren den Jüngeren das *Du* anbieten.

3 ________________ kann man sicherlich sagen: Wer zu schnell duzt, gilt möglicherweise als unhöflich; wer zu lange siezt, kann steif wirken.

b Wer kann das *Du* anbieten? Wie lauten die beiden Regeln? Lesen Sie noch einmal und ergänzen Sie.

Im Arbeitsleben: Die Person, die ________________

Im Privatleben: Die Person, ________________

D5 Welche Regeln gelten in Ihrem Heimatland?

SCHON FERTIG? Hat Ihnen schon einmal jemand das *Du* angeboten? Schreiben Sie.

a Beantworten Sie die Fragen. Vergleichen Sie auch mit den Regeln in Österreich und machen Sie Notizen.

Ukraine
duzen: „ty"
siezen: „wy"

1 Sagt man in Ihrer Sprache auch *Du* und *Sie*?
2 In welchen Situationen duzt/siezt man sich?
3 Wer darf das *Du* anbieten?
4 Was muss außer der Anrede noch beachtet werden, wenn man höflich sein möchte?
5 Darf man das *Du* auch ablehnen? Wie macht man das am höflichsten?

b Arbeiten Sie in Gruppen. Erzählen Sie von den Regeln in Ihrem Heimatland.

Ähnlich wie im Deutschen gibt es im Ukrainischen auch zwei Anredeformen.
Ich habe den Eindruck, bei uns in der Ukraine siezt man öfter als in Österreich, z. B. sprechen sich an der Uni Dozenten und Studenten normalerweise mit „wy" an.

Grammatik und Kommunikation

Grammatik

1 Konjunktion: *falls* ÜG 10.11

	Konjunktion		Ende
Wir sind jetzt per *Du*,	falls	dich das	interessiert.
Kein Problem ist unlösbar,	falls	man seine Aufgaben ordentlich	gemacht hat.

Was machen Sie am Wochenende? Schreiben Sie drei Sätze mit *falls*.

> Ich gehe ins Kino, falls es einen guten Film gibt.
> Ich mache ein Picknick, falls …

2 Zweiteilige Konjunktion: *je … desto/umso* ÜG 10.13

Je länger man wartet, desto/umso schlechter wird die Stimmung.

Im Berufsleben: Schreiben Sie Sätze mit *je … desto …* Wie viele Sätze finden Sie in fünf Minuten?

> Je mehr Berufserfahrung man hat, desto höher wird das Gehalt.
> Je besser ein Team zusammenarbeitet, desto …

3 Relativsatz mit Präpositionen ÜG 10.14

Ist das • der Kollege,	von dem	man nur Gutes sagen kann? (sagen von + Dativ)
	von dem	du erzählt hast? (erzählen von + Dativ)
Ist das • die Bekannte,	von der	man nur Gutes sagen kann?
	von der	du erzählt hast?
Sind das • die Kollegen,	von denen	man nur Gutes sagen kann?
	von denen	du erzählt hast?

4 Adjektiv als Nomen: *bekannt* → *die/der Bekannte* ÜG 4.06

	Nominativ	Akkusativ	Dativ
•	der Bekannte ein Bekannter	den Bekannten einen Bekannten	dem Bekannten einem Bekannten
•	die Bekannte eine Bekannte	die Bekannte eine Bekannte	der Bekannten einer Bekannten
•	die Bekannten – Bekannte	die Bekannten – Bekannte	den Bekannten – Bekannten

auch so: jugendlich → die/der Jugendliche
erwachsen → die/der Erwachsene

5 n-Deklination ÜG 1.04

	Nominativ	Akkusativ	Dativ
•	der/ein Kollege	den/einen Kollegen	dem/einem Kollegen
•	die/– Kollegen	die/– Kollegen	den/– Kollegen

auch so: der Mensch, der Nachbar, der Praktikant, der Herr, der Junge, der Pole, der Grieche, …

Schreiben Sie so viele Sätze wie möglich zu einer Person.

sprechen mit
sich verabreden mit
sich ärgern über
denken an warten auf
spazieren gehen mit
sich freuen über …

Tina

> Das ist meine Nachbarin Tina,
> – mit der ich am Wochenende manchmal spazieren gehe.
> – für die ich die Blumen gieße, wenn sie auf Urlaub ist.
> – …

Kommunikation

AUFTRÄGE/AUFGABEN ABLEHNEN: Tut mir leid, aber ...

Tut mir leid, aber ich habe gerade selber viel zu viel zu tun. | Ich habe leider gerade überhaupt keine Zeit, zusätzliche Aufgaben zu übernehmen. | Da kann ich dir/Ihnen leider nicht helfen, weil ... | Ich muss noch ... bis ... bearbeiten/erledigen/ ... Darum ...

ALTERNATIVEN VORSCHLAGEN: Ich könnte Ihnen helfen, falls ...

Wenn wir ... tauschen/verschieben, könnte ich dir/Ihnen vielleicht helfen. Vielleicht könnte ... meine Aufgaben übernehmen, dann könnte ich ... Ich könnte dir/Ihnen helfen, falls du/Sie jemanden für meine Aufgaben findest/finden.

AUF ALTERNATIVVORSCHLÄGE REAGIEREN: Ja, gute Idee.

Ja, gute Idee. | Ja, stimmt. Das wäre möglich. Ich spreche gleich einmal mit ... Das geht leider nicht, weil ...

DAS *DU* ANBIETEN: Sollen wir uns nicht lieber duzen?

Wenn es Ihnen recht ist, dann können wir uns gern duzen. | Von mir aus können wir uns gern duzen. Ich heiße ... | Sollen wir uns nicht einfach duzen?

DAS *DU* ANNEHMEN: Ja, gern! Ich heiße ...

Ja, gern! Ich heiße ... | Gern! Hallo ... Ich bin ... | Ja, klar! Ich heiße ...

BEIM *SIE* BLEIBEN: Ich möchte lieber ...

Ich möchte lieber beim Sie bleiben. / Könnten Sie bitte Sie zu mir sagen?

Schreiben Sie ein Gespräch.

Ihr Kollege/Ihre Kollegin hat nächste Woche Urlaub und bittet Sie um Hilfe.

◇ Frau ... / Herr ... , ich brauche dringend Ihre Hilfe. Sie wissen ja, dass ich ...

Das *Du* anbieten: Wählen Sie ein Bild und schreiben Sie ein Gespräch.

◇ Grüß Gott. Ich bin Ihr neuer Nachbar.
○ ...

Lernziele

Ich kann jetzt ...

A ... Ratgebertexte verstehen: *Wie lehne ich Aufgaben im Job ab?* ☺ 😐 ☹
... Arbeitsaufträge ablehnen und Alternativvorschläge machen: *Tut mir leid, aber ...* ☺ 😐 ☹

B ... über Freundschaften im Job diskutieren: *Je besser man sich mit den Kollegen versteht, desto besser arbeitet man.* ☺ 😐 ☹

C ... erzählen, was mir andere Personen bedeuten und was ich mit ihnen unternehme: *Mit meinem Kollegen Andreas gehe ich gern ...* ☺ 😐 ☹

D ... das *Du* anbieten, annehmen und beim *Sie* bleiben: *Sollen wir uns nicht lieber duzen?* ☺ 😐 ☹
... von den Regeln für das Siezen und Duzen in Österreich erzählen: *Im Arbeitsleben bietet die Person das Du an, die ...* ☺ 😐 ☹

Ich kenne jetzt ...

... 6 Wörter zum Thema *Arbeit*:

das Betriebsklima, ...

... 4 Charaktereigenschaften:

treu, ...

GEDICHT

Freundschaft

Refrain: Freundschaft nur bei Sonnenschein?
Kann keine echte Freundschaft sein.
Freundschaft ist wie ein gutes Haus:
Sie hält auch schlechtes Wetter aus.

Wenn du mich an der Schulter packst
und dabei lächelst und mir sagst,
dass das, was ich grad mache, Blödsinn ist,
und dass du darum jetzt bei mir bist,
um mir zu helfen, zu verstehen
und einen besseren Weg zu gehen,
dann ist mein Ärger schnell verschwunden.
Ich habe einen Freund gefunden!

Refrain

Wenn meine Traurigkeit einmal groß ist,
so groß, dass ich nicht weiß, was los ist,
bist du ganz nah und aufmerksam,
bist ehrlich, lügst mich niemals an.
Weißt du, wie wunderbar du bist?
Wie wichtig deine Freundschaft ist?
Ich geb' dir hoffentlich ein Stück
von diesem großen Glück zurück.

Refrain

1 ◀)) 10 **1 Hören Sie das Gedicht und lesen Sie mit.**
Was bedeutet: „Freundschaft nur bei Sonnenschein? Kann keine echte Freundschaft sein."? Sprechen Sie.

2 Was bedeutet für Sie „echte Freundschaft"? Erzählen Sie.

PROJEKT

„NETZWERKEN"

In der deutschen Umgangssprache gibt es seit einiger Zeit ein neues Verb: „netzwerken". Es bedeutet: seine Beziehungen zu Kollegen, Geschäftspartnern, Bekannten, Nachbarn oder Freunden verbessern und neue Beziehungen schaffen. Je größer das eigene Netzwerk ist, desto schneller und einfacher kann man sich einen Rat holen, Hilfe organisieren und Probleme lösen. Anders gesagt: Je besser dein Netzwerk ist, desto leichter ist dein Alltag.

1 Lesen Sie den Text „Netzwerken" auf Seite 20 und sammeln Sie im Kurs:
Wo kann man besonders gut Menschen kennenlernen?

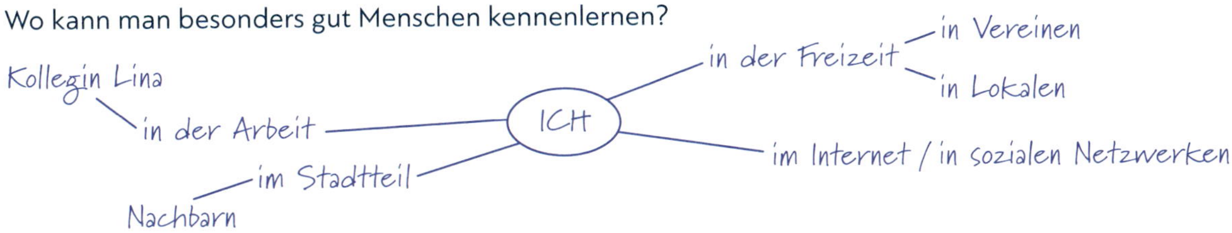

2 Ergänzen Sie Personen in Ihrem persönlichen Netzwerk in 1 und erzählen Sie zu jeder Person, warum diese Person für Sie wichtig ist.

Lina habe ich in der Arbeit kennengelernt. Mittlerweile sind wir gute Freundinnen. Sie kann gut zuhören und hilft mir, wenn ich Probleme habe. …

LESEN

Die Sterne lügen nicht

Es ist Nacht. Der Himmel ist klar und voller Sterne. Jeder Mensch, der dort hinaufschaut, kennt wahrscheinlich diesen Gedanken: Wie groß ist das Weltall! Wie klein bin ich! Schon vor Jahrtausenden haben Menschen beobachtet, dass in den verschiedenen Jahreszeiten ganz unterschiedliche Sterne dort oben zu sehen sind. Sie wollten wissen, warum Sonne, Mond und Sterne immer wieder über den Himmel „wandern". Sie haben verstanden, dass das Leben auf der Erde ohne das Licht und die Wärme der Sonne nicht möglich wäre. Sie haben bemerkt, dass das Meer irgendwie mit dem Mond „zusammenarbeitet".
Darum haben sie geglaubt, dass man die Welt verstehen und sogar die Zukunft voraussagen kann, wenn man die Bewegungen der Sterne und Planeten genau kennt. So entstand die Astrologie. Auch heute noch glauben manche Menschen an die „Macht der Tierkreiszeichen" und lassen sich persönliche Horoskope machen.

Diese Tierkreiszeichen gibt es in der westlichen Astrologie:

ERDZEICHEN: ruhig, tief, ändern sich nur langsam
Stier (21. April bis 20. Mai) sucht Sicherheit, sparsam, meist entspannt, liebt gutes Essen
Jungfrau (24. August bis 23. September) ruhig, fleißig, hilfsbereit, möchte geliebt werden
Steinbock (22. Dezember bis 20. Januar) zuverlässig, sucht Erfolg, arbeitet hart und fleißig

LUFTZEICHEN: viele Interessen, oft kopfbetont
Zwillinge (21. Mai bis 21. Juni) neugierig, kommunikativ, gern unter Menschen
Waage (24. September bis 23. Oktober) sucht das Gleichgewicht und die Gemeinschaft
Wassermann (21. Januar bis 19. Februar) tolerant, freundlich, viel Verständnis für andere

WASSERZEICHEN: gefühlsbetont, empfindlich
Krebs (22. Juni bis 22. Juli) fantasievoll, sucht Sicherheit, liebt sein Zuhause
Skorpion (24. Oktober bis 22. November) intensive Gefühle, oft sehr nachdenklich
Fische (20. Februar bis 20. März) starke Gefühle, gern allein, voller Liebe

FEUERZEICHEN: spontan, schnell, vertrauen ihrer Energie
Widder (21. März bis 20. April) sucht die Herausforderung, immer in Bewegung
Löwe (23. Juli bis 23. August) steht gern im Mittelpunkt, braucht viel Aufmerksamkeit
Schütze (23. November bis 21. Dezember) sucht das Neue, liebt Abenteuer, langweilt sich schnell

1 Lesen Sie den Text. Welches Tierkreiszeichen sind Sie?
Passt die Beschreibung zu Ihnen? Sprechen Sie.

2 Gibt es in Ihrer Heimat dieselben Tierkreiszeichen oder haben Sie andere? Erzählen Sie.

Virtuelle Welt

1 Wörter rund um den Computer

Arbeiten Sie zu zweit mit dem Wörterbuch. Welche Wörter verstehen Sie, welche nicht? Schreiben Sie zu jedem Wort einen Beispielsatz. Wer hat zuerst alle Sätze geschrieben?

• der Ordner • die Festplatte • die Datei • die Sicherungskopie • / • das/der Virus • der Monitor • die Speicherkarte • das Programm • die Tastatur löschen umbenennen kopieren anschließen speichern anklicken (he)runterladen

Auf meinem Computer sind 39 Ordner.

1 ◀)) 11–14

2 Schauen Sie die Fotos an. Ordnen Sie zu und ergänzen Sie in der richtigen Form.

Hören Sie dann und vergleichen Sie.

• Computer • Speicherkarte • Ordner • Kamera • Sicherungskopie löschen speichern laden

Sami findet auf seinem Computer den .... „Alex Unger" nicht. Er hat auch leider keine .... gemacht und glaubt, dass jemand den Ordner .... hat.
Ella .... ein Programm herunter, mit dem man Dateien finden kann. Sie findet aber nichts.
Sami wollte Fotos von seiner .... auf seinen Computer kopieren.

Stadt-Kurier

Ellas Tag

Sind Maschinen besser als wir?

von Ella Wegmann

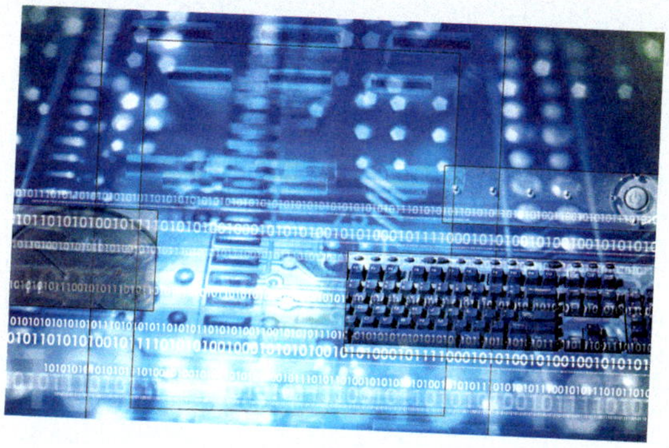

Ich hasse es, wenn ich irgendwelche dummen Arbeiten hundertmal hintereinander erledigen muss. Geht's Ihnen auch so? Und machen Sie dann auch irgendwann aus lauter Langeweile die ersten Fehler? Maschinen können so etwas viel, viel besser. Sie erledigen tagelang die dümmsten Arbeiten, ohne einen einzigen Fehler zu machen. Sind die Maschinen also besser als wir? Blödsinn! Man sollte lieber einmal scharf nachdenken, bevor man so einen Unsinn glaubt. Es stimmt, der Computer kann schneller rechnen als wir. Aber genau dafür haben wir ihn doch erfunden: Damit wir selber nicht mehr so viel rechnen müssen. Alle unsere Werkzeuge und Maschinen haben wir entwickelt, um unser Leben leichter und bequemer zu machen. Es gibt also überhaupt keinen Grund, so zu tun, als ob unsere Erfindungen intelligenter und besser wären als wir. Seien wir doch lieber einmal ein bisschen stolz auf uns!

Ella findet heraus, was Sami falsch gemacht hat: Er hat den Ordner „Alex Unger" unabsichtlich auf die Kamera-__________ kopiert und von seinem __________ gelöscht. Der Ordner ist aber in der Kamera __________. Gott sei Dank! Der Ordner ist nun wieder da!

3 Hatten Sie auch schon einmal Probleme mit der Technik? Erzählen Sie.

Letzten Monat ist der Akku von meinem Handy kaputt geworden. Darum konnte ich kein Back-up machen. Leider ...

4 Ellas Kolumne

Lesen Sie die Kolumne. Was ist richtig? Kreuzen Sie an.

a ○ Die Menschen haben Werkzeuge und Maschinen erfunden, damit alles schneller geht.
b ○ Auch Maschinen können Fehler machen.
c ○ Menschen machen Fehler, wenn die Arbeit fad ist.

5 Welche Maschinen helfen Ihnen besonders im Alltag / in der Arbeit?

Ich habe vier Kinder. Wenn ich keine Waschmaschine hätte, dann müsste ich die ganze Wäsche mit der Hand waschen. ...

A Du suchst weiter, **während** ich ...

A1 Was kann man auch sagen? Kreuzen Sie an.

a Du suchst jetzt weiter nach der Datei, während ich das Programm runterlade.
- ○ Du suchst erst die Datei. Danach lade ich das Programm runter.
- ○ Du suchst die Datei. Zur gleichen Zeit lade ich das Programm runter.

b Alex Unger war Polizist, bevor er „Superstar“ wurde.
- ○ Alex Unger war zuerst Polizist, danach „Superstar“.
- ○ Alex Unger war zuerst „Superstar“, danach Polizist.

c Nachdem du den Ordner „Alex Unger“ auf die Kamera-Speicherkarte kopiert hattest, hast du ihn auf deinem Computer gelöscht.
- ○ Du hast den Ordner auf die Speicherkarte kopiert. Danach hast du ihn auf deinem Computer gelöscht.
- ○ Du hast den Ordner auf deinem Computer gelöscht. Danach hast du ihn auf die Speicherkarte kopiert.

Du suchst nach der Datei, **während** ich das Programm runterlade.
Alex war Polizist, **bevor** er „Superstar“ wurde.
Nachdem du den Ordner kopiert hattest, hast du ihn gelöscht.

A2 Was machen Ella und Sami wann? Schreiben Sie Sätze mit *bevor, während* und *nachdem*.

A

einen Artikel schreiben – telefonieren

B

zehn Stunden arbeiten – heimgehen

C

einen Kaffee trinken – in die Arbeit gehen

A Ella schreibt einen Artikel, ...

A3 Mitteilungen am Arbeitsplatz

Ergänzen Sie *bevor, während, nachdem*.

A

Achtung!

Ab 16 Uhr wird auf Ihrem Rechner ein neues Antivirenprogramm installiert. Drücken Sie bitte keine Taste, ………………… die Installation läuft.

Ihre IT

B

Lieber Herr Lutz,

………………… Sie gestern das Haus verlassen hatten, hat Herr Nitsche aus der IT-Abteilung angerufen. Bitte rufen Sie ihn an, ………………… Sie versuchen, Ihr Laptop mit dem WLAN zu verbinden. Es ist wichtig!

Mit freundlichen Grüßen, Martin Bauer

C E-Mail senden

Liebe Kolleginnen und Kollegen,
wie ihr wisst, verlässt uns Priska am 1.10. Wir wollen eine kleine Überraschungsparty für sie vorbereiten. Sagt uns doch bitte erst Bescheid, ob ihr am 30.9. um 17 Uhr Zeit habt, ____________ wir alles planen!
Hat schon jemand eine gute Idee, was wir Priska schenken könnten? ____________ ihr darüber nachdenkt, sammeln wir schon einmal das Geld dafür ein ☺!
Erika und Thomas

D E-Mail senden

Liebe Frau Sonderegger,
würden Sie bitte den Vertrag mit TT Tilp erst von Frau Orth unterschreiben lassen, ____________ Sie ihn an Frau Kowalski senden?
Vielen Dank! Hermine Ritter

SCHON FERTIG? Antworten Sie auf eine der Mitteilungen.

1 ◀)) 15

A4 Etwas planen

a Hören Sie. Was planen die Kolleginnen und Kollegen?

b Hören Sie noch einmal. Ergänzen Sie: T (Thomas), E (Erika), N (Nora) oder A (Anna).

1 (A) findet, die Küche ist zu klein für die Party.
2 ◯ macht Salate.
3 ◯ isst kein Fleisch.
4 ◯ besorgt Brot und Butter.
5 ◯ backt Kuchen.
6 ◯ kauft Getränke.
7 ◯ findet, dass es viel Arbeit ist, eine Party vorzubereiten.

A5 Im Vorbereitungskomitee

a Arbeiten Sie zu dritt. Wählen Sie eine Situation und organisieren Sie das Fest / das Picknick.

kleine Überraschungsfeier für Ihre Kursleiterin / Ihren Kursleiter

Kursausflug mit Picknick

Was? Picknick am See
Wie?
Essen und Getränke?
...

Was? | Wann? | Wo/Wohin? | Wie lange? | ...
Kosten | Essen/Getränke | Fahrkarten | Transportmittel | ...

b Welche Sätze möchten Sie benützen? Markieren Sie je zwei Sätze in jeder Rubrik.

jemandem eine Aufgabe geben	eine Aufgabe annehmen	eine Aufgabe ablehnen
Würdest du ...? | Wie wäre es, wenn du ...? | Könntest du nicht ...? Würdest du das machen?	*Das übernehme ich. | Ja, lass mich das machen. | Das mache ich gern. Darum kann ich mich kümmern.*	*Ich weiß nicht. Ich kann nicht so gut ... | Das kommt für mich nicht infrage. | Eher nicht. Aber ich würde ...*

c Planen Sie und verteilen Sie die Aufgaben. Verwenden Sie Sätze aus b.

◆ Ich schlage vor, wir machen mit dem Kurs ein Picknick am See.
○ Und wie kommen wir dorthin?
▲ ...
◆ Könntest du einkaufen gehen, während ich ...?
▲ Sicher. Darum kann ich mich kümmern, nachdem ich ...

B Du tust ja so, **als ob** ich keine Ahnung **hätte**.

1 🔊 16 **B1 Wie ist es in Wirklichkeit? Ordnen Sie zu.**
Hören Sie dann und vergleichen Sie.

a Du tust ja so, als ob ich keine Ahnung hätte.
b Du tust so, als ob du die ganze Arbeit noch einmal machen müsstest.
c Du sagst das so, als ob ich das absichtlich getan hätte.

Aber in Wirklichkeit …
war das unabsichtlich.
kenne ich mich ziemlich gut damit aus.
haben wir das Problem schon gelöst.

Du tust ja so, als ob ich keine Ahnung hätte.

B2 Schreiben Sie.

A

Ja, Mama. Alles passt, alles ist gut!

Sarah tut so, als ob … (gut gehen)

B

Ja, ja, Susi, ich habe ihn repariert. Du weißt ja, ich bin Computerspezialist!

Max tut so, … (Computer reparieren können)

C

Tut mir leid, das geht nicht, ich habe gerade wahnsinnig viel zu tun!

Hanna tut so, … (gerade arbeiten)

D

Ja, herrlich ist es hier. Keine Wolke am Himmel!

Fabian tut so, …
(schönes Wetter sein)

A … als ob es ihr gut gehen würde. Aber in Wirklichkeit …

B3 Der Angeber

1 🔊 17 a Lesen Sie Michaels „Steckbrief" und hören Sie dann das Gespräch. Ergänzen Sie.

Was ist Ihr Beruf?	technischer Angestellter
Wo wohnen Sie?	in einem Wohnblock im Zentrum von Villach
Haben Sie ein Auto?	nein, im Moment nicht
Ihr Familienstand?	verheiratet, 2 Kinder
Was machen Sie in Ihrer Freizeit?	fernschauen, Computer spielen
Wohin führte Ihre letzte Reise?	ins Burgenland

Im Gespräch tut er so, als ob …
Topmanager ....
....
....
....
....
....
....

b Sprechen Sie.

Er tut so, als ob … / Er sagt das so, als ob … / Es scheint so, als ob … / Es hört sich so an, als ob … / Es schaut so aus, als ob … Aber in Wirklichkeit …

Michael tut so, als ob er Topmanager wäre. Aber in Wirklichkeit ist er technischer Angestellter.

B4 Erfinden Sie selber „Als-ob-Leute" wie Michael.
Arbeiten Sie zu zweit. Schreiben Sie einen „Steckbrief" auf ein Plakat und schreiben Sie dann ein kurzes Gespräch wie in B3a. Spielen Sie dann in Kleingruppen das Gespräch. Die anderen aus der Gruppe machen Notizen und beschreiben dann „Ihre" Person wie in B3b.

C Laden Sie die App.

1 18–21 C1 Bedienungsanleitungen

a Hören Sie und ordnen Sie zu.

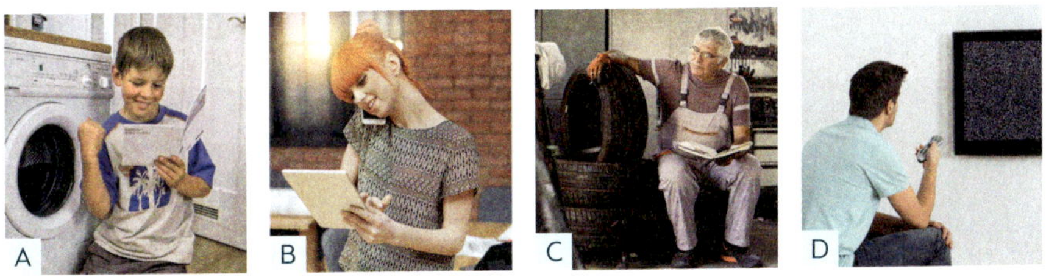

Gespräch	1	2	3	4
Bild				

b Ordnen Sie die Gespräche den Sätzen zu.
Hören Sie dann noch einmal und vergleichen Sie.

	Gespräch
Jemand liest die Bedienungsanleitung. Alles funktioniert wie beschrieben.	◯
Jemand macht alles wie beschrieben. Trotzdem kommt immer wieder eine Fehlermeldung.	◯
Jemand macht alles wie beschrieben. Es ist aber schwierig und dauert ziemlich lang.	◯
Jemand versteht die Bedienungsanleitung nicht und beschließt, das Problem allein zu lösen.	◯

C2 In der Waschküche und im Waschsalon

a Was passt? Ordnen Sie zu.

wählen schließen öffnen einfüllen drücken ~~einwerfen~~ läuft einfüllen

1 Geld *einwerfen*

2 Tür ....

3 Wäsche ....

4 Programm ....

5 Waschmittel ....

6 Tür ....

7 Startknopf ....

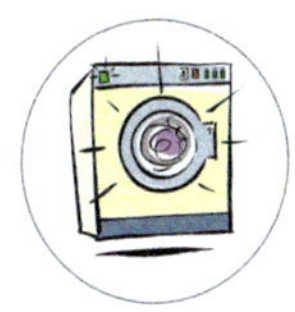

8 Waschvorgang ....

b Spielen Sie ein Gespräch mit Ihrer Partnerin / Ihrem Partner.

Partner A
Sie sind in der Waschküche und möchten Ihre Wäsche waschen. Sie wissen nicht, wie das funktioniert. Bitten Sie um Hilfe.

Partner B
Erklären Sie Ihrer Partnerin / Ihrem Partner, was sie/er tun muss.

Entschuldigung/Verzeihung, ich bin zum ersten Mal da. Könnten Sie mir vielleicht sagen, wie das funktioniert?

Kein Problem, gern. | Schauen Sie, zuerst müssen Sie da ... | Dann ... | Danach/Nachher ... | Und dann ... Zum Schluss müssen Sie ...

C3 Wie funktioniert das? Sprechen Sie.

Schau einmal her, zuerst musst du auf das Symbol „Mikrofon" drücken. Dann ...

Erklären Sie Ihrer Partnerin / Ihrem Partner, wie Sie mit Ihrem Handy eine Sprachnachricht verschicken, Fotos verschicken, einen neuen Kontakt erstellen, den Weg zur nächsten Haltestelle finden, das Passwort ändern, ...

D Internetforum

D1 Was soll ich bloß tun?

Überfliegen Sie die Forumstexte und beschreiben Sie kurz die Situationen der beiden Personen.

A Hallo! Ich heiße Hanna und bin 42. Ich habe Angst, dass mein Sohn (16) spielsüchtig ist. An den Wochenenden spielt er ca. zehn Stunden pro Tag und an Schultagen auch mindestens drei Stunden. Er macht nichts anderes mehr, er trifft keine Freunde, er geht nicht raus, nichts! Jetzt haben wir gerade Semesterferien und da spielt er die ganze Nacht durch, bis acht Uhr früh. Dann schläft er zehn Stunden und dann geht alles wieder von vorn los. Ich glaube sogar, gestern hat er gar nicht geschlafen, sondern durchgespielt. Wir wissen wirklich nicht mehr, wie wir mit der Situation umgehen sollen. Hat irgendwer einen Tipp? Was können wir tun?

B Hallo miteinander, ich bin seit fünf Jahren mit meinem Mann zusammen. Letztes Jahr haben wir geheiratet und eine Wohnung gekauft, wofür wir einen Kredit aufgenommen haben, der nun Monat für Monat abbezahlt werden muss. Mein Mann ist wirklich der liebste Mensch, den ich kenne, aber er kann nicht mit Geld umgehen. Den Kredit für die Wohnung muss ich ganz alleine abbezahlen, weil mein Mann sein sämtliches Geld für unwichtige Dinge ausgibt: einen Motorroller (der steht unbenützt in der Garage), ein neues Snowboard (obwohl er nicht Snowboard fahren kann), ein Mountainbike (obwohl er die Berge sowieso nicht mag), eine Spiel-Konsole (mit der er einmal gespielt hat) und so weiter und so fort. Ich habe schon oft versucht, mit ihm darüber zu reden, aber es nützt nichts. Was soll ich bloß tun? Ich weiß irgendwie nicht mehr weiter. Danke für eure Antworten! Eure Tami

irgend-: **irgend**wer, **irgend**wie, **irgend**wann, ...

D2 In einem Forum antworten

a Wählen Sie einen Text aus D1 und schreiben Sie einen Kommentar dazu.

Das Gefühl/Problem kenne ich gut.
Mir geht es (manchmal) genauso.
Auch bei mir / bei uns ...
Ich kann dich gut verstehen.

Ehrlich gesagt habe ich den Eindruck, dass / als ob ...
Ich verstehe nicht, wieso dich das so aufregt.
Das finde ich unmöglich/übertrieben.

Ich würde dir raten, dass
Ehrlich gesagt, würde ich ...
Versuch doch ...
Darum solltest du ...
An deiner Stelle würde ich ...

Liebe Hanna,
das Problem ...

b Arbeiten Sie zu zweit. Tauschen Sie Ihre Kommentare.
Lesen Sie den Kommentar Ihrer Partnerin / Ihres Partners.
Schreiben Sie dann eine Antwort auf den Kommentar.

Ich sehe das auch so wie du / wie ... | Grundsätzlich würde ich dir ja zustimmen, aber ... | Ich denke, so kann man das nicht sehen.

D3 Lebendiges Forum

Bilden Sie zwei Gruppen, eine für jeden Forumstext aus D1. Stellen Sie alle Kommentare und Antworten zusammen. Lesen Sie sie. Welchen Beitrag finden Sie besonders interessant? Wieso? Erzählen Sie.

E Radioreportage

1 22 **E1 Hören Sie eine Radiodiskussion zum Thema „Digitale Welt".**

a Um welche Themen geht es? Kreuzen Sie an.

1 ☒ Wie verändern Smartphones die Kommunikation zwischen den Menschen?
2 ○ Wie viele Kinder benützen Smartphones?
3 ○ Welchen Einfluss haben die digitalen Medien auf Kinder und Jugendliche?
4 ○ Sollen auch Erwachsene Lernspiele am Computer spielen?
5 ○ Welche Vorteile haben Smartphones im Alltag?

b Hören Sie die Diskussion noch einmal. Wer sagt was? Kreuzen Sie an.

		Frau Fröhlich	*Herr Melkonian*
1	In meinem Freundeskreis sind die Smartphones ausgeschaltet, wenn wir uns unterhalten.	☒	○
2	Meine Freunde und ich – wir arbeiten den ganzen Tag mit elektronischen Medien. Im Büro und unterwegs.	○	○
3	Früher habe ich das gemacht: Ich habe mit meinen Freunden geredet und gleichzeitig auf meinem Smartphone Nachrichten geschrieben.	○	○
4	Man sollte nicht nur über die negativen Seiten der digitalen Welt sprechen.	○	○
5	Man kann heute weltweit umsonst telefonieren. Das ist ein Vorteil.	○	○
6	Es ist praktisch, dass man Fahrkarten jetzt über das Handy kaufen kann.	○	○
7	Das Gehirn von Kindern entwickelt sich im echten Leben besser als am Bildschirm.	○	○
8	Lehrerinnen und Lehrer und Eltern sollten darüber nachdenken, wie Kinder den Umgang mit digitalen Medien lernen.	○	○

E2 Diskussion: Ein Leben ohne Handy, PC und Internet – ist das möglich?

Arbeiten Sie zu fünft: Jede/r übernimmt eine Rolle. Bereiten Sie Ihre Rolle vor und notieren Sie sich Stichpunkte. Diskutieren Sie dann.

Anton Schürle
Moderator. Er leitet die Diskussion und achtet darauf, dass alle zu Wort kommen und ihren Standpunkt zum Thema sagen können.

Thomas Schwarz
Vater von zwei Kindern (10/12). Die beiden haben kein Handy und dürfen nur eine halbe Stunde am Tag an den Computer.

Susanne Bilgeri
Erfolgreiche Managerin. Sie braucht ihr Handy privat und im Beruf und spielt auch gern Computerspiele. Sie kann sich ein Leben ohne Handy nicht vorstellen

Andreas Taubner
Er hat versucht, ein Jahr ohne Handy und Internet zu leben. Sein Lebensmotto war: „Ich bin jetzt einmal offline." Sein Leben hat sich dadurch komplett geändert und er findet die Erfahrung sehr interessant.

Gregor Helml
Lehrer an der Neuen Mittelschule Pinkafeld. Er arbeitet viel mit Computern und Medien in seiner Klasse. Er findet, Kinder müssen lernen, mit Medien umzugehen. „Das ist unsere moderne Welt. Es gibt kein Zurück."

Grammatik und Kommunikation

Grammatik

1 Konjunktionen: *während, nachdem, bevor* ÜG 10.08

Du suchst nach der Datei, während ich das Programm runterlade.
Alex war Polizist, bevor er „Superstar“ wurde.
Nachdem du den Ordner kopiert hattest, hast du ihn gelöscht.

Schreiben Sie drei Sätze mit *während/nachdem/bevor*.

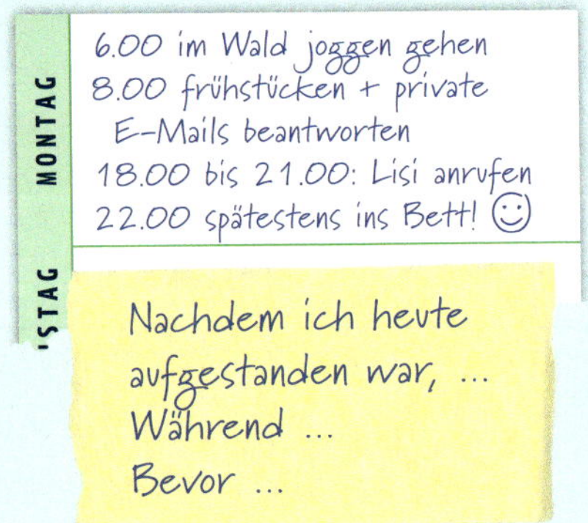

2 Konjunktion: *als ob* ÜG 5.18

	Konjunktion	Ende: Konjunktiv II
Du tust ja so,	als ob ich keine Ahnung	hätte.

Willi tut so, … Schreiben Sie drei Sätze mit *als ob*.

Kommunikation

JEMANDEM EINE AUFGABE GEBEN: Würdest du …?

Würdest du …? | Wie wäre es, wenn du …?
Könntest du nicht …? | Würdest du das machen?

EINE AUFGABE ANNEHMEN: Das mache ich gern.

Das übernehme ich. | Ja, lass mich das machen.
Das mache ich gern. | Darum kann ich mich kümmern.

EINE AUFGABE ABLEHNEN: Eher nicht. Aber …

Ich weiß nicht. Ich kann nicht so gut … | Das kommt für mich nicht infrage.
Eher nicht. Aber ich würde …

IRREALES AUSDRÜCKEN: Er tut so, …

Er tut so, als ob … / Er sagt das so, als ob … / Es scheint so, als ob … /
Es hört sich so an, als ob … / Es schaut so aus, als ob …
Aber in Wirklichkeit …

UM HILFE BITTEN: Könnten Sie mir vielleicht sagen, ...?

Entschuldigung/Verzeihung, ich bin zum ersten Mal da. Könnten Sie mir vielleicht sagen, wie das funktioniert?

ETWAS ERKLÄREN: Zuletzt müssen Sie ...

Kein Problem, gern.
Schauen Sie, zuerst müssen Sie da ...
Dann ... | Danach/Nachher ... | Und dann ...
Zum Schluss müssen Sie ...

VERSTÄNDNIS/MITLEID ZEIGEN: Ich kann dich gut verstehen.

Das Gefühl/Problem kenne ich gut.
Mir geht es (manchmal) genauso.
Auch bei mir/bei uns ...
Ich kann dich gut verstehen.

ERSTAUNT/KRITISCH REAGIEREN: Das finde ich unmöglich.

Ehrlich gesagt, habe ich den Eindruck, dass/als ob ...
Ich verstehe nicht, wieso dich das so aufregt.
Das finde ich unmöglich./übertrieben.

EINEN RAT GEBEN: Versuch doch ...

Ich würde dir raten, dass ... | Ehrlich gesagt, würde ich ... | Versuch doch ...
Darum solltest du ... | An deiner Stelle würde ich ...

ETWAS KOMMENTIEREN: Ich denke, ...

Ich sehe das auch so wie du/wie ... | Grundsätzlich würde ich dir ja zustimmen, aber ... | Ich denke, so kann man das nicht sehen.

Erklären Sie dem Mann, wie der Fahrkartenautomat funktioniert.

Reiseziel eingeben
Verbindung wählen
Kauf bestätigen
Geld einwerfen
Bankomatkarte einstecken
Fahrkarte entnehmen

Zuerst müssen Sie das Reiseziel eingeben. Dann ...

Geben Sie der Frau drei Ratschläge.

Ich weiß nicht mehr, was ich tun soll. Mein Mann kommt jeden Abend von der Arbeit heim und setzt sich vor den Fernseher. Mit mir redet er den ganzen Abend kein Wort.

Ich kann dich gut verstehen. ...

Lernziele

Ich kann jetzt ...

A ... kurze Mitteilungen im Arbeitsalltag verstehen: *Bitte rufen Sie ihn an, bevor ...* ☺ 😐 ☹
... mit anderen etwas planen: *Das übernehme ich.* ☺ 😐 ☹

B ... Irreales mit *als ob* ausdrücken: *Er tut so, als ob er Topmanager wäre.* ☺ 😐 ☹

C ... eine Bedienungsanleitung verstehen: *Wählen Sie das Programm.* ☺ 😐 ☹
... erklären, wie etwas funktioniert: *Zuerst müssen Sie ...* ☺ 😐 ☹

D ... in einem Forum kommentieren und Ratschläge geben: *Ehrlich gesagt würde ich ...* ☺ 😐 ☹

E ... eine Radioreportage zum Thema „digitale Welt" verstehen. ☺ 😐 ☹
... über das Thema „digitale Welt" diskutieren: *In meinem Freundeskreis sind die Smartphones ausgeschaltet, wenn ...* ☺ 😐 ☹

Ich kenne jetzt ...

... 10 Wörter zum Thema *Digitale Welt*:
die Sicherungskopie, ...

LIED

Ich bin nicht „irgendwer“

1 Ich hab' mir ein Gerät mit Supermultifunktion gekauft,
ein Spitzenqualitätsprodukt der neuesten Generation,
mit Treibersoftware in der aktuellen Version.
Zum Starten braucht man leider eine Zahlenkombination.

Refrain:
Irgendwo steht das. ... Es muss doch irgendwo stehen!
Irgendwie geht das. ... Es muss doch irgendwie gehen!
Irgendwer weiß das. ... Irgendwer weiß es bestimmt!
Aber ich bin ja nicht irgendwer.

2 Also schau' ich lieber gleich in die Bedienungsanleitung
und stelle dabei fest: Das Ding hat 570 Seiten!
Muss ich wirklich Urlaub nehmen für die Vorbereitung?
Na, es hat ja keinen Sinn, jetzt schlechte Laune zu verbreiten.

3 Nach sieben Stunden Lesen hab ich immer noch nichts kapiert.
Ich weiß nur, dass das Startprogramm den Code nicht akzeptiert.
Jetzt habe ich die Software einfach noch mal installiert,
denn ich bin ja nicht der Typ, der die Geduld verliert.

4 13 Stunden sind vergangen, es ist mitten in der Nacht
und kein einziger Versuch hat mir irgendwas gebracht.
Deshalb hab' ich jetzt die Werkzeugkiste aufgemacht.
Und nun werden wir gleich sehen, wer hier als Letzter lacht!

Refrain:
Irgendwann reicht's mir! ... Und dann reicht's mir total!
Irgendwann reicht's mir! ... Und dann werd' ich brutal!
Irgendwann reicht's mir! ... Dann ist mir alles egal!
Ich bin nicht irgendwer, ist das klar? Ja?

1 Schauen Sie das Foto an. Was meinen Sie? Worum geht es in diesem Lied?

1 🔊 23 **2** Hören Sie das Lied und lesen Sie mit.

1 🔊 23 **3** Hören Sie noch einmal. Die Stimmung des Mannes ändert sich. Ordnen Sie zu.

wütend | verzweifelt | leicht genervt | ~~stolz~~

1. Strophe: stolz
2. Strophe: ....
3. Strophe: ....
4. Strophe: ....

4 Hatten Sie auch schon einmal ein Problem mit einem komplizierten Gerät? Erzählen Sie.

SCHREIBEN

So funktioniere ich.
Was passt und was gar nicht geht.

In dieser Übung wollen wir eine „Bedienungsanleitung“ für uns selber schreiben. Sie soll den anderen zeigen: SO sollst du mit mir umgehen. DIES kannst du gern tun und DAS ist auch okay, aber DAS solltest du auf keinen Fall mit mir machen! Ein Beispiel? Aber gern! Leyla hat schon so eine „Bedienungsanleitung“ für sich selber geschrieben:

Bedienungsanleitung für Leyla

Ich funktioniere eigentlich völlig normal und problemlos.
Es gibt nur ein paar Dinge, die du unbedingt beachten solltest:

1. Ich stehe in der Früh nicht auf, bevor ich einen starken Kaffee bekommen habe.
2. Du solltest mich auf keinen Fall stören, während ich Musik höre.
3. Wenn du mich nicht ausreden lässt, kriege ich schlechte Laune.
4. Ich brauche normalerweise ein kurzes Schläfchen, nachdem ich gegessen habe.
5. Ich muss mindestens einmal pro Woche tanzen gehen, sonst fühle ich mich nicht wohl.

1 Lesen Sie den Text und schreiben Sie eine „Bedienungsanleitung“ für sich selber.

2 Schreiben Sie eine „Bedienungsanleitung“ für Ihre Partnerin / Ihren Partner.

3 Vergleichen Sie die beiden „Bedienungsanleitungen“.

SPIEL

MENSCHEN SIND SO UNTERSCHIEDLICH!

Das kann man schon an den kleinsten Dingen sehen.
Zum Beispiel, wo jemand sein Geld mit sich herumträgt: in einer Geldbörse oder einfach in der Hosentasche? Oder, wo jemand sein Smartphone aufbewahrt: in der Jacke, in der Hose oder in einer Handytasche? Welche Schuhe jemand trägt. Wie jemand die Schuhe bindet. Wie jemand die Kursunterlagen transportiert. Welche verschiedenen Brillenformen die Leute tragen und, und, und ... In diesem „Forschungsspiel“ geht es darum, in Ihrem Kurs ganz genau hinzuschauen und festzustellen, wie unterschiedlich die Kursteilnehmerinnen und -teilnehmer sind.

1 Wählen Sie mit Ihrer Partnerin / Ihrem Partner ein Thema aus dem Text.
Oder denken Sie sich selber ein Thema aus. Welche Fragen wollen Sie stellen? Machen Sie Notizen. Gehen Sie dann im Kurs herum und fragen Sie.

Schmuck | Weg zum Deutschkurs ... | ...

Geldbörse
Wer hat eine?
Farbe? Größe?
Was ist noch in deiner Geldbörse?
...

2 Präsentieren Sie Ihre Ergebnisse im Kurs.
Erzählen Sie.

Interessant ist, dass fast alle eine Geldbörse haben. Drei Frauen haben eine große Geldbörse. Gefallen hat uns, dass Fatima ein Foto von ihren Kindern in ihrer Geldbörse hat. ...

Werbung und Konsum

Folge 10: Der Gute-Laune-Tee

1 Was passt? Verbinden Sie.

a veröffentlichen	Man bekommt Geld, wenn man in einer Situation Nachteile hatte.
b Hautausschlag	z. B. in einem sozialen Netzwerk oder in einer Zeitung berichten
c Schadenersatz	Punkte z. B. im Gesicht, auf der Brust oder am Hals

1 ◀)) 24–27

2 Schauen Sie die Fotos an. Hören Sie und beantworten Sie die Fragen.

Foto 1: Warum ärgert sich Ella?
Foto 2: Was macht Philipp König bei Ella und Sami in der Redaktion?
Foto 3: Warum zeigt Sami Ella ein Foto von Philipp König und einen Brief?
Foto 4: Warum ist Ella gut gelaunt?

3 Erzählen Sie die Geschichte.

• Stau • Radiowerbung: Der neue „Gute-Laune-Tee“ Philipp König • Hautausschlag
Foto: • soziales Netzwerk • Ärger mit dem Rechtsanwalt • Tee-Test ...

Stadt-Kurier

Ellas Tag

Der strahlende Sieger

von Ella Wegmann

Philipp K. (28) hatte in letzter Zeit ziemlich viel Stress. Zuerst bekam er einen allergischen Hautausschlag, weil er einen „Wellness-Tee" getrunken hatte. Seine Erfahrung postete er im Internet und bekam darum Probleme mit seinem sozialen Netzwerk. Zum Schluss lag auch noch Post von einem Rechtsanwalt im Postkasten. Die Teefirma wollte ihm verbieten, von dem Erlebnis öffentlich zu berichten. Da reichte es Philipp K. Er kam mit dem Tee zum „Stadt-Kurier" und wir machten einen Live-Allergie-Test in der Redaktion. Als wir der Firma das Ergebnis zeigten, nahm sie den Tee vom Markt, entschuldigte sich bei Philipp K. und zahlte ihm 500 Euro Entschädigung. Die Antwort des strahlenden Siegers: „Wer sich nicht wehrt, lebt verkehrt."

4 Ellas Kolumne

Was ist richtig? Lesen Sie die Kolumne und kreuzen Sie an.

a ○ Die Teefirma hat der Zeitung den Live-Allergie-Test verboten.
b ○ Die Firma verkauft den Tee nach dem Test nicht mehr.
c ○ Philipp König musste der Teefirma 500 Euro Schadenersatz zahlen.
d ○ Philipp König meint: Wenn man nicht gerecht behandelt wird, muss man etwas dagegen tun.

5 Lassen Sie sich von Werbung beeinflussen? Erzählen Sie.

Ich probiere manchmal neue Produkte aus, die ich in der Werbung gesehen habe. Vorige Woche …

Ein Produkt kaufen, nur weil es neu ist? Das finde ich nicht vernünftig!

Wenn im Fernsehen Werbung kommt, schalte ich sofort um.

A Der Tee soll **sowohl** gut ... **als auch** ... machen.

A1 Produktwerbung

a Was passt? Verbinden Sie.

1 Der Tee soll sowohl gut schmecken
2 Ella meint, dass der Tee weder gut schmeckt
3 Philipp K. bekommt sowohl Probleme mit seinem Netzwerk
4 Er darf das Foto weder im Internet

als auch Post von einem Rechtsanwalt.
noch sonst irgendwo veröffentlichen.
noch gute Laune macht.
als auch gute Laune machen.

weder gut noch gesund = nicht gut und nicht gesund
sowohl gut als auch gesund = gut und gesund

b Schreiben Sie Sätze zu den Bildern.

1 Wellness-Tee

gut und gesund

2 Fitnessriegel

kein Zucker und kein Fett

3 Limonade

schmeckt fruchtig und erfrischend

1 Der Tee soll sowohl gut schmecken als auch ...

SCHON FERTIG? Schreiben Sie eine eigene Produktwerbung.

1 28–31 **A2 Kundenwünsche**

a Hören Sie und ordnen Sie zu.

A

B

C

D

Gespräch	1	2	3	4
Bild				

b Ergänzen Sie: *weder ... noch ... – sowohl ... als auch ...* Hören Sie dann noch einmal und vergleichen Sie.

1 Ja, also, Sie haben mir dieses Kleid zugeschickt und ... Ja, also ich bin wirklich sehr verärgert! ... Beim Auspacken habe ich dann aber festgestellt, dass das Kleid *weder* die richtige Farbe .... die richtige Größe hat. ... Das ist jetzt schon die zweite falsche Lieferung!
2 Sie können einfach mit dem Zelt und Ihrer Rechnung zur Kassa gehen. – Na ja, das ist ja das Blöde: Wir haben .... die Verpackung .... die Rechnung weggeworfen.
3 Bei meinem letzten Handy habe ich .... auf das Gerät .... auf den Akku zwei Jahre Garantie gehabt. – ... Aber die Hersteller haben da leider unterschiedliche Garantiebedingungen. ... Ich kann das Gerät einschicken. ... Wenn es am Gerät liegt, müssen Sie natürlich .... für die Überprüfung .... für die Reparatur bezahlen.
4 Hören Sie einmal zu, ich komme gerade aus dem Urlaub zurück. Es war ausgemacht, dass Sie .... das Bad renovieren .... die Wände streichen.

A3 Wer sagt was? Markieren Sie: Kunde oder Verkäufer.

Dazu möchte ich aber noch anmerken, dass … | Ich musste nun leider feststellen, dass … | Ich kann verstehen, dass Sie enttäuscht/verärgert sind. | Das geht doch nicht. | Selbstverständlich, das ist überhaupt kein Problem. | Ich bin wirklich sehr verärgert/enttäuscht. | Oh, das tut mir leid. Da sehe ich leider nur eine Möglichkeit: … | Es war ausgemacht/vereinbart, dass … | Das Hauptproblem war, … | Das kann man doch nicht machen. | Also, ich muss sagen, das hat mich schon ein bisschen enttäuscht. | Das ist wirklich sehr ärgerlich. | Ich werde mich sofort persönlich darum kümmern.

A4 Rollenspiel: sich beschweren

a Arbeiten Sie zu zweit. Wählen Sie eine Situation oder finden Sie selber eine Situation.

Kundin/Kunde:	Verkäuferin/Verkäufer:
Ihr Fotoapparat ist nicht so gut wie in der Werbung versprochen.	Vorschlag: Geld zurück
Sie sind mit dem Vorschlag einverstanden, aber Sie haben keinen Beleg.	Die Rechnung wird benötigt.
Vorschlag: Umtausch	Umtausch möglich

Kundin/Kunde:	Fitnessstudio:
Sie haben im Fitnesskurs nicht wie versprochen 10 Kilo abgenommen.	Vorschlag: Gratisstunden
Sie wollen keine Gratisstunden, sondern das Geld zurück.	Es gibt kein Geld zurück.

b Spielen Sie ein Gespräch. Tauschen Sie auch die Rollen. Benutzen Sie Sätze aus A3.

Kundin/Kunde	*Verkäuferin/Verkäufer oder Mitarbeiterin/Mitarbeiter im Fitnessstudio*
Gruß – Sie beschreiben Ihr Problem und beschweren sich. Sie betonen, was Ihnen versprochen wurde / erklären genau, was nicht funktioniert hat.	
	Sie zeigen Verständnis. Sie schlagen der Kundin / dem Kunden etwas vor.
Sie sind einverstanden oder Sie lehnen den Vorschlag ab und schlagen etwas anderes vor.	
	Sie gehen auf den Vorschlag der Kundin / des Kunden ein oder Sie bedauern, dass Sie in diesem Fall nichts tun können.
Sie sind einverstanden und bedanken sich oder Sie sind richtig verärgert. – Gruß	
	Sie bedanken sich ebenfalls oder Sie sagen noch einmal, dass Sie in diesem Fall leider nichts tun können. – Gruß

B Warum fahre ich **dort**, **wo** der Stau ...

B1 Welches Foto passt? Ordnen Sie zu.

A

B

C

D

1 Warum fahre ich immer genau dort, wo der Stau am schlimmsten ist?
2 Das, was du suchst, findest du immer dort, wo du als Letztes nachschaust.
3 Warum gehen Elektrogeräte immer kurz nach Ablauf der Garantie kaputt?
4 In der anderen Schlange geht's immer schneller.

Satz	1	2	3	4
Foto				

Warum fahre ich immer genau dort, wo der Stau am schlimmsten ist?
Das, was du suchst, findest du immer ...

auch so:
da / überall / die Stadt / der Ort / ..., wo ...
auch so:
nichts / etwas / alles / ..., was ...

1 32–35 **B2 Pannen und Missgeschicke**

a Hören Sie die Gespräche und ordnen Sie zu.

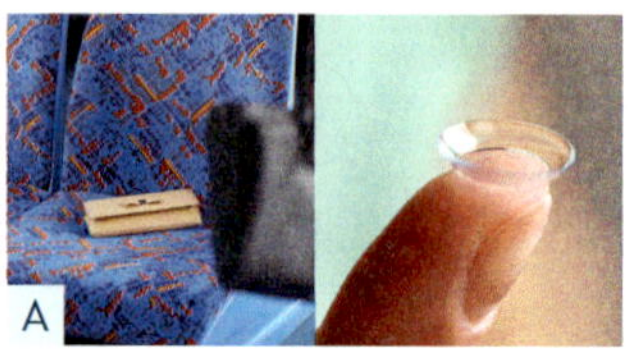
A

B

C

D

Gespräch	1	2	3	4
Foto				

b Ordnen Sie zu und ergänzen Sie *wo* oder *was*. Hören Sie noch einmal und vergleichen Sie.

alles | alles | alles | dort | nichts | etwas | etwas | ~~da~~

1 Ich finde meinen Schlüssel nicht. Lach nicht! Sag mir lieber, wo ich suchen soll! – Na, am besten da , ... du ihn immer hinlegst. Oder vielleicht in deiner Handtasche.
2 Ich habe noch Milch mitgenommen. Sag einmal, gibt's sonst noch .... , ... wir brauchen? ... – ... Dass wir uns ausgerechnet .... anstellen, ... es am langsamsten geht.
3 Ist das .... , ... dir dazu einfällt? ... – ... Es gibt .... , ... ich richtig mache. ... – ... Es gibt so Tage, an denen geht .... schief, ... schiefgehen kann.
4 Warum dauert eigentlich .... , ... man noch schnell erledigen möchte, länger, als man denkt? – Keine Ahnung! Das ist .... , ... ich noch nie verstanden habe.

B3 Peinliche und lustige Pannen und Missgeschicke

Wählen Sie ein Bild oder wählen Sie ein eigenes Missgeschick. Schreiben Sie eine Geschichte. Hängen Sie dann die Geschichten im Kursraum auf. Lesen Sie und kommentieren Sie.

Mir ist einmal etwas richtig Peinliches passiert: Ich habe einmal eine Nachricht abgeschickt, die für jemand anderen war. ...

Oje, das ist aber peinlich! | Das kenne ich. Das ist mir auch schon passiert. Da hast du später sicher noch oft darüber gelacht, oder?

C Der **wohltuende** Tee

C1 Ordnen Sie zu und ergänzen Sie dann die Tabelle.

1 (B) der wohltuende Tee
2 ◯ die sprechende Puppe
3 ◯ das hupende Fahrzeug
4 ◯ die leuchtenden Schuhe

A

C

B

D

- ein wohltuender Tee ist ein Tee, der wohltut.
- ein hupendes Fahrzeug ist ein Fahrzeug, das ______.
- eine sprechende Puppe ist eine Puppe, ______.
- leuchtende Schuhe sind Schuhe, ______.

C2 Markt der ungewöhnlichen Produkte

a Wie würden Sie diese Produkte nennen?

sprechend ~~kochend~~ singend fliegend wachsend schrumpfend korrigierend sich drehend ...

1

2
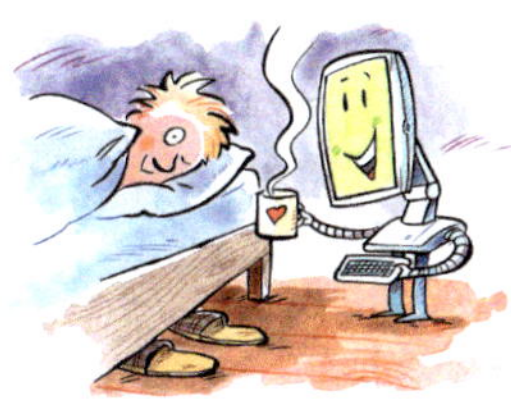

3

4

1: der kochende Kühlschrank
2: ______
3: ______
4: ______

b Arbeiten Sie in Gruppen. Wählen Sie eins der Produkte aus a oder erfinden Sie ein neues Produkt. Machen Sie Notizen.

Der kochende Kühlschrank
– kennt alle Rezepte der Welt.
– bestellt selbstständig alles, was er braucht, im Online-Supermarkt.
– reinigt sich selbstständig.
Das Essen gelingt immer und schmeckt ausgezeichnet.

c Sie wollen Ihr Produkt vorstellen. Markieren Sie die Redemittel, die Sie verwenden wollen. Bilden Sie dann neue Gruppen. Alle stellen das Produkt aus ihrer Gruppe vor.

Unser/Der/... ist einfach super! *Stellen Sie sich vor, er kann nicht nur ..., sondern auch ...* *Damit können Sie sowohl ... als auch ...* *Das Beste kommt noch!*	*Unglaublich! / Wahnsinn!* *Wirklich? Das ist ja kaum zu glauben.*

◆ Unser kochender Kühlschrank ist einfach super! Er kann sowohl kühlen als auch kochen.
○ Unglaublich!
◆ Ja, aber das Beste kommt noch! Er kennt ...

d Welches Produkt gefällt Ihnen am besten? Warum? Sprechen Sie.

Also mir gefällt der kochende Kühlschrank am besten. Ich koche gar nicht gern und ...

D Crowdsourcing

D1 Crowdsourcing – mit der Hilfe von vielen

1 ◀)) 36 **a** Hören Sie den Anfang der Reportage und kreuzen Sie an.

1 Wobei hat Fredi mitgeholfen?
- ○ bei der Entwicklung eines neuen Produkts
- ○ bei der Gründung einer neuen Firma

2 Was bekommt Fredi als Dank für seine Hilfe?
- ○ einen Arbeitsplatz beim *Nuss-Werk* in Eisenstadt
- ○ dreißig Packerl mit dem neuen Nuss-Snack

1 ◀)) 37 **b** Wie wurde das Produkt entwickelt? Hören Sie die Reportage nun ganz und korrigieren Sie.

1 Zuerst hat die Firma *Nuss-Werk* ihre Kunden ~~in Briefen~~ dazu eingeladen, eine neue Nussmischung zu erfinden. ....im Internet..........
2 Auf der Internetseite des Unternehmens haben 2000 Firmen ihre Lieblingsmischung zusammengestellt. ....
3 Hinterher konnte telefonisch über die 50 am häufigsten genannten Ideen abgestimmt werden. ....
4 Eine Jury probierte die drei besten Snacks und wählte die Nussmischung, die produziert werden sollte. ....
5 Die Mitarbeiter des Unternehmens haben den Namen für das neue Produkt entwickelt. ....
6 Für die Unternehmen ist das Crowdsourcing mit vielen Nachteilen verbunden: Sie sparen einerseits Kosten für die Marktforschung, andererseits auch Kosten für Verbrauchertests und Werbung. ....
7 Die Verbraucher, die freiwillig bei der Entwicklung von neuen Produkten mithelfen, werden in der Regel gut bezahlt. ....

D2 Was halten Sie von Crowdsourcing?

Würden Sie bei so einem Projekt mitmachen? Sprechen Sie.

Na ja, das ist vielleicht beim ersten Mal spannend, aber …

D3 Unsere Lieblingsschokolade

a Arbeiten Sie in Gruppen. Stellen Sie Ihre Lieblingsschokolade zusammen. Finden Sie auch einen passenden Namen für das Produkt.

Stellen Sie Ihre Lieblingsschokolade zusammen:

Schokoladeart:	○ weiß	○ Vollmilch	○ dunkel
Weitere Zutaten:	○ Nüsse	○ Beeren	○ Marzipan
	○ Kokos	○ Keks	○ Honig
	○ Espresso	○ Joghurt	○ Zitrone
	○ Zwetschke	○ Marille	○ …
Gewürze:	○ Chili	○ Salz	○ Pfeffer
	○ Zimt	○ Vanille	○ Ingwer

Winterzauber!
Dunkle Schokolade mit Ingwer, Zimt und Honig
Für kalte Tage!

b Stellen Sie Ihre Schokoladekreation vor.
Welche Schokolade soll produziert werden? Stimmen Sie ab.

E Die sprechende Zahnbürste – eine Kolumne 10

E1 Lesen Sie die Kolumne von Axel Hacke und beantworten Sie die Fragen.

Axel Hacke, Journalist und Kolumnist, geb. 1956 in Braunschweig, Deutschland

Tag für Tag die gleichen Kämpfe mit Luis: Ob er dieses Mal das Zähneputzen auslassen darf. Ob es nicht reicht, dass er sich gestern die Zähne besonders sorgfältig geputzt hat. ... Paola hat dann neulich eine sprechende Zahnbürste gekauft, sehr schön, mit neongelber Bürste und einer kleinen sommersprossigen Figur am Griff. Wenn Luis sich damit die Zähne zu putzen begann, sagte die Zahnbürste mit roboterhafter Stimme: „Weitermachen!“ Sie redete, bis drei Minuten vorbei waren.

Das funktionierte gut. ... Aber nun ist die Zahnbürste weg. Das kam so.

Eines Nachts wachte ich auf, weil ich eine leise Stimme hörte. Ich dachte, Luis wäre wach geworden, stand auf, sah nach ihm, aber er schlief. ... „Hat Paola den Fernseher vergessen?“, dachte ich und machte mich auf den Weg zum Wohnzimmer. Dabei kam ich am Bad vorbei. Aus dem Bad hörte ich ein leises, metallisches „Weitermachen!“. Ich dachte: „Die Zahnbürste! Ist ein Dieb im Bad, hat sie aus Versehen berührt und ...?“ Entschlossen öffnete ich die Tür und machte Licht. Die Zahnbürste war vom Waschbecken gefallen, lag auf dem Fußboden und sagte: „Weitermachen!“ Ich schüttelte sie, aber sie sprach weiter. Ich versuchte sie auszuknipsen, aber es gab keinen Schalter. Ich bedeckte sie mit drei Handtüchern, schloss die Tür und ging wieder ins Bett. Das „Weitermachen!“ hörte nicht auf. Das Metallstimmchen war durch kein Handtuch aufzuhalten. „Weitermachen!“, hörte ich. „Weitermachen!“

Ich ging wieder ins Bad. Versuchte, die Batterie aus dem Gerät zu nehmen. Sie befand sich hinter einer Klappe, die mit einer winzigen Schraube verschlossen war. Ich suchte einen Schraubenzieher, aber alle Schraubenzieher, die ich fand, waren zu groß für diese winzige Schraube. Ich wurde nervös ... und holte ein Messer, um die Schraube zu lösen.

Aber ich rutschte mit dem Messer ab und schnitt mich. Blutete. Leise fluchend holte ich ein Pflaster. „Weitermachen!“ ... Ich war jetzt hysterisch. Was, zum Teufel, sollte ich tun? Ich konnte mir nicht den Rest der Nacht mit der Zahnbürste um die Ohren schlagen.

Ich ging ins Wohnzimmer, öffnete das Fenster und warf die Zahnbürste hinaus. ... Die Zahnbürste fiel in eine tiefe Kanalbaugrube vor unserem Haus. „Weitermachen!“, hörte ich leise aus der Tiefe. „Weitermachen!“ Es war drei Uhr nachts.

Ein Betrunkener wankte den Bürgersteig entlang. Am Rand der Baugrube blieb er stehen und lauschte. „Es ist nichts!“, rief ich. „Nur eine Zahnbürste!“ Er blickte zu mir hinauf. „ Da lllliegt wer drinnn“, lallte er, „muss runtagefallll n sssseinnnn ...“ „Weitermachen!“, hörte ich leise. „Weitermachen!“ „Es ist nur eine defekte Zahnbürste!“, rief ich. „Gehen Sie weiter!“ Ich dachte, wie es wäre, wenn er jetzt um Hilfe schreien und die ganze Straße wecken würde. Wenn man in der Baugrube nach einem Verschütteten zu suchen begänne. Und nur eine Zahnbürste fände, eine kleine sprechende Zahnbürste mit neongelber Bürste ... „Sssshanbürsssste?“, lallte der Mann. Er schwieg und starrte in die Grube. Dann wandte er sich mir zu: „Ich höre Ssssahnbürsssten schprechn, Ssssahnbürsten schprechn ausss der Tiefe sssu mir.“ Er schüttelte den Kopf und wischte sich mit der Hand übers Gesicht. „Scheisss-Sssauferei“, hörte ich noch.

a Wer ist Paola? Wer ist Luis? Wer ist der Ich-Erzähler?
b Warum hat Paola die Zahnbürste gekauft?
c Was ist mit der Zahnbürste in der Nacht im Badezimmer passiert? Wie hat der Erzähler zuerst reagiert?
d Warum hat er dann ein Messer geholt?
e Was hat er dann mit der Zahnbürste gemacht? Warum?
f Was ist daraufhin passiert?

Grammatik und Kommunikation

Grammatik

1 Zweiteilige Konjunktion: *sowohl ... als auch* ÜG 10.13

Der Tee soll	sowohl gut schmecken	als auch gute Laune machen.

sowohl gut als auch gesund = gut und gesund

2 Zweiteilige Konjunktion: *weder ... noch* ÜG 10.13

Ella meint, dass der Tee	weder gut schmeckt	noch gute Laune macht.

weder gut noch gesund = nicht gut und nicht gesund

3 Relativsatz mit *wo* und *was* ÜG 10.14

Warum fahre ich immer genau	dort, wo	der Stau am schlimmsten ist?

auch so: da/überall/die Stadt/der Ort/..., wo ...

Das, was	du suchst,	findest du immer ...

auch so: nichts/etwas/alles/..., was ...

4 Partizip Präsens als Adjektiv ÜG 4.05

Partizip Präsens		
wohltun	wohltuend	• der wohltuende/ein wohltuender Tee
hupen	hupend	• das hupende/ein hupendes Fahrzeug
sprechen	sprechend	• die sprechende/eine sprechende Puppe
leuchten	leuchtend	• die leuchtenden/leuchtende Schuhe

Ihre Einkaufs- und Essgewohnheiten: Schreiben Sie Sätze mit *sowohl ... als auch* und *weder ... noch*.

Ich achte beim Einkaufen sowohl auf Werbung als auch auf Sonderangebote.
Ich trinke zum Frühstück ...

Schreiben Sie einen Relativsatz mit *wo* oder *was* und überlegen Sie sich dann eine kleine Geschichte dazu.

Das ist genau das, was Anton immer wollte.
Vor vielen Jahren ist Anton ...

Ordnen Sie zu und ergänzen Sie dann in der richtigen Form.

duften klingeln machen ~~lachen~~ aufgehen

Mir gefallen in der Früh ...

meine lachenden Kinder

der .... Kaffee

die .... Sonne

ein fit .... Frühstück

Aber der .... Wecker gefällt mir überhaupt nicht.

Kommunikation

ENTTÄUSCHT/ÜBERRASCHT SEIN: Also, ich muss sagen, ...

Ich bin wirklich sehr verärgert/enttäuscht.

Also, ich muss sagen, das hat mich schon ein bisschen enttäuscht.

SICH BESCHWEREN: Das geht doch nicht.

Das geht doch nicht.

Das kann man doch nicht machen.

EIN PROBLEM GENAUER BESCHREIBEN: Es war abgemacht, dass ...

Dazu möchte ich aber noch anmerken, dass ... | Ich musste nun leider feststellen, dass ... | Es war ausgemacht/vereinbart, dass, ... | Das Hauptproblem war, ...

MIT VERSTÄNDNIS AUF DEN KUNDEN REAGIEREN: Oh, das tut mir leid.

Ich kann verstehen, dass Sie enttäuscht/verärgert sind. | Selbstverständlich, das ist überhaupt kein Problem. | Das ist wirklich sehr ärgerlich. | Oh, das tut mir leid. Da sehe ich leider nur eine Möglichkeit. | Ich werde mich sofort persönlich darum kümmern.

AUF ERZÄHLUNGEN ÜBER MISSGESCHICKE REAGIEREN: Oh, peinlich!

Oje, das ist aber peinlich! | Das kenne ich. Das ist mir auch schon passiert. Da hast du später sicher noch oft darüber gelacht, oder?

EIN PRODUKT PRÄSENTIEREN: Das Beste kommt noch!

Unser/Der/... ist einfach super! | Stellen Sie sich vor, er kann nicht nur ..., sondern auch ... | Damit können Sie sowohl ... als auch ... | Das Beste kommt noch!

ERSTAUNEN AUSDRÜCKEN: Wahnsinn!

Unglaublich!/Wahnsinn! | Wirklich? Das ist ja kaum zu glauben.

Der Kunde möchte das Laufrad umtauschen. Schreiben Sie ein Gespräch.

◇ Entschuldigen Sie?
○ Ja, bitte. Womit kann ich Ihnen helfen?
...

Lernziele

Ich kann jetzt ...

A	... Produktwerbung verstehen: *Der Tee soll sowohl gut schmecken als auch gute Laune machen.*	☺ 😐 ☹
	... Beschwerden äußern: *Ich bin wirklich sehr verärgert.*	☺ 😐 ☹
B	... von Pannen und Missgeschicken erzählen: *Ich habe einmal eine Nachricht abgeschickt, die für jemand anderen war.*	☺ 😐 ☹
	... darauf reagieren: *Oje, das ist aber peinlich!*	☺ 😐 ☹
C	... ein Produkt präsentieren: *Unser ... ist einfach super!*	☺ 😐 ☹
	... Erstaunen äußern: *Wirklich? Das ist ja kaum zu glauben.*	☺ 😐 ☹
D	... eine Reportage verstehen: *Crowdsourcing – mit der Hilfe von vielen*	☺ 😐 ☹
E	... eine Kolumne verstehen: *Die sprechende Zahnbürste*	☺ 😐 ☹

Ich kenne jetzt ...

... 10 Wörter rund ums Produkt:

die Lieferung, ...

Für zwischendurch ...

GEDICHT

Willkommen beim Sternemarkt!

**Überall, wo drei Sterne stehen,
kannst du in den Sternemarkt gehen.
Alles, was du willst, mein Kind,
bekommst du, wo drei Sterne sind!**

Es gibt sicher nichts, was dir besser gefällt
als der freche Rock da für so wenig Geld.
Der macht dich jugendlich, der macht dich schön,
zieh ihn doch an, du wirst super aussehen!

Die Hose da ist wirklich schick!
Nein, liebes Kind, du bist doch nicht dick!
Übergrößen? Na sicher, gibt's auch.
Und die da, die macht einen schlanken Bauch.

Das ist das neueste Trainingsgerät.
Es kostet nicht viel und ist Topqualität.
Wirst sehen, du hättest das niemals gedacht,
wie schlank und wie glücklich dich so was macht.

Das kommt noch etwas, was du haben musst:
Der bunte Schmuck, der macht selbstbewusst.
Die Kette ist frech und sehr attraktiv.
Komm, häng sie um! Denk positiv!

1 ◀)) 38 **1 Hören und lesen Sie das Gedicht.**
Was soll man beim „Sternemarkt" kaufen? Warum? Sprechen Sie.

Man soll einen Rock kaufen. Dann sieht man jugendlich und hübsch aus.

2 „Wirtschaft und Werbung leben davon, dass die Menschen unzufrieden sind."
Was denken Sie über diesen Satz? Haben Sie Beispiele? Sprechen Sie.

Viele Menschen finden sich zu dick und kaufen darum Diätprodukte ... Das finde ich schade. Denn ...

Viele Leute haben keine Zeit, Sport zu machen. Darum kaufen sie sich teure Fitnessgeräte, um daheim Sport zu machen. Oft benützen sie die aber gar nicht. Denn auch dafür braucht man Zeit.

HÖREN

Hallo? Hier spricht die AUTOMATIK AG

1 ◀)) 39 **1 Hören Sie das Gespräch. Was ist richtig? Kreuzen Sie an.**

a ○ Herr Meier bekommt einen Anruf von einem Reklamations-Automaten.
b ○ Er war am 13. August Gast in einem selbstfahrenden Taxi.
c ○ Der Taxifahrer beschwert sich über Herrn Meier.
d ○ Herr Meier sagt, dass er nichts Schlimmes gemacht hat.
e ○ Der Automat hat eine Videoaufnahme. Dort kann man alles hören, was Herr Meier gesagt hat.
f ○ Herr Meier hat laut geflucht und den Taxifahrer beleidigt und das Auto kaputt gemacht.
g ○ Herr Meier bittet den Automaten um Entschuldigung.
h ○ Der Automat nimmt die Entschuldigung nicht an.

2 **Denken Sie sich selber lustige Beschwerden von Geräten oder Dingen über das Verhalten ihrer Besitzer aus. Stellen Sie Ihre Ideen im Kurs vor.**

Mein Handy würde sagen: „Also, Ümit! Du redest immer so laut und außerdem auch viel zu lang! Außerdem schreibst du so viele Nachrichten! Das ist total stressig für mich. …“

Also mein Kochtopf würde sagen: „Kiril, ich stehe hier immer herum und habe nichts zu tun! Und wenn ich einmal zum Einsatz komme, dann muss ich so fade Sachen kochen! Puh!“

LESEN

Revolution und Geschäft

Außenwerbung sieht man überall in Österreich. Sie klebt auf Plakaten, sie hängt an Bushaltestellen und Hauswänden, sie läuft auf großen Monitoren in U-Bahn-Stationen. Und dann gibt es da auch noch diese sonderbaren runden Türme aus Beton, die man vor allem in Österreichs Großstädten finden kann. Doch was ist die Geschichte dahinter?

1855 hatte der Berliner Druckereibesitzer Ernst Litfaß eine neue Geschäftsidee. Die Berliner Polizei ärgerte sich damals über die vielen politischen Plakate und Info-Zettel, die die Leute einfach überall an die Wände klebten. Ernst Litfaß hatte bei einem Besuch in Paris kleine runde Türme für Werbeanzeigen gesehen. Er machte der Berliner Stadtverwaltung ein Angebot: Er würde solche Türmchen in Berlin aufstellen, aber nur, wenn Plakate nur noch dort angeklebt werden dürfen. Wer in Berlin Plakatwerbung machen wollte, musste ab 1855 also zu Ernst Litfaß gehen und für dieses Service natürlich bezahlen. Die Stadtverwaltung aber konnte ihre behördlichen Mitteilungen kostenlos auf den Säulen anbringen. Auch die Polizei freute sich: Nun konnte sie genau kontrollieren, welche Informationen man in Berlin sehen konnte und welche nicht.

In Österreich wurden die Litfaßsäulen im 19. Jahrhundert vor allem von Künstlern genutzt. Der Österreicher Gustav Klimt war z. B. einer der Maler, die durch Plakate auf den Litfaßsäulen Werbung für sich und ihre Ausstellungen machten. Heute findet man dort neben Werbeplakaten oft Programme von Theatern und Kinos.

Allein in Wien gibt es heute 1.500 Litfaßsäulen. Eine davon spielt sogar eine wichtige Rolle in einem berühmten Film: In „Der dritte Mann“ steigt der gesuchte Verbrecher durch eine Litfaßsäule in die Wiener Kanalisation. Zwar hat es genau diese Säule gar nie gegeben, am Wien-Fluss entlang stehen aber viele, durch die man in den Wiener Untergrund gelangen kann.

1 **Schauen Sie die Fotos an. Was ist eine Litfaßsäule? Lesen Sie dann und vergleichen Sie.**

2 **Lesen Sie noch einmal und markieren Sie die wichtigsten Informationen im Text. Welchen Zweck hatten die Litfaßsäulen damals? Und wie ist es heute? Erzählen Sie.**

3 **Miniprojekt: Entwerfen Sie in Kleingruppen ein Plakat mit Werbung und anderen Informationen (z. B. Kinoprogramm). Kleben Sie das Plakat dann zu einer Rolle und präsentieren Sie Ihre „Litfaßsäule“ im Kurs.**

Miteinander

Folge 11: Alles „bestens", oder?

2 🔊 1 **1 Schauen Sie die Fotos an.**
Was meinen Sie? Was ist eine Kürbisstation? Hören Sie und vergleichen Sie.

2 🔊 1–4 **2 Schauen Sie die Fotos an. Hören Sie und beantworten Sie die Fragen.**

Foto 1: Wo ist Ella? Was macht sie da?
Foto 2: Warum filmt Ella den Mann?
Foto 3: Worüber spricht Ella mit dem Mann?
Foto 4: Wie erklärt der Mann sein Verhalten?

3 Wie finden Sie das Verhalten des Mannes?

Also, ich finde das nicht so schlimm. Der Bauer muss doch wissen, dass es immer Leute gibt, die betrügen und nicht zahlen.

Das ist doch illegal! Ich finde, so etwas soll man anzeigen und bestrafen.

Stadt-Kurier

Ellas Tag

Alles hat seinen Preis

von Ella Wegmann

Billig, billig, billig! Alles muss heute billig sein. Und am billigsten ist ganz umsonst. Alles bekommen und nichts dafür geben, das wäre für manche Leute die ideale Welt. Also „vergessen" sie manchmal, die Zeitung zu zahlen, die sie am Sonntag aus dem Zeitungsständer nehmen. Oder sie schneiden sich im Blumenfeld einen schönen großen Strauß ab, schauen nach links und rechts und gehen einfach weg, ohne Geld in die Kassa zu werfen. Wisst ihr eigentlich, was ihr tut, wenn ihr diese Sachen einfach nehmt und stehlt? Ihr zerstört Vertrauen! Und ohne Vertrauen werden die Blumen, Kürbisse und die Zeitung immer teurer werden! Alles hat seinen Preis! Da wir aber alle gern günstig einkaufen, müsst ihr damit aufhören. Also zahlt bitte euren Kürbis am Straßenrand!

4 Ellas Kolumne

Was ist richtig? Lesen Sie die Kolumne und kreuzen Sie an.

a ○ Manche Menschen möchten alles umsonst bekommen.
b ○ Sie stehlen z. B. Zeitungen aus Zeitungsständern.
c ○ Ella meint, dass dadurch Vertrauen verloren geht.
d ○ Das verändert unsere Zukunft nicht.

5 Was bedeutet die Redewendung „Alles hat seinen Preis"?

Was meinen Sie? Sprechen Sie.

Vielleicht heißt das, dass alles immer teurer wird.

Nein, das glaube ich nicht. Damit meint man wahrscheinlich ...

A Ich glaube fast, er **wird** den Kürbis nicht **zahlen**.

2 5 **A1 Hören Sie und ergänzen Sie.**

Der Mann hat einen großen Kürbis genommen. Und jetzt geht er damit zu seinem Auto. Ich glaube fast, er *wird* den Kürbis nicht ....

Das geht aber nicht! Wissen Sie, wenn alle einfach Kürbisse nehmen und nicht zahlen, dann .... die Bauern im nächsten Sommer keine billigen Kürbisse mehr ....

Ich glaube fast, er wird den Kürbis nicht zahlen.

2 6–9 **A2 Welche Aussage passt zu welchem Foto?**

a Ordnen Sie zu. Hören Sie dann und vergleichen Sie.

A

B

C

D

1 (B) Viele Wintersportler werden wegen der guten Schneeverhältnisse in den Skigebieten wahrscheinlich auch am ersten März-Wochenende mit dem Auto unterwegs sein.
2 ◯ Macht euch keine Sorgen! Ich werde keinen einzigen Tropfen Alkohol trinken.
3 ◯ Ich gehe im Herbst erst einmal allein nach Braunau. Meine Frau wird versuchen, so schnell wie möglich in der Umgebung einen Job zu finden.
4 ◯ Anfang Juni fange ich eine Ausbildung als Hotelfachmann an.

Es gibt zwei Möglichkeiten, um Zukünftiges auszudrücken:

Futur I	
Vorhersage/ Vermutung	Viele Wintersportler werden ... wahrscheinlich mit dem Auto unterwegs sein.
Versprechen	Ich werde keinen einzigen Tropfen Alkohol trinken.
Vorsatz/Plan	Meine Frau wird versuchen, so schnell wie möglich in der Umgebung einen Job zu finden.

Präsens + Zeitangabe	
Zukunft (Das passiert sicher.)	Ich gehe im Herbst erst einmal allein nach Braunau.

b Was ist richtig? Hören Sie noch einmal und kreuzen Sie an.

1 ◯ Der Wetterbericht sagt Staus voraus.
2 ◯ Der junge Mann verspricht, mit dem Taxi heimzufahren.
3 ◯ Der Mann zieht zuerst allein nach Braunau und seine Frau kommt später nach.
4 ◯ Der junge Mann muss erst richtig Deutsch lernen, bevor er mit der Ausbildung beginnen kann.

A3 Gute Vorsätze: Ab morgen werde ich ...

Überlegen Sie sich ein Thema und notieren Sie gute Vorsätze. Spielen Sie dann ein Gespräch.

Gesundheit:
– endgültig das Rauchen aufgeben
– mich bemühen, regelmäßig Sport zu machen

Freizeit:
ein Instrument lernen
...

Arbeit:
...

So geht das nicht mehr weiter. Ab morgen ... / In Zukunft / Nächsten Montag ... | Das habe ich mir fest vorgenommen. | Das verspreche ich dir.

Eine super Idee! Das ... Nicht schlecht. Schauen wir einmal, ... Wirklich? Das ist ja super!

Ah, ist das nicht ...? | Ich weiß ja nicht ... Bist du sicher / Meinst du wirklich, dass ...? | Das ist doch nicht realistisch!

B Ich kann es Ihnen zeigen, **da** ich gefilmt habe.

B1 Welcher Satz hat die gleiche Bedeutung wie der Satz in der Tabelle? Kreuzen Sie an.

Ich kann es Ihnen zeigen, da ich gerade gefilmt habe.

○ Ich kann es Ihnen zeigen, obwohl ich gerade gefilmt habe.
○ Ich kann es Ihnen zeigen, weil ich gerade gefilmt habe.

Ich kann es Ihnen zeigen, da ich gerade gefilmt habe.

B2 Gutes Benehmen?

a Lesen Sie den Text und ordnen Sie die Überschriften zu.

1 Die Bahn als Büro
2 Wie pünktlich ist pünktlich?
3 Rücksicht in öffentlichen Verkehrsmitteln
4 Eine Frage der Erziehung?!
5 Das Smartphone allzeit bereit
6 Augenkontakt – ja oder nein?

Gute Umgangsformen im Alltag

Höflichkeit und ein guter Umgang miteinander – eigentlich ganz selbstverständlich, oder? Aber was ist eigentlich gutes Benehmen? Was für manche als unhöflich gilt, ist für Menschen aus einer anderen Generation oder einer anderen Kultur vielleicht durchaus üblich. Gutes Benehmen ist auf jeden Fall eine Frage des Respekts gegenüber seinen Mitmenschen und der jeweiligen Kultur, in der man sich bewegt. Wir alle kennen Alltagssituationen, die wir als unhöflich empfinden. Lesen Sie hier ein paar Beispiele:

A ○ Sie haben mit einem Freund ausgemacht, dass er Sie am Hauptbahnhof vom Zug abholt. Er verspätet sich um 20 Minuten, ohne Sie vorher informiert zu haben.

B ○ Sie unterhalten sich mit mehreren Kollegen über ein wichtiges Thema. Einer in der Runde nimmt plötzlich sein Handy und schreibt eine Nachricht, während die anderen weiterreden.

C ○ Ein Mann unterhält sich mit seiner Kollegin. Während des Gesprächs vermeidet er es, sie direkt anzuschauen.

D (1) Sie sitzen im Railjet im Speisewagen und möchten in Ruhe essen. Neben Ihnen führt ein junger Mann stundenlang mit lauter Stimme Geschäftstelefonate.

E ○ Sie haben der kleinen Tochter von Freunden ein Geschenk mitgebracht. Die Kleine weigert sich, „Danke“ zu sagen, nimmt das Geschenk und verschwindet in ihr Zimmer. Die Eltern schauen zu, ohne etwas zu sagen, und lächeln.

F ○ Sie fahren mit der Straßenbahn. Neben Ihnen sitzt ein junger Mann und isst ein Döner-Kebap mit Zwiebeln. Sie finden den Geruch unerträglich.

SCHON FERTIG? Was finden Sie unhöflich? Finden Sie weitere Beispiele aus dem Alltag.

b Wie beurteilen Sie das Verhalten der Personen? Ordnen Sie die Situationen (A–F) in a auf der Skala ein und begründen Sie Ihre Meinung. Wie ist das bei Ihnen?

völlig in Ordnung	in Ausnahmen möglich	absolut unmöglich
10	5	0

In meiner Heimat wäre es eindeutig unhöflich, wenn man in der Straßenbahn isst.

Da es mittlerweile vollkommen normal ist, mit dem Handy zu telefonieren, finde ich das nicht schlimm. Darum würde ich Situation D bei 10 einordnen.

C Seien Sie doch bitte so nett!

2 🔊 10 **C1 Ärger im Straßenverkehr**

a Welche Situation passt? Schauen Sie die Fotos an, hören Sie das Gespräch und kreuzen Sie an.

○ A

○ B

○ C

b Was ist richtig? Hören Sie noch einmal und kreuzen Sie an.

1 ○ Der Mann ist zu schnell gefahren. Er hat sich nicht an die Geschwindigkeitsbeschränkung gehalten.
2 ○ Er hat es eilig gehabt und hat vom Handy aus nur schnell die Bank angerufen.
3 ○ Der Mann muss Strafe zahlen.
4 ○ Der Polizist akzeptiert seine Entschuldigung und lässt ihn fahren.
5 ○ Der Polizist droht, dass der Mann mehr zahlen muss, wenn er die Strafe nicht akzeptiert.

c Wer sagt das? Kreuzen Sie an.

	Polizist	*Fahrer*
1 Tut mir leid, das ist mir wirklich unangenehm.	○	○
2 Da haben Sie ja vollkommen recht.	○	○
3 Tut mir leid, aber das ist nicht in Ordnung.	○	○
4 Ich bitte Sie, war das wirklich so schlimm?	○	○
5 Das kommt überhaupt nicht infrage!	○	○

C2 Rollenspiel: Im Straßenverkehr

Arbeiten Sie zu zweit. Wählen Sie eine Situation und spielen Sie ein Gespräch.

Sie haben als Fußgänger bei Rot die Straße überquert. Strafe: 70 Euro.

Ihre Geschwindigkeit war zu hoch: Sie sind auf der Landstraße außerhalb einer Ortschaft 12 km/h zu schnell gefahren. Strafe: 30 Euro.

außerhalb einer Ortschaft = nicht in einer Ortschaft
innerhalb einer Ortschaft = in einer Ortschaft

Polizistin/Polizist

Sie sagen, was der/die andere falsch gemacht hat.

Sie akzeptieren die Entschuldigung nicht. Der/Die Fahrer/in soll Strafe zahlen.

Fahrerin/Fahrer

Sie entschuldigen sich und erklären die Situation.

Sie wollen das nicht und versuchen, den Polizisten / die Polizistin zu überreden.

Tut mir leid, das ist mir wirklich unangenehm. | Sie haben ja vollkommen recht. | Ich wollte nur schnell … Aber hören Sie, es war doch keine Absicht. | Es wird bestimmt nie wieder vorkommen. | Ich bitte Sie, war das wirklich so schlimm? | Seien Sie doch bitte so nett. | Können Sie nicht einmal ein Auge zudrücken?

Aber das geht doch nicht. | Das ist nicht in Ordnung. | Das kommt überhaupt nicht infrage.

D In der Fremde

D1 Lesen Sie die Zitate.

Welches Zitat gefällt Ihnen? Warum? Was ist damit gemeint? Sprechen Sie.

Mir gefällt das Zitat …
Ich glaube, das bedeutet …

Fremde sind Freunde, die man nur noch nicht kennengelernt hat.
Autor/in unbekannt

Fremd ist der Fremde nur in der Fremde.
Karl Valentin, 1882–1948, deutscher Kabarettist und Komiker

Von Gott aus gesehen gibt es keine Ausländer.
Ernst Ferstl, österreichischer Lehrer und Dichter (geb. 1955)

D2 Straßeninterviews

2 ◀)) 11 **a** Hören Sie den Anfang des Interviews. Was ist das Thema? Kreuzen Sie an.

- ○ Migrantinnen und Migranten in Österreich
- ○ das Gefühl von Fremdheit
- ○ Interkulturelle Missverständnisse

2 ◀)) 12–15 **b** Hören Sie die Interviews. Zu wem passen die Aussagen? Ordnen Sie zu.

1

2

3

4

A ○ Das Gefühl von Fremdheit hat mit der kulturellen und geografischen Distanz zum Herkunftsland zu tun.

B ○ Wenn man auf der Flucht ist und seine Heimat verlassen musste, fühlt man sich zuerst überall fremd und hat Heimweh.

C ○ Man kann sich auch im eigenen Land fremd fühlen, wenn man die Menschen um sich herum nicht versteht.

D ○ Wenn man an vielen verschiedenen Orten gelebt hat und für fremde Kulturen offen ist, gibt es dieses Gefühl von Fremdheit eigentlich nicht.

D3 Haben Sie sich schon einmal irgendwo fremd gefühlt?

Warum? Erzählen Sie.

Ja, dieses Gefühl kenne ich. Als ich vor zwei Jahren nach Österreich gekommen bin, war alles so fremd und ich habe kein Wort verstanden.

E Andere Länder, andere Sitten

E1 Andere Sitten

a Lesen Sie den ersten Abschnitt (Zeile 1–5) des Texts von Joseph Roth und beantworten Sie die Fragen.

– Wer hat wen eingeladen?
– Woher kommen die beiden Hauptfiguren?

Joseph Roth (1894–1939):
österreichischer Autor; hat viele berühmte Romane geschrieben, z. B. „Radetzkymarsch" und „Hiob. Roman eines einfachen Mannes". In „Die Geschichte von der 1002. Nacht" beschreibt er ein (nicht realistisches) Festessen am österreichischen Kaiserhof.

b Lesen Sie den Text bis Zeile 12. Welche Speisen im Text stehen für die österreichische Küche? Kreuzen Sie an.

○ Lammfleisch ○ Knödel ○ Reis ○ Kompott
○ Rindfleisch ○ Suppe ○ Mandeln ○ Rosinen

c Lesen Sie den Abschnitt (Zeile 13–26). Was ist richtig? Kreuzen Sie an.

1 ○ Der Kaiser ist den Geschmack der orientalischen Speisen nicht gewohnt.
2 ○ Er spricht während des Essens gern und viel mit seinem Gast.
3 ○ Er fühlt sich beleidigt, dass sein Gast die Kerne auf den Boden spuckt.

Joseph Roth

DIE GESCHICHTE VON DER 1002. NACHT

Um neun Uhr abends begann die Tafel. An der Rechten des Kaisers saß der Schah. Seinetwegen hatte man die orientalischen Speisen vorbereitet, die dem Kaiser von Österreich keineswegs schmeckten: Reis mit Curry, Lammfleisch am Spieß, in Salz und Pfeffer überbraten, maßvoll verkohlt und dennoch immer noch blutig; noch einmal Reis mit gebackenen Pflaumen; hierauf gekochtes Huhn, und noch einmal Reis, überschüttet mit geriebenen Mandeln und Rosinen; endlich kam eine seltsame Gans, gefüllt mit Trüffeln und Kandiszucker – und dazu trank man Wasser […]. Der Kaiser sah schließlich, mit ehrlichem Vergnügen, das Kompott ankommen, gekochte Pflaumen und Birnen: endlich was Gekochtes! …

Der Kaiser haßte Gastmähler. Er liebte es, rasch zu essen und einfach, wie einer der Gewöhnlichsten seiner Untertanen. Er liebte Suppen, Rindfleisch, Knödel, Apfelkompott. Sein Essen dauerte kaum länger als zehn Minuten. Er liebte ein frisches Krügl Bier, mit recht viel Schaum. Lediglich dank einer übergroßen, wahrhaft kaiserlichen Überwindung würgte er jetzt eine der fremdartigen Speisen nach der anderen hinunter. Freilich mußte er sich noch dazu mit seinem Gast unterhalten, und auf französisch. So manche Antwort blieb ihm der Schah schuldig. Er aber, der Kaiser von Österreich-Ungarn, tat so, […] als ob ihm Antwort zuteil geworden wäre. Alle Teilnehmer dieser Tafel waren überzeugt, daß sich der Kaiser und der Schah ausgezeichnet unterhielten.

Da geschah, als die gekochten Pflaumen kamen, etwas Niedagewesenes: der Schah spuckte die Kerne auf den Fußboden. Wichtig war, daß für die Dauer einer Sekunde nur – aber welch einer schrecklichen Sekunde! – alle Teilnehmer der Tafel plötzlich aufsahen, als der Schah den ersten Kern ausgespuckt hatte, vor sich hin, mitten zwischen die gespreizten Knie. Der einzige, der keine Verblüffung verriet, war der Kaiser. Er sah nicht einmal auf. Als hielte er es für ein selbstverständliches Gehaben, spie auch er den ersten Pflaumenkern auf den Boden, den zweiten, den dritten – – und so lange, bis der Schah aufgehört hatte zu essen. Und alle taten nach dem Beispiel des Kaisers.

die Tafel = ein großer Tisch
Früher schrieb man: haßte/mußte/daß ... Heute schreibt man: hasste/musste/dass ...
etwas Niedagewesenes = etwas, was noch nie passiert ist
spie = spuckte
das Gehaben = das Verhalten

E2 Einladungen in meinem Land

a Wie verhält man sich, wenn man zum Essen eingeladen ist? Und wie verhält man sich als Gastgeber? Machen Sie Notizen und sprechen Sie.

- Anzahl der Gäste
- Mitbringsel
- Vorbereitung

Bei uns in der Türkei kommt man nie mit leeren Händen zu einer Einladung. Man sollte immer etwas mitbringen, z. B. Süßigkeiten.

b Was soll man in Ihrem Land bei Tisch auf keinen Fall machen?

In Japan soll man auf keinen Fall die Stäbchen in den Reis stecken. Das macht man nur, wenn jemand gestorben ist.

In Italien ist es nicht üblich, dass man Pasta mit dem Löffel isst. Ganz schlimm ist es, wenn man lange Nudeln mit dem Messer schneidet! Wer beweisen will, dass er Pasta essen kann, verwendet nur die Gabel.

E3 Gute Tipps

a Arbeiten Sie in Gruppen. Wählen Sie eine Situation und fünf Themen. Was sollte die Person in der Situation unbedingt wissen? Schreiben Sie ein Plakat mit Tipps, die hilfreich sein können.

Pünktlichkeit | Kleidung | Wetter | Essen | Grüße | Öffnungszeiten | öffentliche Verkehrsmittel | Nachbarn | ...

Eine Freundin / Ein Freund aus Ihrer Heimat kommt zum ersten Mal nach Österreich.

Sie möchten Ihrer österreichischen Kollegin / Ihrem österreichischen Kollegen helfen, damit sie/er bei dem ersten Aufenthalt in Ihrem Heimatland keine Probleme bekommt.

b Stellen Sie Ihre Tipps im Kurs vor.

Bei uns in / In ... sollte man ...
Es ist üblich/notwendig, ...
Sie/Er muss wissen, dass ...
Ich würde ihr/ihm erklären, dass ...
Ich denke, sie/er darf es nicht falsch verstehen/missverstehen, wenn ...

Tipps für Jordanien:
Kleidung:
Öffentlichkeit – Schulter bedecken, keine kurzen Hosen, nicht zu kurze Röcke, ...

Bei uns in Jordanien sollte man in der Öffentlichkeit die Schulter bedecken und ...

Grammatik und Kommunikation

Grammatik

1 Futur I / Präsens und Zeitangabe (Zukünftiges ausdrücken)

ÜG 5.08

Es gibt zwei Möglichkeiten, um Zukünftiges auszudrücken:	
Futur I	
Vorhersage/ Vermutung	Viele Wintersportler **werden** wahrscheinlich mit dem Auto unterwegs **sein**.
Versprechen	Ich **werde** keinen einzigen Tropfen Alkohol **trinken**.
Vorsatz/Plan	Meine Frau **wird versuchen**, so schnell wie möglich in der Umgebung einen Job zu finden.
Präsens + Zeitangabe	
Zukunft (Das passiert sicher.)	Ich **gehe im Herbst** erst einmal allein nach Braunau.

2 Konjunktion: *da* ÜG 10.09

Ich kann es Ihnen zeigen,	**da** ich gerade	gefilmt **habe**.
Da ich gerade gefilmt **habe**,	*kann ich* es Ihnen zeigen.	

Was sind Ihre Pläne für den Sommer? Schreiben Sie drei Sätze.

Im Sommer werde ich …

Was sind Ihre guten Vorsätze für das nächste Jahr? Schreiben Sie fünf Sätze.

regelmäßig Sport machen
aufhören zu rauchen
weniger Schokolade essen
vor elf Uhr ins Bett gehen …

Ich werde …

Was meinen Sie? Was verspricht die Frau?

Ich werde nicht mehr …

Wen oder was lieben Sie und warum? Schreiben Sie Sätze mit *Da/da*.

Da meine Stadt so alt und schön ist, liebe ich sie.
Ich liebe meine Schwester, da …

Kommunikation

VORSÄTZE FORMULIEREN: So geht das nicht mehr weiter.

So geht das nicht mehr weiter. Ab morgen / In Zukunft / Nächsten Montag / …
Das habe ich mir fest vorgenommen.
Das verspreche ich dir.

ETWAS BEURTEILEN: Ich finde es (nicht) schlimm, …

Ich finde es (nicht) schlimm, …
In meiner Heimat wäre es eindeutig unhöflich, wenn …

ZUSTIMMUNG AUSDRÜCKEN: Das ist ja super!

Eine super Idee. Das … | Nicht schlecht. Schauen wir einmal, …
Wirklich? Das ist ja super!

ZWEIFEL AUSDRÜCKEN: Ich weiß ja nicht …

Ah, ist das nicht …? | Ich weiß ja nicht … Bist du sicher?
Meinst du wirklich, dass …? | Das ist doch nicht realistisch!

SICH ENTSCHULDIGEN: Ich wollte nur schnell ...

Tut mir leid, das ist mir wirklich unangenehm.
Sie haben ja vollkommen recht.
Ich wollte nur schnell ...
Aber hören Sie, es war doch keine Absicht.
Es wird bestimmt nie wieder vorkommen.

EINE ENTSCHULDIGUNG NICHT AKZEPTIEREN: Das ist nicht in Ordnung.

Aber das geht doch nicht.
Das ist nicht in Ordnung.
Das kommt überhaupt nicht infrage.

JEMANDEN ÜBERREDEN: Seien Sie doch bitte so nett.

Ich bitte Sie, war das wirklich so schlimm?
Seien Sie doch bitte so nett.
Können Sie nicht einmal ein Auge zudrücken?

TIPPS FÜR MEIN HEIMATLAND GEBEN: Es ist üblich, ...

Bei uns in / In ... sollte man ...
Es ist üblich/notwendig, ...
Sie/Er muss wissen, dass ...
Ich würde ihr/ihm erklären, dass ...
Ich denke, sie/er darf es nicht falsch verstehen/missverstehen, wenn ...

Sie kommen eine halbe Stunde zu spät in den Kurs. Was sagen Sie?

Entschuldigung, tut ...
Ich ... Es ...

Ihr Kollege isst Schokolade, bietet Ihnen aber nichts an. Ist sein Verhalten in Ihrem Heimatland in Ordnung? Schreiben Sie.

Bei uns in ...

Lernziele

Ich kann jetzt ...

A ... Vorhersagen/Vermutungen, Versprechen, Vorsätze und Pläne ausdrücken: *Ich werde gleich wegfahren.* ☺ 😐 ☹

B ... Umgangsformen beurteilen und meine Meinung begründen: *Da es vollkommen normal ist, ..., finde ich das nicht schlimm.* ☺ 😐 ☹

C ... über Regeln und Fehler im Straßenverkehr sprechen: *Tut mir leid, das ist mir wirklich unangenehm.* ☺ 😐 ☹

D ... kurze Interviews und einen Erfahrungsbericht zum Thema „Fremdsein“ verstehen und darüber sprechen: *Ja, das Gefühl kenne ich.* ☺ 😐 ☹

E ... Verhaltenstipps für mein Heimatland beschreiben: *Ich würde ihr/ihm erklären, dass ...* ☺ 😐 ☹

Ich kenne jetzt ...

... 4 Wörter zum Thema *Fremde*:

Flucht ...

... 6 Wörter zum Thema *Verhalten*:

sich verhalten, ...

LESEN

Herzlich willkommen!

Wenn wir mit jemandem reden, senden wir unserem Gesprächspartner viele Informationen. Wir sprechen die **Worte** ja nicht einfach nur, wir betonen sie auch. Das tun wir mit unserer **Stimme**, unserem **Gesichtsausdruck** und unserer **Körpersprache**. Womit geben wir denn die meisten Informationen weiter? Nur mit Worten, könnte man meinen.
Aber schauen Sie jetzt einmal die drei Fotos an. Die Frau sagt dreimal „Herzlich willkommen!" Aber ihr Gesichtsausdruck, ihre Körpersprache und sicher auch ihre Stimme sagen dreimal etwas anderes. Worte allein sagen also ziemlich wenig. Hätten wir nur unsere Worte, dann würden wir wie ein Roboter sprechen. Erst durch unsere Stimme, durch unseren Gesichtsausdruck und unsere Körperhaltung wird das, was wir sagen, farbig und bekommt Sinn.
Beim Telefonieren haben wir leider nur unsere Stimme, um für „Farbe" im Gespräch zu sorgen. Wissenschaftliche Tests haben gezeigt, dass sich in Telefongesprächen nur durch den Klang unserer Stimme schon nach wenigen Sekunden entscheidet, ob der Gesprächspartner uns als sympathisch oder unsympathisch empfindet. **Was** wir sagen, ist wichtig. Aber noch wichtiger ist, **wie** wir es sagen. Übrigens: Wenn Sie am Telefon besonders freundlich wirken wollen, versuchen Sie einmal, beim Sprechen zu lächeln. Ihre Stimme wird sofort viel sympathischer klingen!

1 Lesen Sie den Text.
Was finden Sie am wichtigsten: Wort, Stimme, Gesichtsausdruck oder Körperhaltung? Sprechen Sie.

2 Schauen Sie das linke Foto im Text an.
Machen Sie den Gesichtsausdruck und die Körperhaltung nach und sagen Sie mit der passenden Betonung: „Herzlich willkommen!" Wiederholen Sie das dann mit den beiden anderen Fotos.

HÖREN

Der Ton macht die Musik.

Unsere Geschichte geht so: Max Pühringer ist Programmierer und hat sich schriftlich bei der Firma „IT-Systems" beworben. Elke Huber ist Personalchefin bei „IT-Systems". Sie ruft Herrn Pühringer an, um ihn zu einem Bewerbungsgespräch einzuladen. Von diesem Gespräch gibt es drei verschiedene Versionen: A, B und C. Jedes Mal hat unser Sprecher die Stimme von Max Pühringer anders gesprochen. Hören Sie selber!

1 Lesen Sie die Überschrift. Was bedeutet „Der Ton macht die Musik."?

2 🔊) 16–18 **2 Lesen Sie den Text und hören Sie die Telefongespräche A, B und C.**
Was glauben Sie: Nach welchem Telefonat freut sich Frau Huber am meisten auf den Besuch von Herrn Pühringer? Warum?

3 Überlegen Sie sich zwei Sätze.
Sagen Sie etwas Unfreundliches so, dass es nett klingt, und etwas Freundliches so, dass es ganz unfreundlich klingt. Achten Sie dabei nicht nur auf Ihre Stimme, sondern auch auf Ihren Gesichtsausdruck und Ihre Körperhaltung.

ÖSTERREICH SPEZIAL

Rund um die Semmel

Wenn Semmeln schon ein paar Tage alt und hart sind, muss man sie trotzdem nicht wegwerfen. Wir zeigen Ihnen ein paar Möglichkeiten, was Sie damit machen können!

1 Schauen Sie die Fotos an und ordnen Sie zu. Welches Bild passt zu welchem Text?

1 ○

2 ○

3 ○

a Brotsalat: schnelle Vorspeise aus Semmelstücken, Tomaten, anderem Gemüse, Essig und Öl
b Semmelknödel: im Wasser gekochte, kleine „Bälle“ aus Semmelwürfeln, Milch, Ei und Gewürzen.
c Pofesen: geschnittene Semmeln, in Milch und Ei gewendet, in Fett gebacken und mit Marmelade zusammengesetzt

2 „Aus alt mach neu!“
a Welche dieser Speisen kennen Sie? Welche würden Sie gern probieren? Warum (nicht)? Sprechen Sie.

Semmelknödel kenne ich! Die isst man in Österreich gern, z. B. zum Schweinsbraten.

Eine Freundin hat einmal Knödel mit Ei gemacht. Das hat gut geschmeckt.

b Kennen Sie Rezepte mit altem Brot? Oder werfen Sie Lebensmittel weg, die nicht mehr ganz frisch sind? Sprechen Sie.

Aus altem Brot kann man auch Semmelbrösel machen. Ich finde, man soll Lebensmittel nicht verschwenden.

Ich schaue immer genau auf das Datum auf den Produkten. Wenn etwas nicht mehr frisch ist, werfe ich es gleich weg.

Soziales Engagement

Folge 12: Das weiß der Kuckuck.

1 Was bedeutet „ehrenamtlich arbeiten"? Kreuzen Sie an.

Man arbeitet, z. B. im Sozialbereich ...

○ fest angestellt. ○ freiwillig und bekommt kein Geld dafür.

2 Welches Tier ist das? Ordnen Sie zu.

○ ein Kuckuck
○ eine Biene

1  2 

2 🔊 19–22

3 Was meinen Sie? Schauen Sie die Fotos an und beantworten Sie die Fragen. Hören Sie dann und vergleichen Sie.

Foto 1: Warum telefoniert Tobi mit Ella?
Foto 2–4: Wo sind Tobi und Ella?
Foto 2–4: Was machen sie dort?
Foto 2+3: Warum interviewt Ella Tobi und die Kinder?

Stadt-Kurier

Ellas Tag

Das Nachbarschaftszentrum – ein Ort für gegenseitige Hilfe

von Ella Wegmann

Acht Wochen lang keine Schule? Kinder finden das natürlich cool. Aber für die Eltern kann die schulfreie Zeit zum Problem werden. Wer hat schon Zeit und Geld, so lang auf Urlaub zu fahren? Besonders Alleinerziehende wissen oft nicht, wohin mit ihrem Kind während der großen Ferien. Zum Glück gibt es Organisationen, die Hilfe anbieten, z. B. Nachbarschaftszentren, die man in einigen Wiener Bezirken findet. Dort gibt es Aktivitäten für Kinder: vom Kasperltheater bis zum Spieletag oder Kindertanzen. Da sich ehrenamtliche Helferinnen und Helfer um eine sinnvolle und abwechslungsreiche Freizeitgestaltung für die Kinder kümmern, können die Eltern beruhigt in die Arbeit gehen. Wir vom „Stadt-Kurier" finden diesen gemeinnützigen Einsatz wunderbar und möchten allen Freiwilligen einmal von ganzem Herzen danken. Übrigens: Auch Sie können helfen, indem Sie aktiv mitmachen. Malen, basteln oder spielen mit Kindern macht doch Spaß!

4 Hören Sie noch einmal. Markieren und korrigieren Sie die Fehler. 2 19–22

Tobias arbeitet fest angestellt in einem Nachbarschaftszentrum und bietet eine Theatergruppe für Kinder an. Da sich seine Kollegin den Fuß gebrochen hat, fällt sie aus. Tobias fehlt für übermorgen noch eine zweite Aufsichtsperson. Tobias ist allein für das Kinder-Ferienprogramm verantwortlich. Es gibt Bastel-, Tanz- und Musikkurse, Hausübungsbetreuung, Schwimmbadbesuche, Kinderkino und eine Theatergruppe. In der Theatergruppe spielen die Kinder ein Stück, das Tobias geschrieben hat. Es heißt: „Spaß für die Tiere." Im Stück gibt es eine Biene und einen Kuckuck. Ella und Tobias haben einander geholfen: Tobias musste den Kurs nicht ausfallen lassen und Ella kann ein Theaterstück schreiben.

5 Ellas Kolumne

Lesen Sie die Kolumne und beantworten Sie die Fragen.

Welche Schwierigkeiten haben Eltern im Sommer häufig?
Was sind Nachbarschaftszentren? Wer arbeitet dort?
Wie kann man die Nachbarschaftszentren unterstützen?

6 Helfen Sie sich gegenseitig in Ihrer Nachbarschaft / Ihrem Haus? Erzählen Sie.

A Ich engagiere mich, **seit** ich 16 bin.

2 🔊 23 **A1 Ergänzen Sie *bis* oder *seit/seitdem*. Hören Sie und vergleichen Sie dann.**

a Ich engagiere mich, seit ich 16 bin.

b Das Programm geht die ganzen Ferien über, ……………… die Schule wieder anfängt.

c ……………… ich weiß, dass ich morgen keinen Kollegen habe, suche ich einen Ersatz.

d Es dauert zwei Wochen, ……………… meine Kollegin wieder dabei sein kann.

Wie lange …?	…, seit/seitdem ich 16 bin.
	…, bis die Schule wieder anfängt.

A2 Verein für Nachbarschaftshilfe

a Überfliegen Sie das Programm des Vereins und ordnen Sie die Rubriken zu.

Angebote für alle Generationen | Angebote für Eltern und Kinder | Unterstützung daheim | Angebote für Seniorinnen und Senioren

Verein für Nachbarschaftshilfe

1 ………………

Kinderpark	Kinder ab zwei Jahren verbringen einen spannenden Vormittag ohne ihre Eltern. Bis sich die Kinder eingewöhnt haben, dürfen die Eltern sie natürlich begleiten.	Mo 9.00 – 12.00 Uhr
Zirkusschule	Für 8-12-Jährige: Wir lernen und üben Zirkustechniken, bis wir sie auf dem Sommerfest vor Publikum aufführen können.	Do 15.00 – 17.00 Uhr
Mittagsbetreuung	Volksschulkinder erhalten eine kleine Mahlzeit und werden bei der Erledigung ihrer Hausübung unterstützt.	wochentags 11.15 – 15.00 Uhr
sonstige Angebote	Tagesmuttervermittlung, Beratung in Erziehungsfragen	

2 ………………

Töpferkurs 	Seit Sie pensioniert sind, sind Sie auf der Suche nach einem neuen Hobby? Dann sind Sie richtig bei uns!	Mi 10.00 – 12.00 Uhr
Schreibwerkstatt	Lebenstagebuch: Sie möchten Ihre eigenen Erinnerungen von früher aufschreiben? Beim Schreiben suchen wir nach kleinen und vielleicht vergessenen Augenblicken, die das Leben schön machen.	Di 15.00 – 17.00 Uhr
Computer- und Handykurs für die Generation 60plus	In kleiner Runde beschäftigen wir uns mit den neuen Medien.	Fr 10.00 – 12.00 Uhr

3 ………………

Offenes Café	Nachbarschaftlicher Treffpunkt zum Kennenlernen und Austausch von Erfahrungen: für Groß und Klein und Alt und Jung	täglich 15.00 – 17.00 Uhr
Singkreis	Für alle Musikfreunde, die gern singen oder ein Instrument spielen	So 18.00 – 19.00 Uhr

4 ………………

– Vermittlung von „Essen auf Rädern" – Begleit- und Fahrdienste – kleine Tätigkeiten im Haushalt – Besuchsdienste: Zuhören oder Vorlesen, Gespräche	stundenweise nach Vereinbarung

b Hat der Verein für Nachbarschaftshilfe ein passendes Angebot? Wenn ja, welches?
Lesen Sie noch einmal und notieren Sie. Ein Angebot passt nicht. Welches?

1 Sie arbeiten zukünftig am Montag Vormittag und suchen eine Betreuung für Ihre dreijährige Tochter.
2 Sie lieben Musik und würden gern mit anderen zusammen singen.
3 Ihr achtjähriger Sohn denkt sich gern Geschichten aus und sucht einen Schreibkurs.
4 Sie würden gern Menschen aus der Nachbarschaft kennenlernen.
5 Ihre Mutter hat sich einen Arm gebrochen und muss zweimal wöchentlich zum Arzt gefahren werden.
6 Sie haben ein Tablet von Ihrem Enkel bekommen und wissen nicht, wie es funktioniert.

1 ja, Kinderpark
2 …

2 24–25 **A3 Anruf beim Verein für Nachbarschaftshilfe**

a Hören Sie die Gespräche. Was sind die Probleme und welche Lösungen gibt es?

	Probleme	Lösungen
Gespräch 1		
Gespräch 2		

b Ergänzen Sie *seit/seitdem* und *bis*. Hören Sie dann noch einmal und vergleichen Sie.

1 a Ich bin alleinerziehend, ... mein Mann und ich uns getrennt haben.
b .... es um 13.00 Uhr eine kleine Mahlzeit gibt, können die Kinder spielen.
c .... wir wieder einen freien Platz haben, müssen Sie allerdings ein bisschen Geduld haben.

2 a .... mein Mann gestorben ist, lebe ich allein.
b Damit ist mir wirklich sehr geholfen, ... ich wieder allein zurechtkomme.
c .... ich den Unfall gehabt habe, fehlen mir richtige Mahlzeiten.

A4 Rollenspiel: Anruf beim Verein für Nachbarschaftshilfe

Wählen Sie eine Situation und suchen Sie ein passendes Angebot im Programm auf Seite 60. Rufen Sie bei der Nachbarschaftshilfe an. Ihre Partnerin / Ihr Partner arbeitet bei der Nachbarschaftshilfe und versucht zu helfen. Tauschen Sie dann die Rollen.

Sie möchten für Ihre Enkel Geschichten aus Ihrem Leben aufschreiben.	Sie spielen Gitarre und möchten mit anderen zusammen Musik machen.	Sie benötigen dreimal in der Woche Betreuung für Ihre zweijährige Tochter.

Ich weiß nicht, ob ich bei Ihnen richtig bin.
Ich habe da ein Problem. Seitdem ich …,
Ich bin leider gerade in einer blöden Situation.
Ich weiß nicht, was ich machen soll. / … wie ich das machen soll.
Können Sie mir vielleicht weiterhelfen?

Jetzt erzählen/sagen Sie erst einmal …
Was ist denn genau Ihr Problem?
Keine Sorge, wir werden Ihnen (dabei) helfen.
Keine Sorge, wir werden sicher eine Lösung finden.
Ich bin ganz sicher, dass …

Bis wir/Sie …, müssen Sie Geduld haben.
Ich habe da eine Idee. / einen Vorschlag.
Wie wäre es denn, wenn …

B Auch Sie können helfen, **indem** Sie mitmachen.

B1 Verbinden Sie.

a Auch Sie können helfen,
b Im Nachbarschaftszentrum kann man mitmachen,
c Das Nachbarschaftszentrum hilft den Eltern,
d Die Kinderbetreuung darf nicht stattfinden,

indem es Ferienaktivitäten für Kinder anbietet.
ohne dass eine zweite Aufsichtsperson dabei ist.
ohne dass man eine komplizierte Bewerbung schreibt.
indem Sie aktiv mitmachen.

Wie?	..., indem Sie mitmachen.

Wie?	..., ohne dass man eine komplizierte Bewerbung schreibt. ..., ohne eine komplizierte Bewerbung zu schreiben.

B2 Vereine in Österreich

a Was ist ein Verein? Kennen Sie Vereine? Sind Sie Mitglied in einem Verein? Sprechen Sie. Lesen Sie dann den Text und überprüfen Sie.

Es gibt in Österreich mehr als 120 000 Vereine. Vereine sind Organisationen, in denen sich Menschen treffen, die gemeinsame Interessen haben. Um Mitglied in einem Verein zu werden, muss man sich registrieren oder eine Beitrittserklärung abgeben. Als Mitglied können Sie dann die Angebote des Vereins nutzen, Leute kennenlernen und gemeinsam Dinge unternehmen. Man kann auch aktiv in einem Verein mitarbeiten. Manchmal muss man für die Mitgliedschaft einen kleinen Beitrag zahlen.
Neben Sportvereinen gibt es Musikvereine, Jugendklubs, Elternvereine, Tierschutzvereine, den Kleingartenverein, die Freiwillige Feuerwehr, das Rote Kreuz und vieles mehr. In Österreich ist beinahe jede zweite Person in mindestens einem Verein, oft aber nicht aktiv. Besonders beliebt sind Sportvereine.

b Lesen Sie den Text noch einmal und kreuzen Sie an: *indem* oder *ohne dass*.

1 Sie werden Mitglied in einem Verein,
○ indem ○ ohne dass Sie sich registrieren oder eine Beitrittserklärung unterschreiben.
2 Sie können auch Mitglied in einem Verein sein, ○ indem ○ ohne dass Sie aktiv mitarbeiten.
3 In einigen Vereinen können Sie auch Mitglied sein, ○ indem ○ ohne dass Sie einen Mitgliedsbeitrag zahlen.

c Lesen Sie den Text weiter. In welchen Vereinen sind die Personen? Warum finden sie diesen Verein wichtig?

Nicole

Vor zwei Jahren bin ich nach Bludenz gezogen. Das war am Anfang gar nicht so leicht, weil ich niemanden gekannt habe. Ein Freund hat mir den Tipp gegeben: Tritt in einen Verein ein! Da lernst du neue Leute kennen! Zuerst habe ich gedacht: „Na ja, ich weiß nicht …“ Dann habe ich aber geschaut, was mich so interessiert. Und jetzt lerne ich klettern im Alpenverein! Ich hätte ohne den Verein nie innerhalb so kurzer Zeit neue Freunde gefunden.

Jürgen

Wenn es irgendwo ein Feuer gibt, bin ich beim Einsatz dabei – schon jahrzehntelang! Ich helfe auch, indem ich mit Kindern und Jugendlichen Übungen mache und ihnen zeige, was man machen muss, wenn es brennt. Besonders mag ich die Feste, die wir bei der Freiwilligen Feuerwehr regelmäßig feiern! So bin ich immer mit Menschen im Kontakt.

B3 Welche Vereine würden Sie interessieren? Was halten Sie von Vereinen? Sprechen Sie.

Mich würde ein Sportverein interessieren.

Ich spiele lieber im Park Fußball. Dort kann ich Leute treffen, ohne dass es etwas kostet.

C Persönliches Engagement

C1 Überfliegen Sie den Artikel in C2.

Worum geht es? Was meinen Sie?

C2 Lesen Sie nun den Artikel.

a Beantworten Sie die Fragen.

1. Wie viele Österreicherinnen und Österreicher arbeiten ehrenamtlich in wohltätigen Organisationen?
2. Welche Aufgaben übernehmen sie z. B.?
3. Welche Personengruppen engagieren sich besonders häufig?
4. Was passiert bei der Aktion „Saubere Gemeinde“?

Engagement mit Perspektive!

„Engagement mit Perspektive!“ Unter diesem Motto stand eine Konferenz in Wien, die sich mit dem freiwilligen Engagement in Europa beschäftigt – in allen möglichen Bereichen: vom Sozial- und Gesundheitsbereich über Umweltschutz bis zur Integration von Migrantinnen und Migranten.

Insgesamt engagieren sich mehr als 3,5 Millionen Menschen in Österreich freiwillig und ohne Lohn in ihrer Freizeit. Sie organisieren sich in zahlreichen Vereinen, Bürgerinitiativen oder Selbsthilfegruppen. Sie helfen Pflegebedürftigen, organisieren ökologische Projekte, restaurieren alte Häuser, engagieren sich als Babysitter, springen für kranke Lehrerinnen ein oder unterstützen Flüchtlinge. Mehr als 3000 Helferinnen und Helfer sind zum Beispiel in den Ausgabestellen der Organisation „(Ver-)Teilen mit Sinn“ tätig. Sie sammeln in Supermärkten Lebensmittel knapp vor Ablauf des Mindesthaltbarkeitsdatums ein und verteilen sie an Bedürftige. Solange es solche Einrichtungen und Aktionen gibt, ist unsere Gesellschaft zum Glück noch nicht völlig egoistisch geworden und soziale Kälte hat nicht überall Platz.

Männer und Frauen engagieren sich übrigens gleich häufig. In der Arbeit mit Flüchtlingen sind aber vor allem Frauen und junge Leute aktiv. Für Jugendliche gibt es eine Vielzahl an Möglichkeiten, z. B. ein „freiwilliges soziales Jahr“ oder ein „freiwilliges Umweltschutzjahr“. Ab dem 18. Lebensjahr kann man im Sozialdienst im Ausland tätig sein und in dieser Zeit bedürftige Kinder versorgen oder in Altersheimen, Schulen oder Krankenhäusern arbeiten.

Schon seit vielen Jahren ist in Österreich die Aktion „Saubere Gemeinde“ populär. An einem Tag im Jahr gehen Freiwillige durch ihren Wohnort und sammeln gemeinsam Müll und liegengebliebenen Mist ein. „Beim jährlichen Gemeindeputztag fragt niemand, ob man teilnehmen soll oder nicht“, sagt ein Gemeindevorstand und weist auf die große Bereitschaft zum Engagement hin. „Für die meisten ist das selbstverständlich und die Bereitschaft bleibt hoffentlich auch weiterhin so groß!“

b Was finden Sie besonders interessant/überraschend/...? Markieren Sie zwei Aspekte und vergleichen Sie mit Ihrer Partnerin / Ihrem Partner. Erzählen und kommentieren Sie.

◆ Es überrascht mich, dass sich so viele Leute in Österreich engagieren. Das hätte ich nicht gedacht.

○ Ja, stimmt. Interessant finde ich auch, dass ...

SCHON FERTIG? Sammeln Sie Wörter, die für Sie wichtig sind.

C3 Persönliches Engagement: Was tun Sie / würden Sie gern tun? Erzählen Sie.

sich für etwas begeistern | sich für etwas engagieren/einsetzen | bei etwas mitmachen | ...

In meiner Familie engagieren sich alle außer meinem Bruder. Ich bin in einem Umweltschutzverein und ...

außer	alle außer meinem Bruder = alle, nur mein Bruder nicht

D Dieser Mensch ist ein Vorbild für mich.

D1 Eine starke Frau

a Schauen Sie die Bilder an und lesen Sie den Text. Was glauben Sie: Was für ein Mensch war Bertha von Suttner? Warum?

Ich glaube, Bertha von Suttner war sehr mutig und engagiert, denn sie hat einen wichtigen Preis bekommen.

Bertha von Suttner (1843–1914):
österreichische Schriftstellerin; Sie schrieb das Buch „Die Waffen nieder!“. Für ihr Engagement für den Frieden bekam sie als erste Frau den Friedensnobelpreis. Man sieht sie auf der österreichischen 2-Euro-Münze.

b Sammeln Sie noch weitere Informationen über Bertha von Suttner im Internet.

c Kennen Sie noch andere Personen, die den Friedensnobelpreis bekommen haben?

2 🔊 26–27 D2 Radio Austria „Menschen helfen Menschen“

a Welche Überschriften passen? Hören Sie und wählen Sie aus.

1 Schülerin rettet Pensionistin das Leben

2 Joggerin wird bewusstlos und stürzt

3 Neues Café für Alleinerziehende

4 Großes Herz für Flüchtlinge

Gespräch	A	B
Überschrift		

b Was ist richtig? Hören Sie noch einmal und kreuzen Sie an.

Gespräch A

1 Die Schülerin ruft ○ eine Klinik ○ die Rettung an.
2 Die Schülerin ○ beginnt sofort mit Erste-Hilfe-Maßnahmen. ○ holt sich telefonisch Rat bei den Sanitätern.
3 Die Anruferin meint, dass ihre Mutter nur überlebt hat, weil ○ die Sanitäter so schnell eingetroffen sind. ○ die Schülerin so schnell gehandelt hat.

Gespräch B

4 Frau Melchinger engagiert sich seit ○ einem halben Jahr ○ mindestens einem Jahr für Flüchtlinge.
5 Eine syrische Mutter wohnt mit ihrem Kind ○ zusammen mit Frau Melchinger in einer WG. ○ im Haus von Frau Melchinger in einer kleinen Wohnung im Dachgeschoß.
6 Das Zusammenleben im Haus von Frau Melchinger ○ funktioniert gut. ○ führt zu Konflikten.

D3 Wer ist Ihr persönliches Vorbild?

a Machen Sie Notizen.

Wer? | Wie ist/war die Person? | Was macht sie / hat sie gemacht? | Was hat Sie besonders beeindruckt?

b Gruppenarbeit: Erzählen Sie.

Als ich noch in die Schule gegangen bin, war meine Tante mein großes Vorbild. Sie war sehr lebensfroh und tolerant. Bei ihr waren viele Dinge erlaubt, die bei uns daheim verboten waren. Sie hat mir immer geraten, meinen eigenen Weg zu gehen. Ich wollte immer werden wie meine Tante.

Als ich ..., war mein Vorbild ...
Sie/Er war sehr ...
Sie/Er hat oft ...
Am meisten hat mich beeindruckt, ...
Ich wollte immer werden wie ...

E Gewissensfrage

E1 Lesen Sie den Forumsbeitrag. Was ist das Problem von Rikki20?

Gewissensfrage

Meine Freundin hat mir vorgestern zum Geburtstag einen selbst gestrickten Wollpullover geschenkt. Sie hat sich viel Mühe gegeben und unglaublich viel Zeit investiert. Trotzdem schaut der Pullover wirklich schlimm aus. Jetzt weiß ich gar nicht, wie ich damit umgehen soll. Soll ich ihr sagen, dass mir der Pullover nicht gefällt? Wenn ich das tue, ist sie bestimmt verletzt. Soll ich den Pullover schönreden oder einfach gar nichts sagen? Aber dann müsste ich den Pullover ja auch einmal anziehen. Was würdet ihr machen? Rikki20

E2 Was meinen Sie?

a Arbeiten Sie zu zweit. Lesen Sie die Argumente. Welche Argumente finden Sie richtig? Markieren Sie.

- Man hat als Freundin/Freund die Pflicht, die Wahrheit zu sagen.
- Auch wenn man dadurch einen Nachteil hat, sollte man ehrlich sein.
- Das Zusammenleben der Menschen funktioniert besser, wenn man auch einmal was schönredet.
- Wenn man einem Menschen mit einer kleinen Lüge helfen kann, ist das gut.

b Sammeln Sie weitere Argumente und sprechen Sie.

- Freundin/Freund die Wahrheit sagen
- Freundin hat sich Mühe gegeben
- Pullover nicht wichtig
- ...

Wir denken zwar, dass man einem Freund oder einer Freundin die Wahrheit sagen sollte, aber deine Freundin hat sich viel Mühe gegeben, darum ...

E3 Welche Meinung haben Sie?

a Arbeiten Sie zu zweit. Wählen Sie eine Gewissensfrage aus und schreiben Sie einen Kommentar.

1 Ein Kollege, der mit uns im Auto in die Arbeit fährt, ist oft sehr unpünktlich. Wir müssen dann nicht nur warten, sondern kommen auch häufig zu spät. Wir haben das Problem schon mehrmals angesprochen. Das hilft aber immer nur kurze Zeit. Was sollen wir tun?

2 Mein Freund hat immer seltener Zeit und ich weiß auch oft nicht, was er so macht, wenn wir uns nicht sehen. Ist es okay, heimlich die Nachrichten auf seinem Handy zu lesen?

1 Wir würden nicht einfach ohne ihn fahren. Stell dir vor, der Kollege wird deswegen entlassen. Dafür möchte man ja nicht verantwortlich sein.

b Tauschen Sie Ihren Kommentar mit einem anderen Paar und kommentieren Sie.

Ja, stimmt. Das wäre schlimm. Aber wir würden uns das Verhalten des Kollegen auch nicht einfach gefallen lassen. Vielleicht solltet ihr ...

Grammatik und Kommunikation

Grammatik

1 Konjunktion: *seit/seitdem* ÜG 10.08

	Konjunktion	Ende
Ich engagiere mich,	seit/seitdem ich 16	bin.

2 Konjunktion: *bis* ÜG 10.08

	Konjunktion	Ende
Das Programm geht die ganzen Ferien über,	bis die Schule wieder	anfängt.

3 Konjunktion: *indem* ÜG 10.12

	Konjunktion	Ende
Auch Sie können helfen,	indem Sie aktiv	mitmachen.

4 Konjunktionen: *ohne dass / ohne ... zu* + Infinitiv ÜG 10.12

	Konjunktion	Ende
Im Nachbarschafts-zentrum kann man mitmachen,	ohne dass man eine komplizierte Bewerbung	schreibt.
	ohne eine komplizierte Bewerbung	zu schreiben.

5 Präposition: *außer* + Dativ ÜG 6.04

außer	alle außer meinem Bruder = alle, nur mein Bruder nicht

Meine letzten zehn Jahre: Schreiben Sie fünf Sätze. Verwenden Sie dabei *seit* und *bis*.

Ich habe bei meinen Eltern gewohnt, bis ich geheiratet habe.
Seit ich in Österreich lebe, besuche ich einen Deutschkurs.

Soziales Engagement: Schreiben Sie vier weitere Möglichkeiten mit *indem*.

Ich kann mich sozial engagieren, indem ich eine Fußballmannschaft betreue.
Ich kann mich sozial engagieren, indem ...

alle/niemand außer: Wie viele Ausnahmen finden Sie in fünf Minuten?

In meiner Familie sind alle außer mir politisch interessiert.
In unserem Deutschkurs kommt niemand außer unserer Lehrerin aus Österreich.

Kommunikation

UM HILFE BITTEN: Können Sie mir da vielleicht weiterhelfen?

Ich weiß nicht, ob ich bei Ihnen richtig bin. | Ich habe da ein Problem. Seitdem ich ..., | Ich bin leider gerade in einer blöden Situation. | Ich weiß nicht, was ich machen soll. / ... wie ich das machen soll. | Können Sie mir vielleicht weiterhelfen?

NACHFRAGEN: Was ist denn genau Ihr Problem?

Jetzt erzählen/sagen Sie erst einmal ... | Was ist denn genau Ihr Problem?

JEMANDEN BERUHIGEN: Ich bin ganz sicher, dass ...

Keine Sorge, wir werden Ihnen (dabei) helfen. | Keine Sorge, wir werden sicher eine Lösung finden. | Ich bin ganz sicher, dass ...

EINE LÖSUNG ANBIETEN: Wie wäre es denn, wenn ...

Bis wir/Sie ..., müssen Sie Geduld haben. | Ich habe da eine Idee. / einen Vorschlag. | Wie wäre es denn, wenn ...

VORBILDER BESCHREIBEN: Ich wollte immer werden wie ...

Als ich ..., war mein Vorbild ... | Sie/Er war sehr ... | Sie/Er hat oft ... Am meisten hat mich beeindruckt, ... | Ich wollte immer werden wie ...

Frau Ott ruft beim Nachbarschaftszentrum an. Schreiben Sie ein Gespräch.

◇ Nachbarschaftszentrum, Svoboda, grüß Gott.
● Entschuldigung, ich weiß gar nicht, ob ich bei Ihnen richtig bin.
◇ ...

Lernziele

Ich kann jetzt ...

A ... Programme eines Nachbarschaftszentrums verstehen: *Wir üben Zirkustechniken, bis wir sie aufführen können.* ☺ 😐 ☹
... um Hilfe bitten: *Ich habe da ein Problem. Seitdem ich ...* ☺ 😐 ☹

B ... einen Text über Vereine in Österreich verstehen: *Ich hätte ohne den Verein niemals innerhalb so kurzer Zeit neue Freunde gefunden.* ☺ 😐 ☹
... die eigene Meinung zu Vereinen äußern: *Im Park kann ich Leute treffen, ohne dass es etwas kostet.* ☺ 😐 ☹

C ... einen Artikel über persönliches Engagement verstehen: *Engagement mit Perspektive!* ☺ 😐 ☹
... erzählen, wofür man sich engagiert: *Ich bin in einem Umweltschutzverein.* ☺ 😐 ☹

D ... Hörerbeiträge im Radio verstehen ☺ 😐 ☹
... ein Vorbild beschreiben: *Am meisten hat mich beeindruckt, ...* ☺ 😐 ☹

E ... Gewissensfragen kommentieren: *Wir denken zwar, dass man einem Freund oder einer Freundin die Wahrheit sagen sollte, aber ...* ☺ 😐 ☹

Ich kenne jetzt ...

... 7 Wörter zum Thema *soziales* **Engagement:**

ehrenamtlich, ...

Für zwischendurch ...

PROJEKT

ICH KANN VIEL. – WIR KÖNNEN MEHR! Miteinander sind wir schneller, stärker, schlauer, besser, ...

Alles könnte so einfach sein, ... wenn man es nur könnte! Wenn man eine Ahnung hätte, wie es geht. Oder wenn man wenigstens wüsste, wer einem helfen kann. Na, wo ist das Problem? Schauen wir doch einfach einmal, was wir im Kurs so alles können! Wir zeigen ein paar Beispiele, was man in verschiedenen Bereichen so alles können könnte. Aber natürlich gibt es noch viel, viel mehr. Was können **WIR**? Finden wir es miteinander heraus!

Lernen und Wissen:
- Sprachunterricht geben
- Mathematik erklären
- Gesundheitstipps geben

...

Sport und Hobbys:
- Gymnastikübungen zeigen
- Krafttraining durchführen
- Gesangsunterricht geben
- als DJ Musik auflegen

...

Handwerkliches:
- Fahrräder reparieren
- Haare schneiden und frisieren
- Schminken
- Schönheitsberatung
- zusammenräumen und sauber machen

...

Organisieren:
- ein Fest vorbereiten
- gut und günstig einkaufen
- Spiele oder Wettbewerbe leiten

...

Was können wir?

a Lesen Sie den Text. Schreiben Sie auf einen blauen Zettel: *Dabei kann ich helfen.* Und auf einen grünen Zettel: *Dabei brauche ich Hilfe.*

Dabei kann ich helfen:
- Tischdekoration basteln
- Suppen kochen

Murat

Dabei brauche ich Hilfe:
- Prozentrechnen
- Formulare ausfüllen

Murat

b Hängen Sie die Zettel auf. Wer kann wem helfen? Suchen Sie passende Kursteilnehmer/innen.

Murat, ich kann dir helfen. Ich bin gut in Mathematik. ...

SCHREIBEN

Das Leben ist hart!

Du sitzt in der Nacht wach im Bett, obwohl du dringend Schlaf brauchst, weil du morgen eine wichtige Prüfung hast. Du brauchst ein Passwort für dein neues Onlinekonto, nur weißt du nicht, wie man ein wirklich sicheres Passwort macht. Von gestern sind eine Menge gekochte Nudeln übrig, aber du würdest wahnsinnig gern was wirklich Gutes und Frisches essen. Wenn du im Supermarkt ein Einkaufswagerl brauchst, hast du natürlich wieder keinen Euro in der Geldtasche.
Das Leben ist wirklich hart. Aber wir sind härter. Wir lösen jedes Problem!

1 Lesen Sie den Text. Wählen Sie ein Problem oder finden Sie selber ein Alltagsproblem. Schreiben Sie Lösungstipps.

Problem: Regenschirm daheim vergessen

Lösungen:
- wieder heimgehen und Schirm holen
- im Café einen Kaffee trinken, bis es nicht mehr regnet
- eine Person freundlich bitten, ein Stück gemeinsam unter dem Schirm zu gehen
- heimgehen und dort bleiben
- ein Taxi nehmen

2 **Lesen Sie Ihre Lösungstipps vor.**
Welchen Tipp finden die anderen besonders gut?

Ich finde die Idee witzig, jemanden zu fragen, ob ich unter den Schirm darf. ...

HÖREN

Reden wir drüber ...

A

Fred

B

C

D

E

F

G

E-Mail senden

An: Hans@bmx.at

Lieber Onkel Hans, wie geht's dir? Mir geht es nicht so gut. Ich brauche unbedingt 1500 Euro. Kannst du mir so viel borgen? Ich ruf dich nachher an, okay?
Liebe Grüße
Fred

Hallo Anna, es war schön mit dir. Aber jetzt ist es vorbei. Vergiss es einfach! Chris

Stell dir vor, Babsi! Chris hat mit Anna Schluss gemacht! LG, Karin

Hi Chris! Lust auf Kino? Bussi, Babsi

2 🔊 28–31 1 **Schauen Sie die Bilder an, lesen Sie die Nachrichten und hören Sie die Gespräche.**
Wer ist wer? Ergänzen Sie die Namen in den Bildern oben.

Karin Babsi Hans Hermine ~~Fred~~ Anna Christian (Chris)

2 **Hören Sie noch einmal. Was ist richtig? Kreuzen Sie an.**

a Fred bezahlt die Miete für seine Wohnung ○ immer pünktlich. ○ oft zu spät.
b Hans borgt Fred das Geld, weil Hans Freds ○ Onkel ○ Bruder ist.
c Christian will Karin überzeugen, dass er ○ sie ○ Anna am liebsten mag.
d Christian hat mit ○ Anna ○ Karin ○ persönlich ○ mit einer Nachricht Schluss gemacht.

3 **Was raten Sie Fred, Hans, Anna und Karin?**

Aus Politik und Geschichte

Folge 13: Nicht aufgeben! Weitermachen!

2 🔊 32–35

1 Schauen Sie die Fotos an und hören Sie.
In welcher Reihenfolge sprechen Ella und Herr Wirth über die Themen? Ordnen Sie.

◯ der Lernhilfeverein | 1 Herrn Wirths Beruf | ◯ Tipps für junge Migrantinnen und Migranten | ◯ die Kindheit und die Flucht aus der damaligen Tschechoslowakei | ◯ Herrn Wirths Familie

2 🔊 32–33

2 Hören Sie noch einmal Teil 1 (Foto 1 und 2). Was wissen Sie über Herrn Wirth?
Ergänzen Sie Stichpunkte. Sprechen Sie dann.

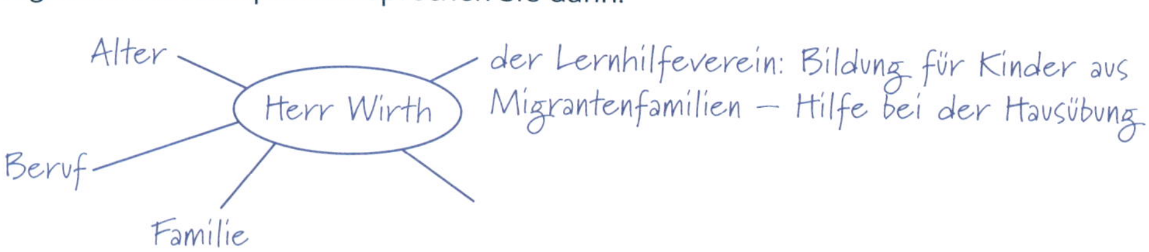

E-Mail senden

Lieber Herr Wirth,
möchten Sie engagierte junge Leute kennenlernen? Meine Freunde Hubert und Mischa haben für den kommenden Freitagabend ein „Fest der Vielfalt“ organisiert. Menschen aus verschiedenen Ländern bringen selber zubereitetes Essen nach Rezepten aus ihrer Heimat mit. Haben Sie Lust, mitzukommen? Ich könnte Sie vom Bahnhof abholen.
Liebe Grüße, Ella

Ella Wegmann

Liebe Ella,
„Fest der Vielfalt“ – das klingt sehr gut. Und am Freitagabend habe ich auch noch nichts vor.
Mein Zug kommt um 18:43 Uhr an.
Passt das?
Herzliche Grüße
August Wirth

Wunderbar!
Ich hole Sie ab.
Bis dann!

2 🔊 34–35 **3 Hören Sie noch einmal Teil 2 (Fotos 3 und 4). Welche vier Tipps gibt Herr Wirth jungen Migrantinnen und Migranten? Kreuzen Sie an.**

- ○ Keine Angst vor Fehlern!
- ○ Das Glück kommt von allein!
- ○ Lernt Deutsch!
- ○ Bewegt euch nicht nur in der digitalen Welt!
- ○ Technik ist für den Beruf am wichtigsten!
- ○ Nehmt Rücksicht auf ältere Menschen!
- ○ Lernt dazu und bildet euch weiter!

4 Welche Tipps finden Sie richtig und wichtig?
Haben Sie noch mehr Tipps für junge Leute? Sprechen Sie im Kurs.

5 Lesen Sie Ellas E-Mail und die Nachrichten. Beantworten Sie dann die Fragen.

– Wozu wird Herr Wirth eingeladen?
– Wie kommt er dorthin?

A Das **wurde** von … Menschen **erkämpft**.

A1 Lesen Sie Ellas Reportage über Herrn Wirth.

a An welche Informationen aus der Foto-Hörgeschichte können Sie sich erinnern? Markieren Sie in der Reportage.

2 32–35 b Hören Sie noch einmal die Foto-Hörgeschichte und vergleichen Sie.

Tun, was man tun kann

Obwohl Herr Wirth schon über 80 ist, ist er körperlich und geistig noch topfit und kann sich an die Ereignisse aus seinem langen Leben gut erinnern. Neun Jahre war er alt, als die Welt seiner Kindheit zerstört wurde. Das geschah im Jahr 1945, in den letzten Monaten des Zweiten Weltkriegs. Im Februar wurde sein Vater bei einem Bombenangriff getötet. Im Mai musste August mit seiner Mutter und den beiden Geschwistern aus dem Sudetenland, seiner Heimat in der damaligen Tschechoslowakei, fliehen.

Als der alte Mann von dieser Flucht berichtet, werden seine Augen feucht und seine Stimme zittert leicht. „Es ist gar nicht wegen damals", sagt er. „Nein, ich muss an die Flüchtlinge denken, die heute zu uns kommen. Sie haben alles verloren und müssen ihr Leben neu anfangen. Genau wie wir damals." Wie hat seine Familie das geschafft? „Wir haben zusammengehalten", sagt August Wirth. „Meine Mutter war eine wunderbare Frau. Sie hat wie eine Löwin für unsere Zukunft gekämpft."

Leicht war das nicht, denn obwohl ihre Muttersprache Deutsch war, wurden die Flüchtlinge aus dem Sudetenland in Österreich nicht überall begeistert empfangen. Die Wirths haben den Neustart in der neuen Heimat trotzdem geschafft. August konnte sogar studieren. Er ist Lehrer geworden. Die schlimme Anfangszeit nach der Flucht hat er nie vergessen. Er hat es immer als wichtige Aufgabe verstanden, Kinder und Jugendliche zu fördern, die es schwerer haben als andere.

Ab Beginn der 1960er-Jahre kamen immer mehr Arbeitsmigranten, sogenannte Gastarbeiter, nach Österreich – vor allem aus der Türkei. Sie hatten meist nur wenig Schulbildung und beherrschten die deutsche Sprache kaum oder gar nicht. Darum konnten sie ihren Kindern später beim Lernen nicht richtig helfen. August Wirth organisierte Hilfe bei der Hausübung und zusätzliche Deutschkurse. 1975 ist dann sogar ein Lernhilfeverein für Kinder aus Migrantenfamilien gegründet worden.

Mit öffentlichen Geldern und mit privaten Spenden sorgt dieser Verein bis heute dafür, dass die begabtesten Kinder aus Migrantenfamilien später die Matura machen und studieren können. Außerdem kümmerte er sich darum, dass von den örtlichen Betrieben auch für Migrantenkinder Ausbildungsplätze zur Verfügung gestellt wurden.

Die Arbeit des Vereins war und ist sehr erfolgreich. Vor zwei Jahren zum Beispiel ist in August Wirths Wohnort eine Frau mit Migrationshintergrund zur Bürgermeisterin gewählt worden. „Sie ist die Tochter von einem meiner ersten ausländischen Schüler", sagt der alte Mann nicht ohne Stolz. „Man muss einfach tun, was man tun kann. Mit vielen kleinen Schritten schafft man am Ende auch eine große Strecke."

A2 Zusammenfassung

Lesen Sie noch einmal. Ordnen Sie zu. Ergänzen Sie dann die Tabelle.

gestellt getötet gewählt gegründet zerstört empfangen

a August Wirth war neun Jahre alt, als die Welt seiner Kindheit .... wurde.
b Denn Ende des Zweiten Weltkrieges wurde sein Vater .... und August musste fliehen.
c Die Flüchtlinge wurden in Österreich nicht herzlich ....
d Herr Wirth hat sich in den 1960er-Jahren für Migrantinnen und Migranten engagiert und später ist sogar ein Lernhilfeverein .... worden.
e Der Verein kümmerte sich darum, dass Kindern aus Migrantenfamilien Ausbildungsplätze zur Verfügung .... wurden.
f In Herrn Wirths Wohnort ist eine Frau zur Bürgermeisterin .... worden.

1975	ist	ein Lernhilfeverein	....
Die Flüchtlinge	wurden	nicht herzlich	....

A3 Biografien

a Arbeiten Sie zu dritt. Wählen Sie eine der Personen oder wählen Sie eine Person aus Ihrem Heimatland.

Mirna Jukić

Hermann Gmeiner

Timna Brauer

b Recherchieren Sie im Internet: Was für eine Biografie hat „Ihre Person"?
Suchen Sie Informationen zu folgenden Themen und notieren Sie Stichpunkte.

- wer?
- wann gelebt/geboren?
- ihre/seine Kindheit/Jugend/Familie
- ihre/seine Ausbildung
- ihre/seine berufliche(n) Tätigkeit(en)
- besondere Ereignisse in ihrem/seinem Leben

c Erarbeiten Sie eine kleine Präsentation über „Ihre Person":
Erstellen Sie Folien oder Plakate mit den wichtigsten Informationen und notieren Sie, was Sie zu den Folien sagen möchten.

Mirna Jukić
- bekannte österreichische Schwimmerin
- 1986 in Novi Sad (Ex-Jugoslawien, heute: Serbien) geboren
- 1999 nach Wien übersiedelt
- mehrfache Europameisterin

...

d Stellen Sie „Ihre Person" im Kurs vor. Verwenden Sie die Redemittel, um die Präsentation zu strukturieren.

Wir erzählen euch etwas über ... | Zuerst möchten wir über ... sprechen. | Nun zu ihrer/seiner Kindheit/Jugend/Familie: ... | Wir möchten euch auch Informationen über ... geben. | Der nächste Punkt unserer Präsentation ist ... | Zum Abschluss beschäftigen wir uns mit ... | Nun habt ihr einen Einblick in das Leben von ... erhalten. | Habt ihr noch Fragen? | Vielen Dank für eure Aufmerksamkeit.

Wir erzählen euch etwas über Mirna Jukić: Sie ist eine sehr bekannte und erfolgreiche Schwimmerin. Zuerst möchten wir über ihre Kindheit und Jugend sprechen: Sie wurde 1986 in Novi Sad geboren, das damals in Jugoslawien lag. In ihrer Jugend ...

B Das war eins der **größten** Probleme.

B1 Ordnen Sie zu. Hören Sie dann und vergleichen Sie.

2 ◀)) 36

älteren | größte | begabtesten

a Meine .... Geschwister und ich sind nach dem Krieg mit unserer Mutter aus dem Sudetenland nach Österreich geflohen.

b Der .... Teil der Sudetendeutschen ist nach Deutschland geflohen.

c Ich habe Spenden gesammelt, damit die .... Kinder später studieren können.

WIEDERHOLUNG

groß	● der größere / größte Teil	ein größerer Teil
größer	● das größere / größte Problem	ein größeres Problem
am größten	● die größere / größte Frage	eine größere Frage
	● die größeren / größten Fragen	größere Fragen

B2 Umfrage: Wenn Sie in Österreich etwas ändern könnten …

2 ◀)) 37–39

a Hören Sie drei Interviews. Was würden die Personen ändern? Notieren Sie.

....
....
....

....
....
....

....
....
....

b Ordnen Sie zu und ergänzen Sie in der richtigen Form. Hören Sie dann noch einmal und vergleichen Sie.

1 groß | schnell | ~~gut~~

Eine Ganztagsbetreuung würde zu einer *besseren* Vereinbarkeit von Familie und Beruf führen. Schülerinnen und Schüler mit Migrationshintergrund würden viel .... Fortschritte bei ihren Deutschkenntnissen machen. Und wenn Kinder unterschiedlicher kultureller Herkunft mehr Zeit miteinander verbringen würden, würde das zu einem .... gegenseitigen Verständnis führen.

2 groß | arm | bezahlbar

Ich würde .... Wohnraum für alle schaffen! Gerade in vielen .... Städten ist es für .... Menschen unmöglich, eine Wohnung zu finden, die sie sich leisten können.

3 hoch | scharf | streng

Wir brauchen .... Gesetze und .... Kontrollen. In verrauchten Lokalen gibt es für das Servicepersonal ein viel .... Gesundheitsrisiko.

B3 Wie ist das bei Ihnen?

Arbeiten Sie in Gruppen: Wählen Sie ein Thema aus B2 oder sprechen Sie über ein Thema, das Sie interessiert. Vergleichen Sie auch mit Ihrem Heimatland.

Ein totales Rauchverbot in Lokalen kann ich nur befürworten! Auch bei uns …

Ich bin für/gegen …, weil …
Davon halte ich (nicht) viel, denn … | Das kann ich nur befürworten/ablehnen. | Ganz meine Meinung. | Meiner Meinung/Ansicht nach ist es wichtig, dass … In diesem Zusammenhang finde ich auch wichtig, dass …

Bei uns / In … ist das … genau(so) wie / anders als …
Das ist bei uns nicht so streng wie … / strenger als …
Auch bei … gibt es strengere Gesetze/Vorschriften.
Das ist da ganz anders. Der Unterschied ist, dass …
Verglichen mit … / Im Gegensatz zu … | Ich finde es besser so, wie es in … ist.

C Politisch aktiv

C1 Waren Sie schon einmal auf einer Demonstration?

Wofür/Wogegen war sie? Erzählen Sie.

Ich war noch nie auf einer Demonstration. Aber wenn es eine Demonstration für/gegen ... geben würde, wäre ich sofort dabei.

C2 Zeitungsmeldungen

a Lesen Sie und ordnen Sie die Meldungen den Fotos zu.

○ A

○ B

○ C

1

Bundesweite Menschenketten gegen Rassismus – für Menschenrechte und Vielfalt

Verschiedene Vereine, Religionsgemeinschaften und Gewerkschaften haben am vergangenen Sonntag – zum internationalen Weltflüchtlingstag – dazu aufgerufen, ein deutliches Zeichen gegen Fremdenhass und Rassismus zu setzen. In ganz Österreich folgten rund 10.000 Menschen dem Aufruf. In Wien, Graz, Salzburg, Innsbruck und einigen anderen Städten wurden lange Menschenketten gebildet und symbolisch religiöse, soziale, kulturelle und politische Einrichtungen mit Flüchtlingsunterkünften verbunden, um für ein offenes Europa zu demonstrieren.

2

Für einen fairen Milchpreis!

Immer mehr Milchbauern in Österreich müssen ihre Höfe aufgeben, weil es sich für sie nicht mehr lohnt, Milch zu produzieren. Für einen Liter Milch bekommen die Bauern aktuell ca. 38 Cent. „Das ist deutlich zu wenig", so ein Sprecher des Landwirtschaftsverbandes, „denn allein die Produktionskosten für einen Liter sind wesentlich höher." Um auf diesen Missstand hinzuweisen, protestierten am Freitag etwa 50 Milchbauern auf der B10 zwischen Schwechat und Schwadorf. „Wir sind da, weil wir einen höheren Preis brauchen, um unsere Familien ernähren zu können", so einer der protestierenden Bauern. „Die Politik kann uns damit nicht allein lassen!"

3

EINE Matura für alle?

Rund 4000 Schülerinnen und Schüler demonstrierten in Wien gegen die Einführung der Zentralmatura und zeigten dabei ihre Sorge wegen der neuen Form des Schulabschlusses. „Keine Experimente mit unserer Zukunft" und „Wo ist die Bildung?" forderten und fragten sie auf ihren selber geschriebenen Plakaten.

b Ergänzen Sie die Informationen aus den Texten.

	Wer protestiert?	Wogegen/Wofür?	Wo?
Text 1	rund 10.000 Menschen		
Text 2			
Text 3			

C3 Kurzbericht

Suchen Sie eine Zeitungsmeldung zu einem Thema, das Sie interessant finden. Notieren Sie die wichtigsten Informationen und berichten Sie darüber im Kurs.

Wer? Was? Wann? Wo?

SCHON FERTIG? Haben Sie in Österreich schon eine Demonstration oder einen Streik gesehen? Wofür bzw. wogegen? Schreiben Sie.

D Aus der österreichischen Geschichte

D1 Die Geschichte Österreichs nach 1945

a Schauen Sie die Fotos an. Welche Bauwerke oder historischen Ereignisse kennen Sie? Sprechen Sie im Kurs.

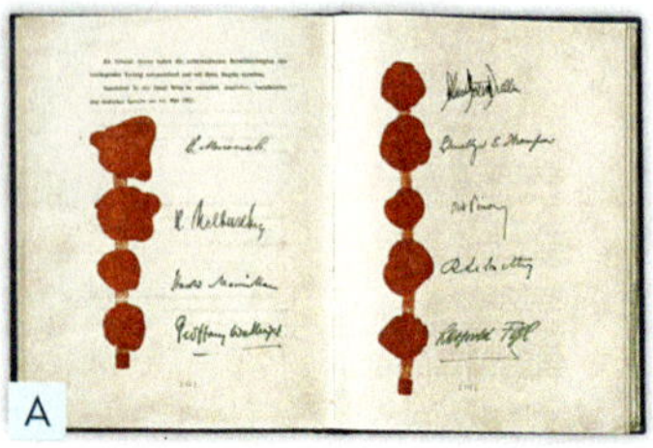
A

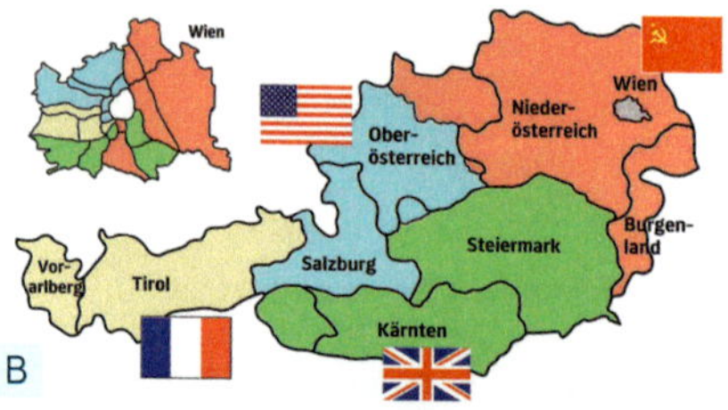

B

C

D

E

F

> der Eiserne Vorhang = eine streng kontrollierte Grenze, die in der Zeit des „Kalten Krieges“, also zwischen dem Zweiten Weltkrieg und 1989, die westlichen von den östlichen Staaten Europas trennte.

b Ordnen Sie die Fotos aus a den Bildunterschriften zu. Vergleichen Sie im Kurs.

1 ◯ Gegen Ende des Zweiten Weltkriegs wurden viele Städte in Österreich von Bomben beschädigt.
2 ◯ Österreich wurde 1945 in vier Besatzungszonen geteilt.
3 ◯ Am 15. Mai 1955 wurde der österreichische Staatsvertrag feierlich unterzeichnet.
4 ◯ Auf dem Balkon von Schloss Belvedere in Wien wurde der Staatsvertrag präsentiert.
5 ◯ Am 27. Juni 1989 wurde symbolisch der „Eiserne Vorhang“ geöffnet.
6 ◯ Im Bundeskanzleramt arbeitet der österreichische Regierungschef.

D2 Ein Vortrag

2 🔊 40 **a** Hören Sie den Vortrag. Über welche Themen wird gesprochen? Ordnen Sie.

◯ „Österreich ist frei!“ ◯ Besatzungszonen ◯ Zerstörung im Zweiten Weltkrieg
◯ das Bundeskanzleramt ◯ Öffnung des Eisernen Vorhangs ◯ Neutralität ◯ der Staatsvertrag

2 🔊 41–44 **b** Hören Sie den Vortrag noch einmal in Abschnitten. Was ist richtig? Kreuzen Sie an.

Abschnitt 1: a ◯ Das Kriegsende war am 8. Mai 1945.
b ◯ Die Siegermächte wussten genau, wie es mit Österreich weitergehen soll.

Abschnitt 2: a ◯ In Österreich wurde jedes Bundesland in vier Zonen geteilt.
b ◯ Es gab vier große Besatzungszonen in Österreich: die sowjetische, die französische, die britische und die amerikanische. Auch Wien war in vier Zonen geteilt.

Abschnitt 3: a ◯ Im Jahr 1955 bekam Österreich mit dem Staatsvertrag offiziell die Freiheit wieder. Die Zeit der Besatzung war vorbei. Österreich ist seitdem neutral.
b ◯ Neutralität bedeutet, dass Österreich am 26. Oktober nicht mehr seinen Nationalfeiertag feiern darf.

Abschnitt 4: a ◯ Bis 1989 war es für Leute aus Osteuropa unmöglich, in den Westen zu reisen. Die streng kontrollierte Grenze wurde der „Eiserne Vorhang“ genannt.
b ◯ Im Juni 1989 wurde statt des Eisernen Vorhangs ein langer Zaun zwischen Österreich und Ungarn gebaut.

D3 Was wissen Sie über die Geschichte Österreichs?

a Ordnen Sie die Fakten den Fotos zu.

1
Dezember 1984

2
01.01.1995

Land der Berge, Land am Strome,
Land der Äcker, Land der Dome,
Land der Hämmer, zukunftsreich!
Heimat großer Töchter und Söhne,
Volk, begnadet für das Schöne,
Vielgerühmtes Österreich.
Vielgerühmtes Österreich.

3
25.02.1947 / 01.01.2012

4
1918

a ◯ Österreich wird Mitglied der EU
b ◯ Besetzung der Hainburger Au
c ◯ Einführung des allgemeinen Frauenwahlrechts
d ◯ die österreichische Bundeshymne (neuer Text seit 2012)

b Arbeiten Sie zu zweit: Schauen Sie sich die Fotos und Fakten in D1 bis D3 noch einmal an. Wann war was? Sprechen Sie und ordnen Sie zu.

8. Mai 1945 | 15.05.1955 | 27. Juni 1989 | 26. Oktober | 1. Jänner 1995 | Dezember 1984 | 1918 | 25.02.1947 / 01.01.2012

Am 8. Mai 1945 war der Zweite Weltkrieg vorbei, oder?

Ich bin nicht sicher …

Doch, das ist in dem Vortrag gesagt worden.

c Vergleichen Sie Ihre Lösungen im Kurs.

D4 Kursplakat über Ihr Heimatland/Österreich

a Bilden Sie Gruppen. Wählen Sie eine oder mehrere Fragen.

- Was waren wichtige Momente in der Geschichte des Landes?
- Wann wird der Nationalfeiertag gefeiert? Warum?
- Wann wurde das Land gegründet?
- Welche berühmten Gebäude sollte man kennen?
- Welche nationalen Symbole verbinden Sie mit dem Land?

b Erstellen Sie ein Plakat mit den wichtigsten Jahreszahlen, Ereignissen und Symbolen und stellen Sie es im Kurs vor.

Unser heutiges Thema ist …
Wir haben uns mit folgenden Fragen beschäftigt: …

Habt ihr zu diesem Punkt noch Fragen? Wenn nicht, dann kommen wir zum nächsten Punkt: …
Und da seht ihr …
Das bedeutet: …

Nun habt ihr ein paar Informationen über unser Heimatland/Österreich bekommen.
Wir hoffen, unsere Präsentation hat euch gefallen.

Grammatik und Kommunikation

Grammatik

1 Passiv Perfekt ÜG 5.13

1975	ist	ein Lernhilfeverein	gegründet worden.

2 Passiv Präteritum ÜG 5.13

Die Flüchtlinge	wurden	nicht herzlich	empfangen.

3 Adjektivdeklination mit Komparativ und Superlativ ÜG 4.01–4.04

Nominativ	Akkusativ	Dativ
• der größere / größte Teil • ein größerer Teil	• den größeren / größten Teil • einen größeren Teil	• dem größeren / größten Teil • einem größeren Teil
• das größere / größte Problem • ein größeres Problem	• das größere / größte Problem • ein größeres Problem	• dem größeren / größten Problem • einem größeren Problem
• die größere / größte Frage • eine größere Frage	• die größere / größte Frage • eine größere Frage	• der größeren / größten Frage • einer größeren Frage
• die größeren / größten Fragen • größere Fragen	• die größeren / größten Fragen • größere Fragen	• den größeren / größten Fragen • größeren Fragen

Was wurde gemacht / Was ist gemacht worden? Schreiben Sie acht Sätze.

1
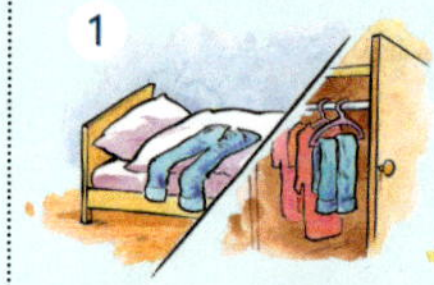
2

3

4

1 Die Hose wurde in den Kasten gehängt.
Die Hose ist in den ...

Ihre Rekorde! Schreiben Sie vier Sätze.

... ist der/das/die ... (groß) ..., den/das/die ich je gesehen habe.
... ist der/das/die ... (gut) ..., den/das/die ich je getrunken habe.
... ist der/das/die ... (interessant) ..., den/das/die ich je gehört habe.
... ist der/das/die ... (schlecht) ..., den/das/die ich je gelesen habe.

Camp Nou ist das größte Fußballstadion, das ich je gesehen habe.

Kommunikation

ETWAS PRÄSENTIEREN – EINLEITUNG: Unser heutiges Thema ist ...

Wir erzählen euch etwas über ... | Zuerst möchten wir über ... sprechen. Unser heutiges Thema ist ... | Wir haben uns mit folgenden Fragen beschäftigt: ...

ETWAS PRÄSENTIEREN – ÜBERLEITUNG: Der nächste Punkt ...

Nun zu ihrer/seiner Kindheit/Jugend/Familie: ... | Wir möchten euch auch Informationen über ... geben. | Der nächste Punkt unserer Präsentation ist ... Habt ihr zu diesem Punkt noch Fragen? Wenn nicht, dann kommen wir zum nächsten Punkt: ... | Und da seht ihr ... | Das bedeutet: ...

ETWAS PRÄSENTIEREN – SCHLUSS: Habt ihr noch Fragen?

Zum Abschluss beschäftigen wir uns mit ... | Nun habt ihr einen Einblick in ... erhalten. | Nun habt ihr ein paar Informationen über ... bekommen. Habt ihr noch Fragen? | Wir hoffen, unsere Präsentation hat euch gefallen. Vielen Dank für eure Aufmerksamkeit.

ETWAS BEWERTEN: Ganz meine Meinung.

Ich bin für/gegen ..., weil ... | Davon halte ich (nicht) viel, denn ... Das kann ich nur befürworten./ablehnen. | Ganz meine Meinung. Meiner Meinung/Ansicht nach ist es wichtig, dass ... | In diesem Zusammenhang finde ich auch wichtig, dass ...

ETWAS VERGLEICHEN: Im Gegensatz zu ...

Bei uns / In ... ist das ... genau(so) wie / anders als ... | Das ist bei uns nicht so streng wie ... / strenger als ... | Auch bei ... gibt es strengere Gesetze/ Vorschriften. | Das ist da ganz anders. Der Unterschied ist, dass ... Verglichen mit ... | Im Gegensatz zu ... | Ich finde es besser so, wie es in ... ist.

Schreiben Sie eine Mini-Präsentation zu einer der folgenden Fragen. Verwenden Sie die Redemittel.
- Warum ich Präsident/Präsidentin werden sollte!
- Mein letztes Wochenende
- Meine Großmutter
- Ein Abend in ...

TIPP

Zur Vorbereitung einer Präsentation sollten Sie wichtige Sätze zu Einleitung, Übergang und Schluss notieren und auswendig lernen. Das gibt Ihnen Sicherheit.

Lernziele

Ich kann jetzt ...

A ... eine Reportage über eine Person verstehen: *Obwohl Herr Wirth schon über 80 ist,* ☺ 😐 ☹

... die Biografie einer Person präsentieren: *Wir erzählen euch etwas über ...* ☺ 😐 ☹

B ... etwas bewerten: *Ein Rauchverbot kann ich nur befürworten.* ☺ 😐 ☹

... etwas vergleichen: *Das ist bei uns nicht so streng wie in Österreich.* ☺ 😐 ☹

C ... Zeitungsmeldungen verstehen: *Rund 4000 Schülerinnen und Schüler demonstrierten ...* ☺ 😐 ☹

D ... einen Vortrag zur österreichischen Geschichte verstehen: *Es gab vier große Besatzungszonen in Österreich.* ☺ 😐 ☹

... über die Geschichte Österreichs / des Heimatlandes sprechen: *Unser heutiges Thema ist ...* ☺ 😐 ☹

Ich kenne jetzt ...

... 10 Wörter zum Thema *deutsche Geschichte*:

der Staatsvertrag, ...

... 5 Wörter zum Thema *politisches Engagement*:

protestieren, ...

Für zwischendurch ...

LANDESKUNDE

Eine Frau mit Herz

Kurzbiografie

- Ute Bock wird am 27. Juni 1942 in Linz geboren.
- Nach ihrer Matura geht sie nach Wien, wo sie als Erzieherin arbeitet.
- 1976 wird sie die Leiterin eines Jugendheimes.
- In den 1990er Jahren arbeitet sie besonders mit ausländischen Jugendlichen aus Ex-Jugoslawien und Afrika.
- 2000 geht sie in Pension und arbeitet weiterhin ehrenamtlich bei ihrem Hilfsprojekt für Flüchtlinge und Asylwerber.
- 2002 wird der Verein Ute Bock gegründet, der geflüchtete Menschen durch Beratungs- und Betreuungsangebote unterstützt.
- 2009 entsteht der Dokumentarfilm „Bock for President", der sie bei ihrer täglichen Arbeit zeigt.
- 2010 kommt der Spielfilm „Die verrückte Welt der Ute Bock" in die Kinos.
- Am 19. Jänner 2018 stirbt Ute Bock.

PORTRÄT

„Ich habe einen Vogel, aber es gibt viele Leute, die meinen Vogel unterstützen." So beschrieb sich die damals 66-jährige Ute Bock selber in ihrer Dankesrede, als sie 2012 das Goldene Verdienstzeichen der Republik Österreich bekam. Einen Vogel haben bedeutet ‚verrückt sein' – aber ist man verrückt, wenn man ein großes Herz hat?

„Ich habe immer versucht zu helfen, wo es geht."

Ute Bock ist eine der bekanntesten Personen, wenn es um Hilfe für Flüchtlinge und Menschen in Not geht. Viele kamen ohne ein Dach über dem Kopf zu ihr, als sie das Heim in der Wiener Zohmanngasse leitete. Niemand wurde fortgeschickt, doch bald fehlten Räume, um allen einen Schlafplatz bieten zu können. Ute Bock suchte in ganz Wien nach Übernachtungsmöglichkeiten, organisierte Deutschkurse, half bei Behördenwegen und bemühte sich, kleinere Jobs für Asylwerber zu finden.

Der Verein Ute Bock

Die Vereinsgründung 2002 war ein wichtiger Schritt, um auch nach ihrer Pensionierung helfen zu können. Schließlich brauchte sie auch finanzielle Mittel, ohne die ein Weitermachen nicht möglich gewesen wäre. So wurde sie z. B. von Lokalen mit der Aktion „Bock auf Bier" unterstützt, bei der pro verkauftem Bier 10 Cent an ihren Verein gingen. Ein wichtiger Geldgeber kaufte das Haus in der Zohmanngasse, das renoviert wurde und sowohl als Wohnheim als auch als offizielles Ute-Bock-Haus weiter bestehen konnte.

Engagement für andere

Sie selber hat ihr Leben lang auf vieles verzichtet. In ihrem Verein arbeitete sie immer ehrenamtlich. Teures Gewand war ihr egal, Luxus und Geld bedeuteten ihr nichts, und sie hatte – wie sie selber einmal sagte – mit zwei Wurstsemmeln am Abend genug.

Hilfe ohne Kompromisse

Ute Bock hat in ihrem Leben viele Interviews gegeben. Darin erzählt sie auch von zahlreichen Schwierigkeiten, denen sie nicht nur trotz, sondern vor allem wegen ihres Engagements für Flüchtlinge begegnet ist. Oft ist sie beleidigt und von vielen Leuten als ‚unbequeme' Nachbarin gesehen worden. Trotzdem gab sie nie auf. Ihr Motto war und ist ganz einfach: Man muss Menschen wie Menschen behandeln. Ihre Initiative läuft auch nach ihrem Tod weiter.

1 Lesen Sie die Kurzbiografie. Sie haben fünf Minuten Zeit. Schließen Sie die Bücher.
Sammeln Sie: Was wissen Sie noch über Ute Bock?

2 Lesen Sie jetzt das Porträt. Was wünscht sich Ute Bock für die Migrantinnen und Migranten in Österreich? Sprechen Sie.

3 Welche Fragen hätten Sie Frau Bock gern gestellt und was würden Sie ihr heute sagen?
Schreiben Sie ein E-Mail an den Verein.

SPIEL

Demokratie macht Arbeit … und Spaß!

In einer Demokratie haben alle Staatsbürgerinnen und Staatsbürger die gleichen Rechte. Die Mehrheit darf die Richtung der Politik bestimmen, aber sie muss dabei immer auf die Rechte aller Bürgerinnen und Bürger achten, also auch auf die Rechte der Minderheit. Bei Wahlen entscheiden die Bürgerinnen und Bürger, welche Parteien die Mehrheit haben und regieren können. In Österreich gibt es in regelmäßigen Abständen Wahlen in Städten und Gemeinden, in Bundesländern und auch bundesweit, also in ganz Österreich. Mit diesem Spiel wollen wir ein kleines bisschen demokratischen „Wahlkampf" in unseren Deutschkurs holen.

1 Bilden Sie Gruppen. Jede Gruppe gründet eine Partei und entwickelt ein Parteiprogramm mit einem Ziel.
Geben Sie Ihrer Partei einen Namen, ein Symbol und eine Farbe und machen Sie ein Plakat.

2 Stellen Sie Ihre Partei im Kurs vor.

Unsere Partei ist die Partei „Liebe". Die Partei mit dem Herz. Wir sind für eine freundliche Politik. Wir wollen, dass alle Menschen nett zueinander sind und alle glücklich werden. …

3 Geheime und freie Wahl
Stimmen Sie nun ab: Welche Parteien gefallen Ihnen am besten? Jede Teilnehmerin / Jeder Teilnehmer hat drei Stimmen. Schreiben Sie alle Parteinamen auf einen Wahlzettel und kreuzen Sie die drei Parteien an, die Sie am besten finden. Achtung: Sie dürfen jeder Partei nur eine Stimme geben! Zweimal die gleiche Partei zu wählen gilt nicht. Sammeln Sie dann die Wahlzettel ein. Welche Partei hat die meisten Stimmen bekommen?

Alte und neue Heimat

Folge 14: Heimat ist, wo du Freunde hast.

2 🔊 45–48

1 Schauen Sie die Fotos an.
Sprechen Sie. Hören Sie dann und vergleichen Sie.

– Wo sind die Personen und warum feiern sie ein Fest? Was glauben Sie?
– Kennen Sie diese Personen? Was wissen Sie über sie?

Hubert Berner | Tobias | August Wirth | Lara | Leon | Michi | ...

Also auf Foto 3 links, das ist Tobias. Das ist Ellas Cousin. Er macht Kindertheater und dreht gern Filme. Er ...

Wer ist Hubert Berner?

2 🔊 45–48

2 Hören Sie noch einmal. Was erfahren Sie (noch) über diese Personen? Ergänzen Sie.

Michi: hatte die erste Idee zu dem Fest.

August Wirth

Hubert Berner

Tobias

Lara

Leon

Stadt-Kurier

Ellas Tag

Ein Fest der Vielfalt

von Ella Wegmann

Das war ein richtig schöner Abend in der „Kulturfabrik". Michi Kreitler und Hubert Berner hatten zum „Fest der Vielfalt" eingeladen. Ihre Idee war ganz einfach: Menschen treffen sich und wer will, bringt Essen nach Rezepten aus seiner Heimat mit. Zuerst war nicht klar, ob genug Leute mitmachen würden. Doch dann kamen so viele, dass der Platz kaum reichte. Die Besucherinnen und Besucher konnten sich die buntesten und köstlichsten Menüs zusammenstellen. Ich habe mich unter anderem für Erdäpfelkäse aus Oberösterreich, polnische Piroggen und libanesisches Baklava entschieden. Ich sage nur: Hmmmm! Übrigens: Wer diesmal nicht dabei sein konnte, muss nicht traurig sein. Wegen des großen Erfolgs wird das „Fest der Vielfalt" in zwei Wochen wiederholt. Vielleicht sehen wir uns ja?

3 Wer hat was mitgebracht?

Aus welchen Ländern oder aus welcher Region stammen diese Spezialitäten? Sprechen Sie.

Baklava Piroggen Erdäpfelkäse

4 Warum heißt die Feier „Fest der Vielfalt"? Was meinen Sie?

„Fest der Vielfalt" bedeutet, das Fest ist sehr bunt. Es gibt dort ...

5 Ellas Kolumne

Lesen Sie die Kolumne und beantworten Sie die Fragen.

- Warum haben Hubert und Michi das Fest veranstaltet?
- Was haben Hubert und Michi zuerst befürchtet?
- Wie hat das Fest den Gästen gefallen?

6 Wie finden Sie die Idee, so ein „Fest der Vielfalt" zu organisieren?

Sprechen Sie.

Da werde ich gleich ganz neugierig. Ich finde es spannend, Menschen aus verschiedenen Kulturen kennenzulernen.

A Köstliche Vielfalt!

A1 Essen in Österreich

Wenn Sie an das Essen in Österreich denken: Was ist für Sie „typisch österreichisch"?

> *Zuerst fallen mir die Mehlspeisen ein: Apfelstrudel und Kaiserschmarren. Die sind typisch, oder?*

2 🔊 49–54 A2 Regionale Spezialitäten

a Woher kommen die Personen und über welche Spezialitäten sprechen sie? Hören Sie und verbinden Sie.

1	Bad Aussee	A
2	Wien	B
3	Steiermark	C
4	Innviertel	D
5	Waldviertel	E
6	Tirol	F

3

4

2

5

1

6

A Bratknödel

C Mohnzelten

E Backhendlsalat

B Lebkuchen

D Schwarzwurzelsalat

F Brezensuppe

b Was ist richtig? Hören Sie noch einmal und kreuzen Sie an.
Korrigieren Sie dann die falschen Aussagen.

1 ○ Mohnzelten sind süß und werden aus Kartoffelteig gemacht.
2 ○ Für die Brezensuppe muss man unbedingt eine ganz frische Breze nehmen.
3 ○ Schwarzwurzeln sind ein Gemüse, das man am Markt finden kann.
4 ○ Lebkuchen sind ein traditionelles salziges Gebäck, das besonders gern in der Weihnachtszeit gegessen wird.
5 ○ Das typische Backhendl wird so lang im Fett gebacken, bis es schwarz ist. Darum nennt man es „das schwarze Gold“.
6 ○ Bratknödel werden mit Faschiertem gefüllt und nicht gebraten, sondern gekocht.

A3 Wie bildet man diese Wörter? Ordnen Sie zu und ergänzen Sie die Tabelle.

~~Volksfest~~ ~~Erinnerung~~ Mohnzelte Graumohn ~~Backhendl~~ Herstellung Nachmittagsjause Rührschüssel Bratknödel Rindssuppe Kernöl Esslöffel Brezensuppe ~~Schwarzwurzel~~ Weißwein Zubereitung

Typ „Volksfest“	Typ „Schwarzwurzel“	Typ „Backhendl“	Typ „Erinnerung“
das Volk + s + das Fest = das Volksfest der Mohn + die Zelte =…	schwarz + die Wurzel = die …	backen + das Hendl = …	erinnern > die Erinnerung

SCHON FERTIG? Welche österreichischen Speisen haben Sie nicht gekannt, bevor Sie nach Österreich gekommen sind? Machen Sie Notizen.

A4 Was für Spezialitäten gibt es in Ihrem Heimatland? Sprechen Sie.

Bei uns in Südafrika isst man gern Biltong, das ist getrocknetes Rindfleisch und das schmeckt sehr gut.

Eine Spezialität aus meinem Heimatland ist …

A5 Planen Sie ein eigenes „Fest der Vielfalt“ in Ihrem Kurs.

a Arbeiten Sie in Gruppen und machen Sie Notizen zu den Fragen.

Wann? Wo? Wen einladen? Was zu essen und zu trinken? Welche Musik? Programm? Wer kümmert sich worum?

Welcher Termin passt euch am besten? Vielleicht …? Wer kümmert sich um …?

b Schreiben und machen Sie ein Plakat für Ihr „Fest der Vielfalt“. Schauen Sie dann alle Plakate an. Auf welches Fest würden Sie gehen? Warum?

Das Programm da gefällt mir am besten. Da gibt es Musik …

FEST DER VIELFALT –
SOMMERPARTY

Wo? Im Garten der Schule
Wann? 27. Juli bei Sonnenschein
Mit DJ Tarik – Plug-in-Party mit internationaler Musik

Bringt eure Musik mit und vor allem gute Laune! Wir wollen Spaß haben und tanzen!
Hiroko und Carlos machen ein Party-Video als Erinnerung an den Deutschkurs.
Großes Abschlussevent: „Wir lassen Luftballons mit euren Wünschen für die Zukunft steigen.“

B Heimat

B1 Meine Heimat

Gibt es in Ihrer Sprache ein Wort für „Heimat“?
Wenn nicht, wie könnte man es übersetzen?

Das ist nicht so leicht, denn wir haben kein Wort dafür. Vielleicht ...

B2 Was verbinden Sie persönlich mit „Heimat“?

Woran denken Sie? Woran erinnern Sie sich? Lesen Sie die Wörter und sprechen Sie im Kurs.

Sicherheit Geborgenheit Gefühl Elternhaus Musik Familie Sprache daheim Landschaft Gerüche Land Glaube Vertrauen Stadt Geräusch Literatur Fest Erinnerung Essen Kultur Wurzeln Geschmack Wetter Tradition

Mit „Heimat“ verbinde ich die Gegend, in der ich aufgewachsen bin. Ich denke an die Landschaft und ...

B3 Eine Reportage zum Thema „Heimat“

a Lesen Sie die Reportage. Welche Begriffe aus B2 kommen vor? Was ist Heimat für Amira und Burak?

Wer weiß heute noch genau, wohin er gehört – in Zeiten von Mobilität und Migration? Für jeden von uns hat der Begriff „Heimat“ eine andere, persönliche Bedeutung. Ist Heimat das Land, in dem man geboren oder aufgewachsen ist? Oder ist es da, wo man sich wohlfühlt? Lesen Sie die Antworten von Amira und Ago.

Amira El-Helou

Meine Wurzeln sind im Libanon, denn meine Familie stammt ursprünglich aus Beirut. Dort gab es in den 1970er-Jahren Krieg und meine Oma ist mit meinem Vater zu ihrem Bruder nach Wien geflohen. Ich selber bin in Wien geboren. Nach dem Ende des Krieges haben wir oft die Ferien bei unseren Verwandten in Beirut verbracht. Vor allem an die vielen Feste erinnere ich mich sehr gut. Libanesen sind ein sehr gastfreundliches Volk. Sie freuen sich immer über Besuch und feiern gern. Sie lieben Musik, Tanz und vor allem gutes Essen! Oft bin ich als Kind in der Küche gesessen und habe zugeschaut, wie meine Oma und meine Tante Baklava zubereitet haben. Ah, diese Gerüche in der Küche, daran denke ich sehr gern! Dieses Lebensgefühl, das gibt es immer noch in meiner Familie, auch hier in Österreich. Das ist auf jeden Fall ein Stück Heimat für mich. Aber natürlich fühle ich mich trotzdem als Österreicherin, ich bin ja hier aufgewachsen. Die Schule, meine Freundinnen und Freunde, meine Ausbildung als Erzieherin. Das alles hat mein Denken stark beeinflusst. Ich lebe hier und hier fühle ich mich daheim. In der deutschen Sprache kann ich alles ausdrücken, was ich fühle und denke. Ich bewege mich zwischen zwei Kulturen und darum kann ich gar nicht so genau sagen, was ich mit dem Begriff „Heimat“ verbinde. Heimat, das ist vielleicht da, wo ich mich wohlfühle, wo man mich versteht. Das kann auch alles Mögliche andere sein: meine Familie, ein Ort, eine Sprache, eine Speise oder vielleicht auch Freunde.

Ago Salihović

Ich wohne in Leibnitz, das liegt in der Südsteiermark, da bin ich auch geboren und aufgewachsen, und natürlich rede ich auch so richtig Steirisch, wenn ich mag. Meine Eltern kommen aus Bosnien, aber ich habe natürlich die österreichische Staatsbürgerschaft. Für uns Migrantenkinder der zweiten Generation ist es nicht so leicht zu sagen, was für uns Heimat bedeutet. In Bosnien bin ich ein Österreicher und in Österreich behaupten manche: du bist ein Bosnier. Wenn man mich fragt: Österreich und speziell die Steiermark gehören auf alle Fälle zu mir und zu meinem Gefühl von Heimat. Das merke ich z. B. auch, wenn *Sturm Graz* spielt.

Als Bub habe ich immer von einer Karriere als Profi-Fußballer bei Sturm Graz geträumt. Zu meinen Freunden und zu unseren Nachbarn haben meine Geschwister und ich guten Kontakt. Ich würde schon sagen, dass wir sehr gut integriert sind. Aber Bosnien ist natürlich genauso unsere Heimat. Unsere Familie dort ist ziemlich groß und ich habe jedes Jahr die Sommerferien bei meinen Großeltern in Bosnien verbracht. Ich würde sagen, Österreich ist vielleicht meine erste und Bosnien meine zweite Heimat.

b Lesen Sie die Reportage noch einmal und beantworten Sie die Fragen.

1 Woran erinnert sich Amira sehr gut?
2 Worüber freuen sich Leute aus dem Libanon immer?
3 Woran denkt Amira gern?
4 Welches Lebensgefühl verbindet sie mit dem Begriff „Heimat"?
5 Was gehört zu Agos Gefühl von Heimat?
6 Wovon hat Ago als kleiner Bub immer geträumt?
7 Bei wem hat Ago früher seine Sommerferien verbracht?

c Ergänzen Sie die Tabelle.

WIEDERHOLUNG

sich erinnern an	daran	woran …?
denken an	daran	…………
verbinden mit	…………	…………
sich freuen …………	darüber	…………
gehören …………	…………	wozu …?
träumen von	…………	…………

SCHON FERTIG? Kennen Sie noch mehr Wörter? Machen Sie eine Tabelle.

B4 Schreibprojekt: „Was ist Heimat für mich?"

a Schreiben Sie jetzt selber einen kurzen Text über den Begriff „Heimat". Beachten Sie dabei folgende Schritte.

Schritt 1: Planen
Es ist wichtig, dass Sie schon Ideen im Kopf haben, bevor Sie anfangen zu schreiben. Woran denken Sie bei dem Wort „Heimat"? Woran erinnern Sie sich? Wovon träumen Sie? Sammeln Sie Ideen. Ordnen Sie dann.

Schritt 2: Schreiben
Schreiben Sie einfache Sätze. Achten Sie darauf, dass die Sätze nicht immer gleich beginnen. Verbinden Sie die Sätze mit *dann*, *als*, *meistens*, *manchmal*, *darum*, *aber* usw.

Schritt 3: Überarbeiten
Lesen Sie Ihren Text noch einmal in Ruhe und korrigieren Sie mögliche Fehler. Stellen Sie sich vor, Sie sind die Leserin / der Leser. Ist das, was Sie geschrieben haben, verständlich und klar?

b Fassen Sie alle Texte in einem Dokument zusammen, ergänzen Sie Fotos und machen Sie daraus eine Kursreportage oder einen Kursblog.

Ich komme aus … und lebe in … | Mit „Heimat" verbinde ich … Bei dem Wort „Heimat" denke ich an … | „Heimat" bedeutet für mich … | Ich erinnere mich noch gut an …

C Blick auf Europa

C1 Partner-Interview

Fragen Sie Ihre Partnerin / Ihren Partner, notieren Sie die Antworten und berichten Sie.

- In welchen europäischen Ländern warst du schon einmal?
- Wo in Europa hast du Verwandte oder Freunde?
- Welche europäischen Länder würdest du gern kennenlernen?

C2 Europa im Blick

Was wissen Sie über Europa? Arbeiten Sie in Gruppen.
Sammeln Sie Informationen und machen Sie Notizen. Sprechen Sie.

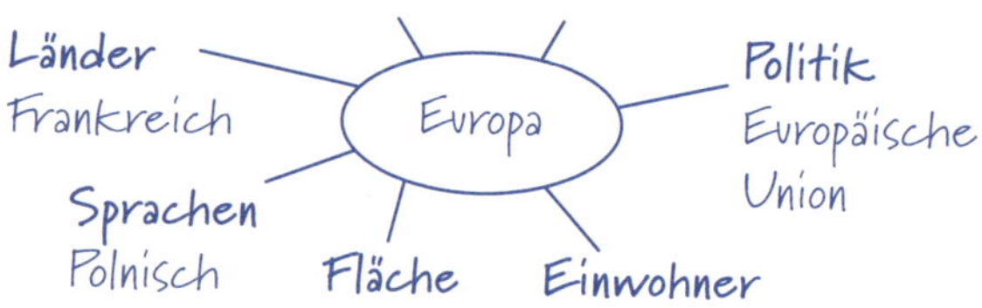

Europa ist ein Kontinent. Die größten Länder ...

2 🔊 55–59 C3 Europa und die Europäische Union

a Sehen die Personen die EU (Europäische Union) eher positiv, neutral oder negativ? Hören Sie die Umfrage und ergänzen Sie ☺, 😐 oder ☹.

1 Lena ☺

2 Franz

3 Elena

4 Doris

5 Manuel

b Worüber sprechen die Personen? Hören Sie noch einmal und kreuzen Sie an.

	Lena	Franz	Elena	Doris	Manuel
a Reisefreiheit	☒	○	○	○	○
b Grenzkontrollen	○	○	○	○	○
c Studium	○	○	○	○	○
d Kosten	○	○	○	○	○
e Gemeinsamkeiten bei Europäern	○	○	○	○	○
f eine gemeinsame Währung	○	○	○	○	○
g Frieden und Demokratie	○	○	○	○	○
h Sprachen	○	○	○	○	○
i Solidarität	○	○	○	○	○

C4 Länder raten

Arbeiten Sie in Gruppen: Beschreiben Sie ein europäisches Land. Die anderen raten, von welchem Land Sie sprechen.

Das Land grenzt ans Meer. Es liegt im Norden. Die Menschen ...

D Blick zurück – Blick nach vorn

Herzlichen Glückwunsch!

Jetzt muss ich Sie loben: Sechs Bände lang haben Sie fleißig mit *Schritte plus NEU Österreich* gearbeitet und können jetzt schon richtig gut Deutsch verstehen, lesen, sprechen und schreiben. Auch die *B1-Prüfung* sollte jetzt kein Problem mehr für Sie sein. Dafür halte ich Ihnen die Daumen. Das sagt man, wenn man jemandem viel Glück wünscht. Wir hoffen, dass Ihnen das Deutschlernen mit *Schritte plus NEU Österreich* Spaß gemacht hat, sagen Danke und wünschen Ihnen alles Gute für Ihre Zukunft.

D1 Mein persönliches Motto

Lesen Sie den Text und wählen Sie ein Zitat als Ihr persönliches Motto zum Deutschlernen. Vergleichen Sie dann im Kurs.

Sprachen öffnen Türen.
Lernen mit Kopf und Herz
Mit Sprachen überwindet man Grenzen.
Dazulernen heißt gewinnen.
Zum Lernen ist niemand zu alt.
Lebe, um zu lernen, lerne, um zu leben!
Sprachenlernen verbindet!
Wer schwimmen lernen will, muss ins Wasser.

Mir gefällt das besonders gut: ...

D2 Blick zurück

Wie war das, als Sie angefangen haben, Deutsch zu lernen?
Gab es lustige, peinliche, überraschende Erlebnisse? Erzählen Sie.

Ich erinnere mich an eine Situation beim Bäcker. Das war wirklich peinlich. ...

D3 Blick nach vorn

Wie geht es weiter? Was nehmen Sie sich für das nächste Jahr vor? Sprechen Sie.

Ich möchte auf jeden Fall ...

D4 Zum Abschied

Schreiben Sie Zettel mit den Namen von allen Teilnehmerinnen und Teilnehmer aus dem Kurs. Ziehen Sie einen Zettel, geben Sie der Person die Hand und sagen Sie ihr etwas Nettes zum Abschied.

Grammatik

1 Wiederholung: Wortbildung Nomen ÜG 11.01

Nomen + Nomen	Adjektiv + Nomen	Verb + Nomen	Verb > Nomen
das Volk + s + das Fest > das Volksfest	schwarz + die Wurzel > die Schwarz-wurzel	backen + das Hendl > das Backhendl	sich erinnern > die Erinnerung
der Mohn + die Zelte + n > die Mohnzelten			herstellen > die Herstellung

Schreiben Sie sechs weitere Wörter.

die Heimat + das Land
> das Heimatland

2 Wiederholung: Verben mit Präpositionen ÜG 5.23

Präpositionen mit Akkusativ	Präpositionen mit Dativ
denken an	verbinden mit
sich erinnern an	gehören zu
sich freuen über	träumen von

auch so: warten auf, sich beschweren über, sich freuen auf, sich ärgern über, sprechen über, sich kümmern um, Lust haben auf, ...

auch so: erzählen von, sich treffen mit, sprechen mit, telefonieren mit, Angst haben vor ...

Antworten Sie auf die Fragen.
- Wofür interessieren Sie sich in Ihrer Freizeit?
- Womit beschäftigen Sie sich am liebsten?
- Worüber wissen Sie viel?

Ich interessiere mich für ...

3 Wiederholung: Präpositionaladverbien ÜG 5.23

Verb mit Präposition	Präpositionaladverb	Fragewort
denken an	daran	woran ...?
sich freuen über	darüber	worüber ...?
verbinden mit	damit	womit ...?
gehören zu	dazu	wozu ...?
träumen von	davon	wovon ...?

Kommunikation

ÜBER SPEZIALITÄTEN AUS DEM HEIMATLAND SPRECHEN: Bei uns ...

Bei uns isst man gern ..., das ist ...

Das schmeckt ...

Eine Spezialität aus meinem Heimatland ist ...

EIN FEST PLANEN: Ich bringe ... mit.

Welcher Termin passt euch am besten? Vielleicht ...?

Wer kümmert sich um ...? | Ich kümmere mich um ...

Wer bringt ... mit? | Ich bringe ... mit.

Wer kann ... machen? | Ich kann ... machen.

SAGEN, WAS MAN MIT EINEM BEGRIFF VERBINDET: Ich denke an ...

Das ist nicht leicht, denn wir haben kein Wort dafür. | Ich denke an ...

Ich komme aus ... und lebe in ... | Mit „Heimat" verbinde ich ... | Bei dem Wort „Heimat" denke ich an ... | „Heimat" bedeutet für mich ... | Ich erinnere mich noch gut an ...

EIN LAND BESCHREIBEN: Das Land grenzt an ...

Das Land grenzt an ...

Es liegt im ... | Die Menschen ...

Was gibt es in Ihrem Heimatland auf Festen zu essen und zu trinken? Beschreiben Sie ein Gericht und ein Getränk.

In der Butterwoche gibt es bei uns meistens ...

Sie planen mit Ihren Freunden eine Party. Was sagen die Leute? Schreiben Sie ein Gespräch.

Was verbindet die Frau mit dem Begriff „Glück"?

Mit „Glück" verbindet sie ...
Sie denkt an ...
und träumt von ...

Lernziele

Ich kann jetzt ...

A ... über Spezialitäten im Heimatland berichten: *Bei uns in Südafrika isst man gern Biltong.* ______ ☺ 😐 ☹

... ein Fest planen: *Wer kümmert sich um ...?* ______ ☺ 😐 ☹

B ... eine Reportage zum Thema „Heimat" verstehen: *Meine Wurzeln sind im Libanon.* ______ ☺ 😐 ☹

... sagen, was man mit „Heimat" verbindet: *Mit „Heimat" verbinde ich die Gegend, in der ich aufgewachsen bin.* ______ ☺ 😐 ☹

C ... ein Land beschreiben: *Das Land liegt im Norden.* ______ ☺ 😐 ☹

D ... über Vergangenes und Zukünftiges sprechen: *Ich erinnere mich an eine Situation beim Bäcker.* ______ ☺ 😐 ☹

Ich kenne jetzt ...

... 5 Wörter zum Thema *Essen*:

braten, ...

... 8 Wörter zum Thema *Staat/Politik*:

Volk, ...

Österreich-Bilder

1 Lesen Sie den Text auf Seite 93. Schauen Sie dann die Fotos an.

a Was ist für Sie typisch österreichisch?
Merken Sie sich drei Bilder. Sprechen Sie.

b Gibt es Bilder, die sich mehrere von Ihnen gemerkt haben?
Wenn ja, welche?

Bei der Geschwindigkeit auf der Straße passt man in Österreich sehr auf und es wird auch öfter kontrolliert. Das finde ich besser als bei uns ...

2 Ergänzen Sie bei den Fotos auf Seite 93: Was ist für Sie noch typisch österreichisch?
Schreiben oder zeichnen Sie oder finden Sie ein Foto. Sprechen Sie.

Schnee. Ich liebe Schnee. Bei uns gibt es keinen Winter. Bevor ich nach Österreich gekommen bin, war Schnee für mich etwas Unbekanntes. Darum habe ich mich so gefreut, in Österreich zum ersten Mal Schnee zu sehen. ...

TYPISCH ÖSTERREICH?

Sind diese Bilder „typisch“ für Österreich? Und was bedeutet das überhaupt? Hat nicht jeder Mensch seine eigene Meinung, was typisch sein könnte? Auf der Doppelseite sehen Sie einige Fotos, von denen man vielleicht sagen könnte: Ja, das ist typisch! Auch Sie haben sicher ganz persönliche Österreich-Bilder im Kopf. Und für Ihre Bildideen haben wir extra zwei Plätze frei gelassen. Wollen Sie etwas reinschreiben, -malen oder -kleben, was Sie zeigen würden, wenn man Sie in Ihrem Herkunftsland fragt: „Du bist doch ein Österreich-Profi! Sag einmal, was ist typisch österreichisch?“ Das Team von „Schritte plus NEU Österreich“ möchte sich an dieser Stelle von Ihnen verabschieden. Es freut uns, dass wir Sie beim Deutschlernen so lang begleiten durften. Uns hat das große Freude gemacht. Für Ihre Zukunft wünschen wir Ihnen von ganzem Herzen alles Gute und viel Erfolg. Auf Wiederschauen!

3 Unser Österreich

Schreiben Sie mit Ihrer Partnerin / Ihrem Partner eine Seite über Österreich.
Sammeln Sie in Ihrem Kurs-Album.

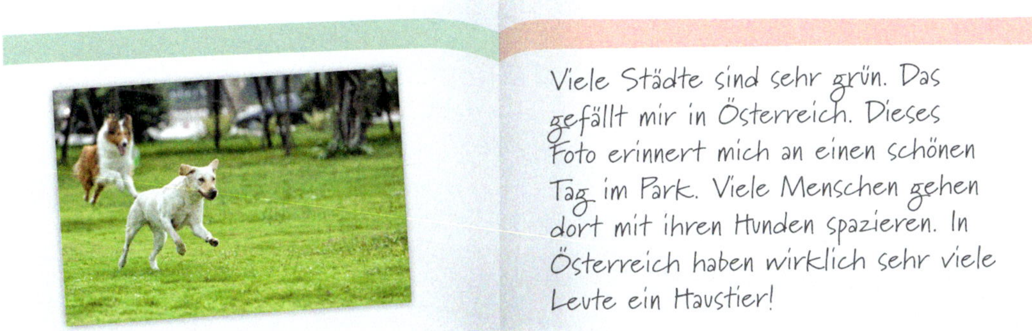

Arbeitsbuch

A Wir sind jetzt per *Du*, **falls** dich das interessiert.

Wieder-holung

1 Im Büro

Ordnen Sie zu. Achtung: Nicht alles passt.

~~wenn~~ darum damit obwohl deswegen als weil dass aber

a Wenn ich hier fertig bin, rufe ich gleich den Kollegen in Wien an.
b Drei Tage konnte ich nicht in die Arbeit gehen, ... ich krank war.
c Frau Stocker, ich wollte Ihnen noch sagen, ... ich morgen nicht ins Büro komme.
d Mein Kollege hat heute früher Schluss gemacht, ... wir so viel Arbeit haben.
e Bitte gib mir die Telefonnummer von Herrn Vasic, ... ich ihn gleich anrufen kann.
f .... ich daheim angekommen bin, habe ich mich daran erinnert, dass ich heute noch einen Kunden anrufen wollte.

A1

2 Ines' Büroalltag. Schreiben Sie Sätze mit *weil – obwohl – falls*.

a Ines geht gern ins Büro.
Die Arbeit ist nicht so anstrengend. (weil)
Ines geht gern ins Büro, weil die Arbeit nicht so anstrengend ist.

b Ines telefoniert mit ihrer Freundin.
Sie hat viel Arbeit. (obwohl)
....

c Sie schreibt das E-Mail für die Chefin morgen. Der Computer funktioniert dann wieder. (falls)
....

d Ines erledigt die Rechnungen am nächsten Tag. Sie schafft sie heute nicht mehr. (weil)
....

A1

3 Der erste Tag im Job. Ordnen Sie zu und schreiben Sie Sätze mit *als – damit – obwohl – falls*.

Es gibt keine Kantine. Ich lerne alle Kollegen kennen. ~~Einige Kollegen sind genauso alt wie ich.~~
Ich verdiene am Anfang nicht so viel. Ich bin heute in der Früh ins Büro gekommen.

a Ich habe diese Stelle angenommen, ...
b Auf meinem Tisch sind frische Blumen gestanden, ...
c Die Chefin geht mit mir gleich durch alle Büros, ...
d Heute sieze ich alle, obwohl einige Kollegen genauso alt sind wie ich.
e Ich habe Kaffee und eine Jause dabei, ...

A3 **4 Ordnen Sie zu.**

Ich muss heute noch ... erledigen
dann könnte ich | Ich spreche gleich einmal mit ihm
~~Tut mir leid, aber ich habe gerade selber so viel zu tun~~
Vielleicht könnte ... übernehmen

- Du, Mesut? Hast du einen Moment Zeit?
- Ja, was ist denn?
- Weißt du, ich muss heute noch die morgige Konferenz vorbereiten und den Brief an die Firma *Euro-Transport* schreiben. Jetzt ist es schon 15 Uhr und um 16 Uhr habe ich einen Arzttermin. Könntest du vielleicht ...?
- Tut mir leid, aber ich habe gerade selber so viel zu tun (a).
- Geht es wirklich nicht?
- ______ die Papierbestellung ______ (b).
- Oje, was mache ich denn jetzt? Ich habe den Termin schon vor zwei Monaten ausgemacht.
- Warte, warte! Ich habe da noch eine Idee. ______ unser Lehrling die Papierbestellung ______ (c), ______ (d) den Brief an die Firma *Euro-Transport* schreiben. Nadir ist sehr hilfsbereit und sagt bestimmt zu.
- Ja, gute Idee. ______ (e).

A4 **5 So sagt man es oft und so schreibt man.**

1 Phonetik

Hören Sie die Kurzformen und sprechen Sie nach. Ergänzen Sie dann die langen Formen.

a Ich mach' für heut' Schluss.	Ich mache für heute Schluss.
b Ich geb' dir das Geld dann morgen, okay?	Ich ______ dir das Geld dann morgen, okay?
c Da vorn gibt's eine Kaffeemaschine.	Da vorn ______ eine Kaffeemaschine.
d Worum geht's denn in dem Film?	Worum ______ denn in dem Film?
e Magst du noch was trinken?	Magst du noch ______ trinken?
f Ich hab' heut' keine Lust.	Ich ______ keine Lust.
g Wie geht's Ihnen, Frau Albrecht?	Wie geht ______ Ihnen, Frau Albrecht?
h Ich geh' jetzt heim.	Ich ______ jetzt heim.
i Was is' passiert?	Was ______ passiert?

A4 **6 Tipps für den Job. Ergänzen Sie.**

Sie w i r k e n (a) zuverlässig, wenn Sie alle Ihre Aufgaben schaffen. Übernehmen Sie also nicht zu viel. Lernen Sie, G _ _ _ z _ n (b) zu setzen und sagen Sie auch im Job einmal *Nein*.
F _ _ _ s (c) Sie nicht schaffen, was Sie z _ g _ _ _ _ t (d) haben, suchen Sie Hilfe.
T _ _ sch _ _ (e) Sie z. B. Aufgaben mit einer Kollegin oder einem Kollegen.

B **Je länger** man wartet, **desto schlechter** wird ...

B1 **7 *Je ..., desto ...***

a Ergänzen Sie in der richtigen Form.

1 Je *schneller* (schnell) du nach dem Studium eine gute Arbeit findest, desto *früher* (früh) kannst du Geld verdienen.

2 Je .... (erfolgreich) unsere Firma ist, desto .... (viel) Mitarbeiter brauchen wir.

3 Je .... (spät) wir mit der Konferenz beginnen, desto .... (spät) kommen wir heim.

4 Je .... (lang) du hier arbeitest, desto .... (gut) lernst du deine Kolleginnen und Kollegen kennen.

Grammatik entdecken

b Markieren Sie in a wie im Beispiel und ergänzen Sie die Tabelle.

1	*Je schneller*	*du ...*	*findest,*	*desto früher*	*kannst*	*du Geld*	*verdienen.*
2							
3							
4							

B2 **8 Schreiben Sie Sätze.**

a das Betriebsklima – ist – besser – je / desto – in die Arbeit – gehen – die Angestellten – lieber
Je besser das Betriebsklima ist, desto lieber gehen die Angestellten in die Arbeit.

b je – der Mitarbeiter – größer – der Einfluss – ist / zufriedener – sind – desto – bei der Arbeit – sie

c freundschaftlicher – die Beziehungen – je – sind / besser – desto – funktioniert – die Zusammenarbeit

d zeigt – je – ein Mitarbeiter – Engagement – mehr / macht – Karriere – desto – schneller – er

◇ B2 **9 Ein guter Arbeitsplatz. Schreiben Sie die Sätze mit *je ..., desto ...***

a (Man muss lang arbeiten.) Je mehr Verantwortung man trägt, *desto länger muss man arbeiten.*

b (Die Kolleginnen und Kollegen sind nett.) ...., desto lieber gehen die Mitarbeiter in die Arbeit.

c (Mein Arbeitsplatz ist ruhig. Ich bekomme selten Kopfschmerzen.) ....

d (Das Essen in der Kantine ist gut. Die Angestellten essen dort gern.) ....

B2 10 Unsere Kantine

a Verbinden Sie.

1 Die Kantine ist teuer.
2 Die Atmosphäre in der Kantine ist freundlich.
3 Der Koch ist motiviert.
4 Viele Angestellte essen in der Kantine.
5 Das Essen in der Kantine ist gesund.

a Die Angestellten sind nach der Mittagspause fit.
b Die Angestellten müssen lang auf das Essen warten.
c Die Angestellten treffen sich gern dort.
d Der Koch bietet oft neue Gerichte an.
e Die Mitarbeiter gehen selten dort essen.

b Schreiben Sie die Sätze aus a mit *je ..., desto / umso*.

1 Je teurer die Kantine ist, desto seltener gehen die Mitarbeiter dort essen.

B2 11 Sie hören Aussagen zu einem Thema.

2–5
Prüfung

Welcher der Sätze a – f passt zu den Aussagen 1 – 4? Lesen Sie die Sätze a – f.
Dazu haben Sie eine Minute Zeit. Danach hören Sie die Aussagen.

a ◯ Als Chefin/Chef muss man auf die Atmosphäre im Betrieb achten.
b ◯ Es ist nicht leicht, außerhalb der Arbeit Freunde zu finden.
c ◯ Das Arbeiten wird schwierig, wenn es mit Freunden, die auch Kollegen sind, Probleme gibt.
d (1) Wenn man viel Zeit miteinander verbringt, entstehen einfach Freundschaften.
e ◯ Es ist schwierig, Freunde zu kritisieren.
f ◯ Echte Freundschaft am Arbeitsplatz gibt es nicht.

B3 12 Essen in der Kantine. Arbeiten Sie zu zweit. Sie haben in einer Zeitschrift ein Foto gefunden.

Prüfung

a Wählen Sie jeweils ein Foto und berichten Sie kurz: Was sehen Sie auf dem Foto?
Was für eine Situation zeigt das Bild?

1

2

Auf dem Foto sehe ich ...
Eine Frau / Ein Mann ist ...
Links/Rechts/Im Hintergrund/ Vordergrund sehe ich ...
Meiner Meinung nach ...

b Was glauben Sie? Sprechen Sie auch über die folgenden Fragen:

1
Essen viele Leute in Österreich in der Kantine oder kochen sie selber? Ist das gemeinsame Essen wichtig für das Betriebsklima? Wie ist das in Ihrem Heimatland? Erzählen Sie.

2
Worüber sprechen die Leute in der Kantine? Welche Erfahrungen haben Sie mit Kantinen gemacht? Wie ist das in Ihrem Heimatland? Erzählen Sie.

In Österreich essen/gehen viele Leute ...
Es ist wichtig, ...
Die Leute sprechen über ...
Ich denke/glaube, ...
In meinem Heimatland / Bei uns ...

C ... die Kollegin, **von der** ich dir erzählt habe.

Wieder-holung A2, L5

13 Ergänzen Sie in der richtigen Form.

a Können Sie das Geld von meinem (mein) Konto abbuchen?
b Jeden Monat ärgert sich Samia über ……………… (ihr) hohe Telefonrechnung.
c Faruk kümmert sich überhaupt nicht ……………… (sein) Mutter.
d Und du kannst dich wirklich nicht ……………… (dein) PIN-Code erinnern?
e Ghassan ist ……………… (sein) Arbeit bei Maier & Co. zufrieden.
f Wir kommen gerade aus dem Urlaub. Trotzdem träumen wir schon wieder ……………… (unser) nächsten Reise.
g Haben Sie Lust ……………… (unser) neue Eissorte „Erdbeer-Pfeffer"?
h Ich telefoniere mindestens einmal in der Woche ……………… (mein) Familie in Schweden.
i Ah, ich sehe, Sie interessieren sich ……………… (unser) neues Smartphone von *Sumsum*. Ich zeige es Ihnen gern.

Wieder-holung B1, L2

14 Am Fenster. Was ist richtig? Kreuzen Sie an.

a Hmm, sehr gut. Ist das der Kaffee, ☒ den ○ der ○ dem du aus Griechenland mitgebracht hast?
b Der Mann von gegenüber, ○ der ○ dem ○ den ich am Anfang nicht sympathisch gefunden habe, ist eigentlich doch ganz nett.
c Da drüben wohnt der Nachbar, ○ der ○ dem ○ den ich letzte Woche beim Umzug geholfen habe.
d Eigentlich sind die Sessel, ○ die ○ denen ○ der du verkaufen wolltest, doch ganz bequem.
e Da im Hof stehen die Leute, ○ die ○ der ○ denen der kleine Hund gehört.
f Siehst du das rote Auto da? Das ist das Modell, ○ dem ○ das ○ den mir so gut gefällt.
g Die Frau da unten, ○ die ○ der ○ denen gerade aus dem Haus kommt, ist meine Freundin Monika.

C1

15 Mein Team in der Arbeit. Markieren Sie wie im Beispiel und schreiben Sie dann.

A

Paola
1 ==Mit ihr== teile ich mir das Büro.
2 Von ihr bekomme ich an jedem Geburtstag eine Sachertorte.
3 Über sie kann ich nur Gutes sagen.

B

Xiang
1 Von ihm habe ich viele Tipps bekommen.
2 Mit ihm gehe ich nach der Arbeit ins Fitnesscenter.
3 Für ihn war das Deutschlernen sehr schwierig.

C

Paul und Stefan
1 Mit ihnen arbeite ich seit einem Jahr zusammen.
2 Auf sie freue ich mich jeden Morgen.
3 Von ihnen habe ich in meinem ersten Jahr in der Firma viel gelernt.

A1 Das ist Paola, mit der ich mir das Büro teile.

C1 16 Alte Fotos. Ergänzen Sie.

a Schau einmal, das war mein bester Freund, *von dem* ich dir schon so viel erzählt habe.
b Das Mädchen neben ihm war meine beste Freundin, ... ich heute noch oft denke.
c Und da, das war unser Nachbar, ... ich mich jeden Tag geärgert habe.
d Das große Haus rechts ist das Kunstmuseum, ... ich mich immer sehr interessiert habe.
e Und schau einmal, da ist der Schnuffi, der Hund von Oma und Opa, ... ich dich immer gewarnt habe.

◇ C1 17 Ergänzen Sie.

A
Panol,
die Creme, *mit der Sie 10 Jahre jünger ausschauen.*
(Sie schauen mit ihr 10 Jahre jünger aus.)
Jetzt auch für Männer!

B
Nie mehr Filme anschauen, ...
(Du hast keine Lust auf sie.)
Bestefilme macht's möglich.
Jetzt anmelden!

C
Österreichblick,
die Zeitung mit den Themen, ...
(Für sie interessieren Sie sich wirklich.)
Jetzt auch online!

D
Ni hao,
das Kursbuch, ...
(Mit ihm lernen Sie in drei Monaten perfekt Chinesisch.)
In Wort und Schrift!

E
Wir haben das Haus, ... !
(Von ihm träumen Sie!)
Noch heute Prospekt bestellen.
Baufix,
Abrissstr. 14,
5440 Golling

❖ C1 18 Welche Fotos haben Sie auf Ihrem Smartphone? Schreiben Sie acht Sätze.

meine Freundin / mein Freund | meine Wohnung | meine Schulkollegen | mein erstes Fahrrad/Auto | meine Familie | ein großes Fest | der Tag | ...

denken an | erzählen von | telefonieren mit | sich ärgern über | träumen von | wohnen in | ...

Auf dem Foto da ist meine Freundin, mit der ich jeden Tag telefoniere. Da vor dem Haus steht mein erstes Fahrrad, mit dem ...

C

C2 19 Viele Bekannte

Grammatik entdecken

a Markieren Sie wie im Beispiel.

1 Mario Zink, das ist der nette Bekannte, von dem ich dir erzählt habe.
2 Kadir? Das ist ein alter Bekannter, den ich lang nicht gesehen habe.
3 Miriam? Ja, das ist eine gute Bekannte, die ich schon seit der Ausbildung kenne.
4 Schau einmal, da hinten. Da sitzen die Bekannten, die wir im Urlaub kennengelernt haben.
5 He, da drüben sind alte Bekannte von mir, die ich lang nicht gesehen habe.

b Ordnen Sie aus a zu. Ergänzen Sie dann die Tabelle.

	bekannt	jugendlich	erwachsen
	der/die Bekannte	der/die Jugendliche	der/die Erwachsene
Das ist …	ein		
	eine		
Das sind …	die		
	–		

C2 20 Ergänzen Sie in der richtigen Form.

a Ohne ihr Smartphone gehen Jugendlich e nicht aus dem Haus.
b Am Geburtstag meiner Oma mussten ich und meine Geschwister immer früh ins Bett gehen. Nur die Erwachsen ___ haben bis spät am Abend gefeiert.
c Eine Jugendlich ___ mit blauen Haaren arbeitet an der Rezeption im Hotel? Das kann ich mir nicht vorstellen.
d Sabine und Christian? Ah, das sind alte Bekannt ___ von uns.
e Klaus ist fast 20, aber wie ein Erwachsen ___ schaut er nicht aus.
f Schau einmal, was macht denn der Jugendlich ___ da vorn?

C3 21 Menschen, Kollegen, Nachbarn

Grammatik entdecken

a Markieren Sie wie im Beispiel.

1 Der Nachbar von links unten grüßt nie.
2 Die Kollegen gehen heute Abend zusammen essen.
3 Endlich habe ich keinen Kollegen mehr, mit dem ich das Büro teilen muss.
4 Siehst du da drüben die Menschen, die um das Auto herum stehen?
5 Ich gratuliere meinem Kollegen zum Geburtstag.
6 Ich helfe meinen Nachbarn im Garten.
7 Der Hut des Herrn da vorn ist wirklich sehr elegant.
8 Das Haus der Nachbarn links ist größer als unseres.

b Ordnen Sie die Formen aus a zu.

● Der/Ein/Kein/ ...	Nachbar
(Ich habe) ● den/einen/keinen/ ...	
(Ich gratuliere) ● dem/einem/keinem/ ...	
(Der Hut) ● des/eines/keines/ ...	

● Die/ – /Keine/ ...	Kollegen
(Ich sehe) ● die/ – /keine/ ...	
(Ich helfe) ● den/ – /keinen/ ...	
(Das Haus) ● der/ – /keiner/ ...	

C3 22 Was ist richtig? Kreuzen Sie an.

A Amazonas sucht noch einen ☒ Praktikanten ○ Praktikant für die Versandabteilung.

B Welcher ○ Kollegen ○ Kollege hat Lust, mit uns nach Feierabend Tischtennis zu spielen?

C Gibt es denn keine ○ Teamkollegen, ○ Teamkollege, die am Samstag mit uns Fußball spielen wollen?

D Sprachcafé mit einem ○ Franzose, ○ Franzosen, einer Syrerin, einem ○ Tscheche ○ Tschechen und einem ○ Chinese ○ Chinesen sucht noch wenigstens einen ○ Student ○ Studenten für spannende Gespräche.

E Suche Hilfe eines ○ Nachbar ○ Nachbarn in der Fenzlgasse, nur leichte Gartenarbeit, 1 x in der Woche.

F Suche netten ○ Herr ○ Herrn für gemeinsame Spaziergänge und Theaterbesuche.

G Gibt es einen netten ○ Mensch, ○ Menschen, der mit meinem treuen Hund Hasso spazieren gehen möchte? Bin selber nicht mehr so fit.

C3 23 Ein Gespräch unter Freunden. Ordnen Sie zu.

Gedichte | ähnlich | ~~beeinflusst~~ | monatelang | Konsequenzen | Beziehung | Distanz

- ◆ Wer hat dich am meisten beeinflusst (a)?
- ○ Hm, ich glaube meine Oma. Sie hat mir oft .... (b) vorgelesen. Und du, zu wem hast du eine enge .... gehabt (c)?
- ◆ Zu meinem Onkel Max. Bei ihm habe ich .... (d) gewohnt, als meine Eltern beruflich im Ausland gewesen sind.
- ○ Oh, das habe ich gar nicht gewusst. War das nicht schwer für dich, wenn deine Eltern so lang weg waren?
- ◆ Na ja, das hat schon .... gehabt (e). Als sie wieder da waren, hat es am Anfang eine .... (f) zwischen uns gegeben. Wir haben einfach ein bisschen Zeit gebraucht.
- ○ Das kann ich gut verstehen. Mir ist es mit meinem Bruder .... (g) gegangen. Er war als Schüler ein Jahr in Australien.

D Von mir aus können wir uns gern duzen.

D2 24 Das *Du* anbieten

a Überfliegen Sie die Gespräche und ordnen Sie sie den Bildern zu.

○ 
1

○ 
2

○ 
3

○ 
4

a ◆ Mama, Papa, das ist sie! Das ist Irene, meine Freundin.
○ Aha, schön, dass wir uns endlich kennenlernen. Übrigens, ……………… wir uns gern duzen. Also, ……………… der Hermann und das ist die Margit.
▲ Ja, gern. Das ist nett.

b ◆ Willkommen beim Computerkurs, Frau Haaleh. Wir duzen uns im Kurs alle, ist Ihnen das recht?
○ Danke, aber ich ……………….

c ◆ Entschuldigen Sie, sind Sie nicht die Mutter von Emma?
○ Ja. Und Sie sind der Papa von Leon, stimmt's?
◆ Genau. Das ist schön, dass ich Sie einmal treffe. Unsere Kinder spielen ja so oft zusammen.
○ Richtig. Ach, ………………?
◆ ………………! Ich heiße Daniel.

d ◆ Also, Frau Hofer, ich zeige Ihnen jetzt einmal die Firma. Ah ja, wir legen sehr viel Wert auf Gemeinschaft. Deshalb ……………… und ………………, dann können wir uns auch gern duzen.
○ Oh, das finde ich sehr gut. Ich heiße Elzbieta.

b Ordnen Sie in a zu.

sagen wir bei uns alle *Du* zueinander | Alles klar | sollen wir uns nicht einfach duzen | von uns aus können | ich bin | ~~Ja, gern~~ | wenn es Ihnen recht ist | möchte lieber beim *Sie* bleiben

D4 25 Wer darf/könnte das *Du* anbieten? Was meinen Sie? Kreuzen Sie an.

a Frau Kowacz (34 Jahre) ist die neue Kollegin von Frau Summer (53 Jahre).
- ○ Frau Kowacz darf/könnte das *Du* anbieten.
- ☒ Frau Summer darf/könnte das *Du* anbieten.

b Der Arabischkurs bekommt einen neuen Kursleiter. Mit der alten Kursleiterin haben die Kursteilnehmenden sich geduzt.
- ○ Die Teilnehmenden dürfen/könnten das *Du* anbieten.
- ○ Der neue Kursleiter darf/könnte das *Du* anbieten.

c Sie ziehen in eine neue Wohnung und treffen Ihre neue Nachbarin im Stiegenhaus. Sie ist deutlich älter als Sie.
- ○ Sie dürfen/könnten das *Du* anbieten.
- ○ Die Nachbarin darf/könnte das *Du* anbieten.

d Sie sind den ersten Tag an Ihrem neuen Arbeitsplatz. Die Kollegen duzen sich alle.
- ○ Die Kollegen dürfen/könnten das *Du* anbieten.
- ○ Sie dürfen/könnten das *Du* anbieten.

D5 26 Lesen Sie den Text und schließen Sie die Lücken.

Prüfung

Welche Lösung (a, b oder c) passt am besten? Kreuzen Sie an.

Erinnerung _0_ unsere Rechnung vom 25.09.20..
Rechnungsnummer: 5238985

_1_ Frau Ucar,

wie unsere Buchhaltung festgestellt hat, haben Sie den Betrag von 78,89 € für _2_ Bestellung vom 14.09.20.. noch nicht bezahlt. Beide Bücher, *Du oder Sie? Richtiges Verhalten am Arbeitsplatz* und *Mein Chef – ein Freund?*, _3_ Sie am 25.09.20.. erhalten. Sicherlich haben Sie es nur vergessen, _4_ möchten wir Sie höflich daran erinnern, _5_ die Zahlung zum 15.11.20.. fällig wird. Bitte zahlen Sie _6_ Betrag auf unser unten genanntes Konto ein.

_7_ Sie nicht pünktlich zahlen, fällt zusätzlich eine Mahngebühr von 15 Euro an.

Mit _8_ Grüßen

Daniel Pohl

0 a ○ für
  b ○ wegen
  c ⊠ an
1 a ○ Sehr geehrte
  b ○ Hallo
  c ○ Sehr geehrter
2 a ○ Ihren
  b ○ Ihre
  c ○ ihre
3 a ○ haben
  b ○ werden
  c ○ sind
4 a ○ denn
  b ○ trotzdem
  c ○ deshalb
5 a ○ falls
  b ○ dass
  c ○ als
6 a ○ der
  b ○ den
  c ○ dem
7 a ○ Könnten
  b ○ Sollten
  c ○ Müssten
8 a ○ freundlichen
  b ○ lieben
  c ○ vielen

D5 27 Ein E-Mail schreiben

Schreibtraining

a Ordnen Sie zu.

~~Viele Grüße~~ | Liebe Anna | Mit freundlichen Grüßen | Liebe Grüße | Sie | Lieber Herr Maier | Du | Sehr geehrter Herr Schröder | Sie

	privates E-Mail	halbformelles E-Mail	formelles E-Mail
Adressat	Freunde, Familie	Lehrer/in, Nachbarn, Kolleginnen/Kollegen	Ämter, Firmen
Anrede			
Gruß		Viele Grüße	
Du oder Sie			

b Eine Kollegin, Frau Duran, hatte Geburtstag und macht am Wochenende eine große Feier. Sie sind eingeladen, aber an dem Tag können Sie nicht kommen. Schreiben Sie ihr ein E-Mail.

– Bedanken Sie sich.
– Schreiben Sie, warum Sie nicht kommen können.
– Gratulieren Sie.

Verwenden Sie die passenden Anrede- und Grußformen aus a.

... Frau Duran,
ich möchte mich herzlich für ...
Leider ...
Ich wünsche Ihnen ...

LERNTIPP Lesen Sie Ihren Brief am Ende noch einmal und kontrollieren Sie: Sind Anrede und Gruß passend? Haben Sie nicht vom *Sie* zum *Du* gewechselt? Haben Sie zu jedem Inhaltspunkt etwas geschrieben?

Test Lektion 8

1 Was ist richtig? Kreuzen Sie an. 1 ...... / 4 Punkte WÖRTER

a Seien Sie nett zu Kollegen. Eine gute ○ Klima ○ Freundschaft ☒ Beziehung ist sehr wichtig.
b Eine zu große ○ Karriere ○ Distanz ○ Zusammenarbeit unter Kollegen beeinflusst die Teamarbeit negativ.
c Wer mit seiner Arbeitsstelle sehr unzufrieden ist, sollte über ○ Distanz ○ Alternativen ○ Atmosphäre nachdenken.
d Wer ○ duzt, ○ zusagt, ○ warnt, muss die Aufgabe auch erledigen.
e Kannst du mir sagen, ○ warum ○ worum ○ wovon es hier geht?

...... ● 0–2 ● 3 ● 4

2 Schreiben Sie Sätze mit *je ..., desto ...* 2 ...... / 6 Punkte GRAMMATIK

a Du sitzt lang am Computer. Deine Augen werden müde.
b Die Arbeit macht dir viel Spaß. Der Arbeitstag ist schnell vorbei.
c Du arbeitest viel. Du hast wenig Zeit für deine Familie.
d Du bist ehrlich zu deinen Kollegen. Das Arbeitsklima ist gut.

a Je länger du am Computer sitzt, desto müder werden deine Augen.

3 Schreiben Sie Sätze wie im Beispiel. 3 ...... / 4 Punkte

a Ich habe eine langweilige Kollegin. Man kann über sie eigentlich nichts erzählen.
Ich habe eine langweilige Kollegin, über die man eigentlich nichts erzählen kann.
b Das ist mein Freund Michael. Ich fahre mit ihm nächste Woche auf Urlaub.
....
c Das sind die Kinder meines Bruders. Ich habe mich in den Ferien um sie gekümmert.
....
d Da ist ja der Brief. Ich habe so lang auf ihn gewartet.
....
e *BioBäck*? Das ist eine große Firma. Ich habe schon einmal für sie gearbeitet.
....

...... ● 0–5 ● 6–7 ● 8–10

4 Ergänzen Sie. 4 ...... / 4 Punkte KOMMUNIKATION

a ◆ Ah, Sie sind bestimmt die neue Nachbarin. V__ m__ a__ k__ n__ w__ gern *Du* sagen. Ich heiße Hülya.
○ G__n! Ich bin Ebru.

b ◆ Herr Hein, wir kennen uns jetzt so lang. W__ e__ Ih__ r__ ist, dann können w__ u__ gern d__n. Mein Name ist Luisa.
○ Ja, gern! Ich bin der Paul.

...... ● 0–2 ● 3 ● 4

Fokus Beruf: Eine Kündigung schreiben

8

1 Gründe für einen Jobwechsel

Aus welchen Gründen kündigen Leute ihre Arbeit? Was meinen Sie? Ergänzen Sie die Statistik. Vergleichen Sie dann mit Ihrer Partnerin / Ihrem Partner und sprechen Sie.

schlechtes Arbeitsklima | zu viel Stress | keine Karrieremöglichkeiten | berufliche Neuorientierung | zu niedriger Lohn | Ortswechsel des Partners | Schichtarbeit

1	....	44 %
2	....	21 %
3	....	11 %
4	....	8 %
5	....	5 %
	....	5 %
6	....	3 %

Ich glaube, dass die meisten / wenigsten Leute kündigen, weil ...
Ich glaube, der häufigste Grund für einen Jobwechsel ist ...
Nein, bei mir steht / ist ... an erster / zweiter / ... / letzter Stelle.
Erst dann kommt ...
Ein häufiger Grund ist auch, dass ...
Platz 1/2/... ist bei mir ...

Ich glaube, dass die meisten Leute den Job kündigen, weil sie zu viel Stress haben.

Das denke ich nicht. Bei mir steht ... an erster Stelle. Erst dann kommt ...

2 Hören Sie das Gespräch und korrigieren Sie.

🔊 6

a Irina will schriftlich kündigen, aber das geht leider nicht. ....
b Irina muss die Kündigungsfrist von 15 Tagen beachten. ....
c Irina kann zwei Wochen früher gehen, weil sie noch Urlaub hat. ....
d Irina soll die Kündigung per E-Mail schicken. ....

3 Irinas Kündigung

🔊 6

a Hören Sie noch einmal und ergänzen Sie die fehlenden Informationen.

Ich bitte Sie, mir möglichst bald mein Dienstzeugnis zukommen zu lassen.
Kündigung des Arbeitsverhältnisses – Arbeitsvertrag vom 01.06.20...
mein Mann hat zum .... eine neue Arbeitsstelle in ....
Die Arbeit in Ihrem Unternehmen hat mir immer viel Spaß gemacht.
Ich bedanke mich für die Zusammenarbeit.
Ich kündige daher mein Arbeitsverhältnis mit Ihnen fristgerecht zum ....

b Schreiben Sie die Kündigung mit den Sätzen aus a.

Betreff: Kündigung des Arbeitsverhältnisses – Arbeitsvertrag vom 01.06.20...
Sehr geehrter Herr Fessl, ...

A Du suchst weiter, **während** ich ...

A1 **1 Als Erste im Büro. Schreiben Sie Sätze mit *während* und markieren Sie wie im Beispiel.**

a Gerti schaltet die Computer und die Monitore ein. Zur gleichen Zeit geht Hannes in die Küche.
Während Gerti die Computer und die Monitore einschaltet, geht Hannes in die Küche.

b Hannes macht Kaffee. Zur gleichen Zeit macht Gerti die Fenster auf.
Hannes macht Kaffee, während ……………

c Hannes schaltet den Drucker ein. Zur gleichen Zeit setzt sich Gerti an den Schreibtisch.
Während Hannes ……………

d Gerti liest ihre E-Mails. Hannes legt Papier in den Drucker.
Gerti ……………

e Hannes druckt einige Dokumente aus. Gerti beantwortet ihre E-Mails.
Während Hannes ……………

A1 **2 Ein E-Mail richtig schreiben**

a Lesen Sie und markieren Sie: Was tun Sie zuerst?

E-Mails schreiben – So geht's

1 Öffnen Sie das E-Mail-Programm. Klicken Sie auf „Neues E-Mail".
2 Ergänzen Sie die Adresse des Empfängers und einen Betreff. Schreiben Sie das E-Mail.
3 Klicken Sie auf „E-Mail senden". Lesen Sie Ihre Nachricht noch einmal.
4 Warten Sie, bis das E-Mail verschickt ist. Schließen Sie das E-Mail-Programm.
5 Schalten Sie den Computer aus. Kontrollieren Sie, ob Sie alle Programme geschlossen haben.

b Schreiben Sie die Sätze aus a mit *bevor*.

1 Öffnen Sie das E-Mail-Programm, bevor Sie auf „Neues E-Mail" klicken.
2 Bevor Sie das E-Mail schreiben, ……………
3 ……………, bevor ……………
4 Bevor ……………, ……………
5 ……………, bevor ……………

A1 **3 Im Büro**

a Was hat Frau Azadi zuerst gemacht, was dann? Lesen Sie und ergänzen Sie die Tabelle.

In der Früh hat Frau Azadi die Post sortiert. Danach hat sie ihre E-Mails bearbeitet. Frau Azadi hat mit ihrer Chefin gesprochen. Anschließend hat sie mit dem Reisebüro telefoniert und ein Hotelzimmer für ihre Chefin gebucht. Sie hat die Termine für die kommende Woche geplant und ihrer Chefin dann den Terminplan geschickt. Frau Azadi hat das Lager überprüft und Papier bestellt. Danach ist sie auf Mittagspause gegangen.

	Zuerst	Dann
1	die Post sortieren	ihre E-Mails bearbeiten
2	mit ihrer Chefin sprechen	
3		
4		

b Wie erzählt Frau Azadi von ihrem Arbeitstag? Schreiben Sie Sätze mit *nachdem*.

1 Nachdem ich die Post sortiert hatte, habe ich meine E-Mails bearbeitet.
2 Ich habe mit dem Reisebüro ...

A2 Grammatik entdecken **4 ... und übermorgen ist meine Prüfung!**

Lesen Sie und schreiben Sie die Sätze mit *nachdem*. Markieren Sie dann wie im Beispiel.

	Gestern wieder nichts gelernt!	**Heute wird alles besser!**
a	Zuerst habe ich etwas gegessen. Dann habe ich mich kurz an den Schreibtisch gesetzt.	Zuerst esse ich etwas. Dann setze ich mich an den Schreibtisch.
b	Ich habe zehn Minuten gelernt. Dann hat das Telefon geklingelt.	Ich lerne zwei Stunden. Dann mache ich eine Pause.
c	Ich habe mit meinem Freund telefoniert. Anschließend musste ich einkaufen gehen.	Ich telefoniere kurz mit meinem Freund. Anschließend lerne ich noch eine Stunde.
d	Ich habe die Lebensmittel weggeräumt. Danach habe ich versucht zu lernen. Aber nach fünf Minuten habe ich keine Lust mehr gehabt und bin spazieren gegangen.	Ich gehe eine halbe Stunde spazieren. Danach lerne ich weiter.

Gestern:
a Nachdem ich etwas gegessen hatte, habe ich mich kurz an den Schreibtisch gesetzt.

Heute:
Nachdem ich etwas gegessen habe, setze ich mich an den Schreibtisch.

A2 **5 Hilfe, ein neuer Kollege! Nichts war mehr wie vorher!**

a Was passt zu welchem Bild? Ordnen Sie zu.

1

2

a ⓵ Man konnte ohne Probleme telefonieren.
b ◯ Es war sehr ruhig und ordentlich im Büro.
c ◯ Wir mussten die ganze Zeit Musik hören.
d ◯ Die Küche und das Büro haben schrecklich ausgeschaut.
e ◯ Alle Häferl und Gläser sind im Kasten gestanden.
f ◯ Niemand konnte sich mehr konzentrieren.

b Schreiben Sie Sätze zu Bild 1 mit *bevor*.

Bevor der neue Kollege da war, konnte man ohne Probleme telefonieren.

c Schreiben Sie Sätze zu Bild 2 mit *nachdem*.

Nachdem der neue Kollege zu uns gekommen war, mussten wir die ganze Zeit Musik hören.

A3 **6 Ergänzen Sie: *bevor – nachdem – während*.**

a Meine frühere Chefin hat immer ihre Aufgaben notiert, bevor sie mit der Arbeit begonnen hat.
b Sie hat immer erst eine Aufgabe beendet, ………… sie mit einer neuen Aufgabe angefangen hat.
c ………… sie an ihrem Schreibtisch saß und arbeitete, durfte man sie nicht stören.
d Erst ………… sie alle ihre Aufgaben erledigt hatte, hat sie aufgehört zu arbeiten.

◇ A3 **7 Was ist richtig? Kreuzen Sie an.**

a ○ Bevor ☒ Nachdem ○ Während sein Wecker geklingelt hatte, ist Tarek aufgestanden und ins Bad gegangen.
b ○ Bevor ○ Nachdem ○ Während Tarek geduscht hatte, hat er sich angezogen und Frühstück gemacht.
c ○ Bevor ○ Nachdem ○ Während Tarek am Tisch gesessen ist und gefrühstückt hat, hat er die Zeitung gelesen.
d ○ Bevor ○ Nachdem ○ Während Tarek aus dem Haus gegangen ist, hat er seine Familie geweckt.
e ○ Bevor ○ Nachdem ○ Während Tarek Bus gefahren ist, hat er Musik gehört.

A3 8 Mein Tag. Schreiben Sie Sätze mit *bevor – nachdem – während*.

a in den Bus steigen, zuerst: Fahrschein kaufen
Bevor ich in den Bus gestiegen bin, habe ich einen Fahrschein gekauft.

b zur gleichen Zeit: unterwegs sein und Musik hören

c heimgehen, zuerst: einkaufen

d daheim ankommen, dann: kochen

A5 9 Könntest du …?

a Ordnen Sie zu.

1 jemandem eine Aufgabe geben 2 eine Aufgabe annehmen 3 eine Aufgabe ablehnen

2 Das mache ich gern. ◯ Ich weiß nicht. Ich kann nicht so gut … ◯ Würdest du das machen? ◯ Darum kann ich mich kümmern. ◯ Könntest du dich nicht darum kümmern? ◯ Eher nicht. Aber ich würde … ◯ Das übernehme ich. ◯ Das kommt für mich nicht infrage. ◯ Wie wäre es, wenn du das übernimmst? ◯ Ja, lass mich das machen.

b Sie möchten Ihrer Kursleiterin/Ihrem Kursleiter zum Abschied Pralinen schenken und eine Karte schreiben, um sich bei ihr/ihm zu bedanken. Leider sind Sie selber am letzten Kurstag nicht da. Wählen Sie eine Situation und schreiben Sie ein Gespräch. Hilfe finden Sie in a.

Situation 1:
Sie fragen jemanden aus Ihrem Kurs, ob sie/er die Pralinen kaufen könnte. Die Person, die Sie gefragt haben, übernimmt das gern.

Situation 2:
Sie fragen jemand anderen, ob sie/er die Karte schreiben könnte. Die Person, die Sie gefragt haben, lehnt das ab. Sie bietet Ihnen aber an, die Karte zu besorgen.

Situation 3:
Sie fragen alle im Kurs, wer die Karte schreiben könnte. Eine Person meldet sich und sagt, dass sie das gern übernimmt.

◇ Sag einmal, würdest du …

A5 10 Technik. Ergänzen Sie.

a Gegenstand, der Energie speichert und in Handys steckt: • der A k k u
b Ein Gerät mit einem anderen verbinden: • ein Gerät an ein anderes a
c Kann man öffnen, schließen, speichern und auch ausdrucken: • die D
d Eine Datei aus dem Internet auf dem Computer speichern: h
e Eine Datei für immer entfernen: l
f Ort, an dem mehrere Dateien gesammelt werden: • der O
g Ein anderes Wort für „Computer“ oder „Laptop“: • der R
h Programm, das die Software eines Computers kaputt macht: • das/• der V

B Du tust ja so, **als ob** ich keine Ahnung **hätte**.

Wieder-holung B1, L4

11 Was würden Sie tun, wenn ...? Ergänzen Sie in der richtigen Form.

a Wenn ich mehr Zeit hätte (haben), würde ich mich öfter mit meinen Freunden treffen.
b Wenn ich genug Geld .... (haben), würde ich mir ein kleines Auto kaufen.
c Wenn ich nicht so müde .... (sein), würde ich jetzt noch spazieren gehen.
d Wenn ich morgen daheim bleiben .... (können), würde ich endlich wieder einmal aufräumen.
e Wenn ich mehr .... (lernen), wäre mein Lehrer sicher sehr glücklich.

B1 Grammatik entdecken

12 Herr Unehrlich

a Verbinden Sie.

Er tut so, ...

1 als ob er in einem großen Haus wohnen würde.
2 als ob er ein anstrengendes Leben hätte.
3 als ob er ein erfolgreicher Manager wäre.
4 als ob er gut mit Werkzeug umgehen könnte.
5 als ob er ein neues Gerät erfunden hätte.

Aber in Wirklichkeit ...

a kann er nicht einmal einen Hammer richtig halten.
b ist das eine Erfindung seines Freundes.
c ist er ein ganz normaler Angestellter.
d tut er nur Dinge, die ihm Spaß machen.
e lebt er in einem Wohnblock am Stadtrand.

b Ergänzen Sie die Tabelle mit den Sätzen 1 – 5 aus a.

1	Er tut so,	als ob	er in einem großen Haus	wohnen würde.
2	Er tut so,	als ob		
3	Er tut so,			
4	Er tut so,			
5	Er tut so,			

B2

13 Ordnen Sie zu und ergänzen Sie in der richtigen Form.

lernen | finden | haben | kennen | ~~kochen können~~ | sein

a Mein Mann tut immer so, als ob er nicht kochen könnte. Aber sein Essen schmeckt oft viel besser als meins!
b Ich glaube, mein Sohn tut nur so, als ob er den ganzen Nachmittag .... Er chattet aber sicher auch mit seinen Freunden.
c Meine Kollegin tut so, als ob sie von diesem Thema keine Ahnung .... In Wirklichkeit war sie auch bei der Besprechung dabei.

d Meine Nachbarin tut so, als ob sie nicht daheim .... Aber ich habe gesehen, wie sie in ihre Wohnung gegangen ist.
e Mein Bruder tut so, als ob er deine Schwester gar nicht .... Aber eigentlich ist er total verliebt in sie!
f Unsere Freunde tun so, als ob sie die Party super .... Aber das stimmt nicht. In Wirklichkeit ist ihnen total fad.

B3 14 Im Deutschkurs. Schreiben Sie.

a so tun – kein Deutsch sprechen
Karim *tut so, als ob er kein Deutsch sprechen würde.*
Das stimmt aber nicht!

b so tun – nichts verstehen
Nesrin ______________________________
______________________ Dabei versteht sie fast alles!

c so ausschauen – groß sein
Der Kursraum ______________________________
______________________ Er ist aber eigentlich zu klein.

d sich so anhören – bald nicht mehr gehen
Der CD-Player ______________________________
______________________ Aber noch funktioniert er.

e so scheinen – der Kursleiter viel Erfahrung haben
Es ______________________________
______________________ Aber in Wirklichkeit ist das sein erster Kurs.

◇ B3 15 In Wirklichkeit ist alles anders. Ergänzen Sie die Sätze.

a Sie schaut so aus, als ob *sie 30 Jahre alt wäre* (alt – wäre – sie – 30 Jahre).
Aber in Wirklichkeit *ist sie 15 Jahre älter* (sie – 15 Jahre – älter – ist).

b Sie schaut so aus, als ob ______________________________
(hätte – eine – sie – eigene Firma). Aber in Wirklichkeit
______________________ (Angestellte – sie – ist).

c Sie schaut so aus, als ob ______________________________
(ausgeben – viel Geld – würde – sie – für Kleidung). Aber in Wirklichkeit ______________
______________________ (ihre Kleidung – sie – selber – näht).

d Sie schaut so aus, als ob ______________________________
(jede Woche – würde – zu einem teuren Friseur – gehen – sie). Aber in Wirklichkeit ______________
______________________ (lässt – ihre Haare – von einer Freundin – schneiden – sie).

❖ B3 16 Schreiben Sie zu jedem Bild zwei Sätze.

A

B

C

Geld | Angst | Schmerzen | Liebe | keine Lust | keine Angst | …

a *Der Mann schaut aus, als ob …*
Aber in Wirklichkeit …

C Laden Sie die App.

C2 **17 Wie funktioniert das?**

7 a Hören Sie und ordnen Sie.

○ auf „Empfänger übernehmen" klicken + Betrag eingeben ○ TAN eingeben + Überweisung bestätigen
○ Empfänger der Überweisung auswählen 1 ~~Online-Banking-Nummer + den PIN-Code eintippen müssen~~

b Ordnen Sie aus a zu und ergänzen Sie in der richtigen Form.

◆ Kannst du mir vielleicht sagen, wie eine Online-Überweisung funktioniert?
○ Kein Problem, gern. Schau einmal:
1 Zuerst musst du die Online-Banking-Nummer und den PIN-Code eintippen.
2 Dann ....
3 Danach ....
4 Zum Schluss ....

C3 **18 Lesen Sie die Situationen 1 bis 5 und die Bedienungsanleitungen a bis g.**

Prüfung

Finden Sie für jede Situation die passende Anleitung.
Für eine Situation gibt es keine Anleitung. Schreiben Sie in diesem Fall ein X.

1 ○ Maria T. macht ein Praktikum in einem Friseursalon und möchte die Telefonnummer einer Kollegin in ihrem Handy speichern.
2 ○ Rahim G. möchte eine App zum Deutschlernen auf sein Smartphone laden.
3 ○ Jakob W. beschließt, Filme im Internet zu kaufen und auf sein TV-Gerät zu laden.
4 ○ Nabeel K. will seine Lampen von unterwegs ein- und ausschalten. Dafür muss er sie mit einer App und dem WLAN verbinden.
5 ○ Despina P. möchte ihre Kontaktdaten teilen und einer Bekannten ihren Namen und ihre E-Mail-Adresse per Handy schicken.

a Stecken Sie das Ladegerät in eine Steckdose. Verbinden Sie dann das Ladegerät und Ihr Telefon mit dem USB-Kabel. Während Ihr Telefon lädt, sehen Sie auf dem Bildschirm ein Symbol für **Akku laden**. Wenn Ihr Telefon geladen ist, trennen Sie es vom USB-Kabel.

b Wenn Sie einen neuen Kontakt erstellen möchten, wählen Sie in der Liste **Kontakte** aus. Tippen Sie dann die Informationen ein. Um den Kontakt zu speichern, tippen Sie auf **Speichern**.

c Stecken Sie ein LAN-Kabel in den LAN-Anschluss Ihres Geräts. Wählen Sie die Menü-Taste, die Netzwerk-Taste und die Taste **Netzwerk einstellen**. Drücken Sie jetzt auf **Starten**. Nach kurzer Zeit ist Ihr Fernseher mit dem Internet verbunden.

d Wenn Ihr Gerät nicht mehr reagiert, schließen Sie die App und öffnen Sie sie noch einmal. Wenn das nicht funktioniert, schalten Sie das Gerät aus. Zum Ausschalten drücken Sie den Ein-/Aus-Knopf. Halten Sie den Knopf so lang gedrückt, bis Ihr Gerät ausgeschaltet ist. Schalten Sie Ihr Gerät dann wieder ein.

e Wählen Sie in der Liste **Kontakte** aus. Wählen Sie oben in der Kontaktliste Ihren Namen und dann das Symbol mit dem Bleistift aus. Geben Sie Ihre persönlichen Daten ein und tippen Sie anschließend auf **Speichern**. Nun können Sie Ihre Kontaktdaten versenden oder für andere freigeben.

f Tippen Sie auf das Wecker-Symbol. Wählen Sie aus, zu welcher Uhrzeit und an welchen Tagen Ihr Gerät Sie wecken soll. Wählen Sie auch den gewünschten Signalton aus. Tippen Sie dann auf **Speichern**.

g Zuerst öffnen Sie den Shop. Dann tippen Sie bei **Suche** den Namen der App ein. Wählen Sie die gewünschte App aus. Tippen Sie auf **Öffnen** und anschließend auf **Installieren**. Wenn die App etwas kostet, tippen Sie auf den Preis. Machen Sie dann weiter wie beschrieben.

D Internetforum

D1 **19 *Irgendwann – irgendwelche – irgendwer – irgendwie***

a Ergänzen Sie.

1

2

3

4

1 Irgendwann hört es sicher auf zu regnen!
2 ______________ muss sich das Glas doch öffnen lassen!
3 Habt ihr noch ______________ Fragen?
4 Könnte jetzt nicht ______________ kommen und mir helfen?

b Schreiben Sie Sätze wie in a.

1
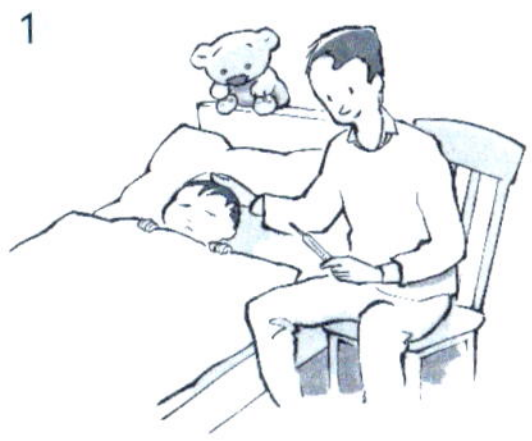

____
____
____

2

____
____
____

D2 **20 Meine Freundin ist arbeitssüchtig. Verbinden Sie.**

a Ich sehe das auch so wie du:
b Ehrlich gesagt, habe ich den Eindruck,
c Es ist doch wirklich übertrieben,
d Deshalb kann ich gut verstehen,
e An deiner Stelle wäre ich öfter einmal

1 dass dich ihr Verhalten aufregt.
2 nicht daheim, wenn deine Freundin aus der Arbeit kommt. Schau einmal, was dann passiert!
3 Deine Freundin hat ein Problem.
4 so viel Zeit im Büro zu verbringen!
5 dass sie total arbeitssüchtig ist.

D2 21 Lesen Sie die Texte in einem Forum. Überfliegen Sie dann die Kommentare in 22.

Welcher Kommentar passt zu welchem Text? Ordnen Sie zu.

A	B
..., ...	1, ...

A Tanya

Seit es das Computerspiel „Speed" gibt, ist bei uns alles anders geworden: Tagelang sitzt mein Mann vor der Konsole und spielt. Wenn ich ihn bitte, den Fernseher auszuschalten, antwortet er nicht. Er tut so, als ob ich gar nicht da wäre. Was soll ich bloß tun?

B Simon

Meine Freundin kauft sich jeden Monat ein Paar neue Schuhe. Nachdem sie die Schuhe einmal getragen hat, kommen sie in den Kasten. Dort stehen inzwischen schon mehr als hundert Paare! Mich macht das wütend! Weiß irgendwer, was man da tun könnte?

D2 22 Texte in einem Forum kommentieren

Schreibtraining

a Ordnen Sie zu.

An deiner Stelle würde | Auch bei uns | habe das übertrieben gefunden | ~~Das Gefühl kenne ich gut~~ | Darum solltest du | Ehrlich gesagt, hat man den Eindruck | Ich kann gut verstehen | Ich würde dir raten | wieso dich das so aufregt

1 Das Gefühl kenne ich gut. Meine Freundin hat auch einmal Schuhe gesammelt. Seit sie einen Job hat, der ihr Spaß macht, hat sie damit aufgehört. ..., einmal mit deiner Freundin zu reden. Vielleicht findest du ja heraus, warum sie Dinge kauft, die sie gar nicht braucht.

2 ..., dass du deinen Mann überhaupt nicht verstehst. Das Spiel ist ganz neu und echt super! ... ich deinen Mann einfach einmal spielen lassen. Irgendwann hat er wieder mehr Zeit für dich!

3 ..., dass du dich über deinen Mann ärgerst. ... ist das so. Mein Mann hat sich sogar Urlaub genommen, um mehr Zeit zum Spielen zu haben. Ich .... Ich bin deshalb ein paar Tage zu einer Freundin von mir gezogen.

4 Ich verstehe nicht, ... Es gibt schlimmere Dinge im Leben! ... nicht so kritisch sein. Solange sie genug Geld für ihr Hobby hat, sehe ich da kein Problem.

b Wählen Sie einen Text aus 21. Schreiben Sie einen Kommentar wie in 22a.

Text B
Ich kann gut verstehen, dass ...

E Radioreportage

E2 **23 Sie hören Aussagen zu einem Thema.**

8–11 Welcher der Sätze a–f passt zu den Aussagen 0–3? Lesen Sie jetzt die Sätze a–f.

Prüfung Dazu haben Sie eine Minute Zeit. Danach hören Sie die Aussagen.

Nr.	0	1	2	3
Lösung	b			

a Smartphones sind gut, weil man von überall Hilfe holen kann.
b Durch die Beschäftigung mit dem Smartphone wird man unaufmerksam.
c Auf Smartphones kann man interessante Spiele spielen.
d Kinder, die ein Smartphone haben, haben mit der Zeit immer weniger Freunde.
e Seit es Smartphones gibt, unterhält man sich nicht mehr so viel.
f Das Smartphone ist ein Mittel, mit anderen in Kontakt zu bleiben.

LERNTIPP Lesen Sie die Sätze vor dem Hören genau durch. Finden Sie einen Satz seltsam? Markieren Sie ihn. Wahrscheinlich kommt dieser Satz als Lösung nicht infrage. Streichen Sie den Satz durch, der schon gelöst ist. Jetzt müssen Sie sich nur noch auf fünf Sätze konzentrieren.

E2 **24 Reaktionen**

12 a Wie reagiert der Gesprächspartner? Hören Sie und ordnen Sie zu.

Phonetik

Ärger Erstaunen Kritik ~~Mitgefühl~~ Ratschlag Verständnis

◆ Hallo! Wie geht's denn so?

○ Na ja, es geht so. Gestern hat mein Sohn Geburtstag gehabt und da haben wir ihm sein erstes Handy geschenkt. Leider hat er sich überhaupt nicht darüber gefreut. Er meinte, dass seine Freunde Handys haben, die viel cooler sind als seins.

1 ◆ Oje! Das ist aber schwierig für euch! Da wolltet ihr ihm eine Freude machen und dann reagiert er so.
Mitgefühl

2 ◆ Na ja, das ist normal. In seinem Alter ist die Meinung der anderen einfach wichtiger als alles andere.
....

3 ◆ Das gibt es doch gar nicht! Da hat sich euer Sohn aber sehr verändert! Er war doch immer so ein netter Bub!
....

4 ◆ An eurer Stelle würde ich ihm erklären, dass sein Verhalten nicht in Ordnung ist!
....

5 ◆ Hm. Wahrscheinlich hat euer Sohn die falschen Freunde. Da habt ihr nicht gut aufgepasst!
....

6 ◆ Ja, das ist ärgerlich! Da schenkt man Kindern etwas und dann sind sie auch noch unzufrieden!
....

13 b Hören Sie und sprechen Sie nach.

Test Lektion 9

1 Markieren Sie noch vier Wörter und ordnen Sie zu.

1 .... / 4 Punkte — WÖRTER

ZTJÖ(VIRUS)PLKMGHETUDATEIZINVXHERUNTERLADENER
TDFWLÖSCHENLKLÖZGORDNERBMLAKRCHLIEBLENXUT

a Kannst du mir helfen? Ich will ein Anti- Virus -Programm aus dem Internet ....

b Einen .... mit diesem Namen gibt es schon. Sie müssen ihn umbenennen.

c Irgendwann solltest du vielleicht die E-Mails, die du nicht mehr brauchst, ... !

d Vergessen Sie nicht, die .... regelmäßig zu speichern.

.... 0–2 / 3 / 4

2 Ergänzen Sie: *bevor – nachdem – während*.

2 .... / 4 Punkte — GRAMMATIK

Während (a) er auf den Bus wartete und fror, beschloss er, sich im Büro gleich einen Tee zu machen. .... (b) er in die Küche ging, zog er seine Jacke aus und begrüßte die Kollegen. .... (c) er den Tee machte, kam einer von seinen Kollegen in die Küche und sie unterhielten sich. Doch .... (d) er den Tee trinken konnte, rief ihn sein Chef in sein Büro. .... (e) sie das Gespräch beendet hatten, ging er in die Küche zurück. Da war der Tee natürlich kalt!

3 Schreiben Sie Sätze mit *als ob*.

3 .... / 3 Punkte

a Kiras Augen sind heute ganz klein. Sie schaut aus, als ob sie zu wenig geschlafen hätte (ausschauen – zu wenig geschlafen haben).

b Tom wohnt zwar noch nicht lang hier, aber er .... , ... (so tun – alle kennen).

c Klingt deine Kaffeemaschine immer so? Ich finde, ... , ... (sich anhören – kaputt sein).

d Ich soll langsamer fahren? Sie .... , ... (das so sagen – Angst haben).

.... 0–3 / 4–5 / 6–7

4 Ordnen Sie zu.

4 .... / 4 Punkte — KOMMUNIKATION

An deiner Stelle würde ich | Das finde ich übertrieben | Das Gefühl kenne ich | Ich weiß nicht, warum euch das so aufregt | ~~Ehrlich gesagt, habe ich den Eindruck~~

a ◆ Ehrlich gesagt, habe ich den Eindruck , dass wir immer mehr arbeiten müssen. Ich bin total gestresst.

b ○ .... leider auch.

c ◆ Mein Chef will, dass wir auch am Abend noch auf seine E-Mails antworten. ....

d ○ Das finde ich aber auch. .... das nicht tun!

e ▲ .... Das wollen doch alle Chefs, oder?

.... 0–2 / 3 / 4

Fokus Beruf: Alternativvorschläge machen

9

1 Herr Rossi eröffnet am Samstagabend sein Restaurant „Isola verde".
Die Woche vor der Eröffnung hat er schon geplant.

a Lesen Sie den Notizzettel von Herrn Rossi. Finden Sie die Reihenfolge sinnvoll? Sprechen Sie mit Ihrer Partnerin / Ihrem Partner.

Montag:	Salat und Gemüse im Großmarkt kaufen	....
Dienstag:	Tischdekoration machen und auf Tische stellen,	....
	Tiramisu zubereiten	....
Mittwoch:	Bilder aufhängen	Montag
Donnerstag:	Fleisch und Fisch im Großmarkt holen	....
Freitag:	putzen (auch die Fenster!)	....
	Einladungen verschicken	....
	Sekt in Kühlschrank stellen	....
Samstag:	Sekt eingießen	....
	Wechselgeld holen	....

Ich würde nicht schon am Montag das Gemüse und den Salat kaufen.

Nein, ich würde zuerst ...

14 b Hören Sie nun das Gespräch zwischen Herrn Rossi und seinem Angestellten Alberto. Was schlägt Alberto vor? Was soll wann gemacht werden? Ergänzen Sie in a.

2 Alternativvorschläge machen

a Welche Sätze können Sie zu Ihrem Chef sagen? Lesen Sie und kreuzen Sie an.

1 ○ Den Salat schon am Montag zu kaufen, ist doch Blödsinn!
2 ☒ Sollen wir nicht am Montag zuerst die Bilder aufhängen und danach putzen?
3 ○ Wäre es nicht besser, wenn wir die Einladungen am Dienstag verschicken?
4 ○ Darauf habe ich keine Lust. Können wir das morgen machen?
5 ○ Nein, so geht das nicht. Das ist doch Blödsinn.
6 ○ Wie wäre es, wenn wir am Donnerstag den Salat vom Großmarkt mitbringen?
7 ○ Vielleicht sollten wir auf dem Rückweg noch bei der Bank vorbeifahren.
8 ○ Ist es nicht besser, wenn wir den Sekt erst eingießen, wenn die Gäste kommen?

14 b Hören Sie noch einmal und vergleichen Sie.

c Markieren Sie die passenden Sätze für ein Gespräch mit dem Chef in a wie im Beispiel.

3 Arbeiten Sie zu zweit. Sie sind Angestellte/Angestellter bei einem Würstelstand. Ihre Chefin/Ihr Chef hat Ihnen eine Liste mit Aufgaben für die kommenden drei Tage gemacht. Machen Sie Alternativvorschläge.

Freitag:	neue Süßigkeiten in die Regale räumen
Samstag:	Regale putzen
Sonntag:	Würstel heiß machen Senf und Semmeln kaufen Wechselgeld holen

Sollen wir nicht zuerst ...?

Ja, das finde ich gut. Aber wäre es nicht besser, ...?

A Der Tee soll **sowohl** gut … **als auch** … machen.

A1 **1 Gegenteile. Finden Sie noch fünf Wörter und ordnen Sie zu.**

I	V	O	R	I	G	E	A	R	R
W	E	D	E	R	N	O	C	H	V
A	R	A	K	P	A	H	Z	K	E
R	B	T	S	Ü	C	J	A	B	R
J	I	G	I	H	H	S	M	X	K
Ä	E	F	E	K	T	A	I	W	E
B	T	P	G	R	E	L	T	Y	H
V	E	Ö	E	D	I	R	U	T	R
Y	N	W	R	O	L	Q	R	P	T

a richtig ≠ ……………

b • der Vorteil ≠ • ……………

c erlauben ≠ ……………

d • der Verlierer ≠ • ……………

e nächste (Woche) ≠ …………… (Woche)

f sowohl … als auch ≠ …………… … ……………

A1 **2 Ergänzen Sie die Sätze mit *sowohl … als auch – weder … noch*.**

a Die Sachen da sind sowohl alt als auch kaputt. (alt / kaputt)

b Schau einmal: Auf der Couch kann man …………… . (nicht liegen / nicht sitzen)

c Und da: Der Roboter funktioniert sicher nicht mehr! Ihm fehlen …………… . (Arme / Beine)

d Und das Fahrrad dort! Damit kann man ja gar nicht fahren. Es hat …………… . (kein Licht / keine Bremsen)

e Um das Auto benützen zu können, muss man …………… einbauen. (neue Fenster / neue Türen)

◇ A1 **3 Ergänzen Sie: *sowohl … als auch – weder … noch*.**

A

Sie haben zu trockene Haut oder Hautausschlag? Mit unserer neuen Creme passiert Ihnen weder *das eine* noch *das andere! Im Gegenteil:*

Alavera

bietet Ihnen …………… tagsüber …………… nachts die perfekte Pflege für Ihr Gesicht!

B

Für unseren Test-Sieger sind natürlich …………… Regen …………… Stürme ein Problem: Das Zelt, das es …………… in verschiedenen Farben …………… in unterschiedlichen Größen gibt, schützt Sie bei jedem Wetter.

C

Sie finden …………… eine Wohnung …………… eine Arbeit oder haben den Eindruck, dass man Sie auf Ämtern und Behörden ungerecht behandelt? Dann hilft Ihnen vielleicht unsere Broschüre, die es …………… auf Deutsch …………… in vielen anderen Sprachen gibt.

❖ A1 4 Ordnen Sie zu und ergänzen Sie die Sätze mit *sowohl ... als auch – weder ... noch*.

der Rechnungsbetrag + das Kaufdatum stehen
praktische + schöne Kleidung bekommen
kein Fleisch + kein Alkohol geben
nicht zu groß + nicht zu schwer sein
~~bequem + günstig sein~~

a Ich hätte gern einen Bürostuhl, der sowohl bequem als auch günstig ist.
b Das „Karambula" ist ein Restaurant, in dem es ....
c Kennst du in der Nähe ein Geschäft, in dem man .... ?
d Auf einer Rechnung soll ....
e Ich suche eine Kamera, die ....

A3 5 Ein unzufriedener Kunde

a Ordnen Sie zu.

Dann sehe ich leider nur eine Möglichkeit
Es war doch ausgemacht
Ich bin wirklich sehr enttäuscht
Dazu möchte ich aber noch anmerken
~~Ich musste heute leider feststellen~~
Ich werde mich ... persönlich um ... kümmern

◆ Ich musste heute leider feststellen, dass Ihre Männer die Wände in meiner Ordination in der falschen Farbe gestrichen haben.
○ Wirklich? Das überrascht mich. .... (1), dass wir die Wände dort weiß streichen. So steht es ja auch im Angebot.
◆ Ja, aber die Wände sind grau, nicht weiß. .... (2) von Ihrer Firma.
○ Das tut mir sehr leid. Ich kann verstehen, dass Sie verärgert sind. Die Wände sind wirklich grau, nicht weiß?
◆ Allerdings.
○ .... (3), nämlich die Wände in Ihrer Ordination noch einmal zu streichen.
◆ Das sehe ich genauso. .... (4), dass ich weder für die zusätzlichen Arbeitsstunden noch für die neue Farbe etwas bezahle.
○ Selbstverständlich nicht. .... diesmal auch .... Ihre Ordination .... (5). Darum würde ich gern zu Ihnen kommen und mir die Wände einmal anschauen.

🔊 15 b Hören Sie und vergleichen Sie.

B Warum fahre ich **dort**, **wo** der Stau ...

B1 Grammatik entdecken

6 Wer sagt was?

a Ordnen Sie zu.

a ② Es gibt nichts, was dich heute zufrieden macht, oder?
b ◯ Schauen Sie, dort, wo jetzt die Post ist, war früher das Rathaus.
c ◯ Es gibt da etwas, was ich dir sagen möchte: Ich liebe dich!
d ◯ Überall, wo Sie Häuser sehen, waren früher Felder.
e ◯ Du findest sowieso alles, was ich für dich tue, falsch!
f ◯ Ich möchte immer nur da sein, wo du auch bist!
g ◯ Das ist genau das, was mich so ärgert. Hör also auf damit!

b Markieren Sie wie im Beispiel. Ergänzen Sie dann *was* oder *wo*.

etwas/nichts/alles/das	+	....
dort/überall/da	+	....

B2

7 Ordnen Sie zu.

~~alles ... was~~ | da ... wo | das ... was | dort ... wo | etwas ... was | nichts ... was | überall ... wo

a ◆ Welchen Vorteil hätte denn eine Kundenkarte für mich?
○ Mit einer Kundenkarte bekommen Sie Prozente auf alles, was Sie bei uns kaufen.
b ◆ Deine Sachen sind immer ...., ... sie eigentlich nicht sein sollten.
○ Aber ...., ... sie sein sollten, ist leider kein Platz, Papa!
c ◆ Gibt es noch ...., ... ihr nicht verstanden habt?
○ Nein, es gibt ...., ... du uns noch erklären musst.
d ◆ Und? Hast du für dein indisches Rezept jetzt endlich ...., ... du noch gesucht hast?
○ Leider nicht. Obwohl ich .... geschaut habe, ... asiatische Lebensmittel verkauft werden.

◇ B2

8 Was ist richtig? Kreuzen Sie an.

a Gibt es noch etwas, ☒ was ○ wo Ihnen zu diesem Thema einfällt?
b Deine Brille liegt sicher dort, ○ was ○ wo du sie auch sonst hinlegst!
c Es gibt wirklich nichts, ○ was ○ wo ich dir nicht erzählen würde.
d Ist das voll! Stellen wir uns da an, ○ was ○ wo die Schlange am kürzesten ist.
e Heute fällt mir alles auf den Boden, ○ was ○ wo ich in die Hand nehme.
f Gute Ideen gibt es überall, ○ was ○ wo Menschen zusammenkommen.
g Entschuldige, aber das, ○ was ○ wo du sagst, glaube ich nicht.

B2 **9 Schreiben Sie Sätze mit *wo* – *was*.**

a leben – ich – dort – gern – würde / die Sonne – jeden Tag – scheint
b auch da – aber ich – wohl – mich – fühle / jetzt – ich – lebe
c nur – mache – das – ich – in meiner Freizeit / Spaß – mir – macht
d Und bei der Arbeit – ich – nichts – mache / meine Kunden – verärgert – oder Kollegen

a Ich würde gern dort leben, wo jeden Tag die Sonne scheint.

B3 **10 Lesen Sie den Text und die Aufgaben 1 bis 6.**
Prüfung
Kreuzen Sie an: Sind die Aussagen richtig oder falsch?

Manchmal geht halt etwas schief!

Von Vera Pichler

Vorigen Sonntag fuhren mein Mann Max und ich zu Freunden, die 20 Kilometer von uns entfernt wohnen. Ich fuhr mit dem Auto, Max nahm sein Fahrrad. Als er aus der Tür ging, zeigte er auf ein Plastiksackerl und sagte: „Da ist Kleidung drin. Vergiss nicht, sie mitzunehmen."

Nachdem ich in dem Ort, wo unsere Freunde wohnen, angekommen war, parkte ich das Auto. In der Nähe standen Tonnen, in die man Altglas, Altpapier und Altkleider werfen konnte. „Praktisch", dachte ich, und warf das Plastiksackerl in die Kleider-Tonne. Gut gelaunt, weil ich etwas erledigt hatte, kam ich bei unseren Freunden an. Die begrüßten mich herzlich.

Bald darauf kam mein Mann. Sofort wollte er wissen, ob ich an das Plastiksackerl gedacht hatte. Ich antwortete ihm, dass ich ihn gerade in die Altkleider-Tonne geworfen hatte. Max' Gesicht wurde ernst. Etwas überrascht fragte er: „Du hast das Sackerl weggeworfen? Aber warum?"

Es dauerte einen Moment, bis ich verstand, dass mein Mann keine alten, sondern saubere Kleider in das Plastiksackerl getan hatte. Das hatte er mir mitgegeben, weil er sich nach seiner Radtour bei unseren Freunden umziehen wollte. Auch sein Geld und seine Bankomatkarte waren in dem Sackerl. Was jetzt?

Wir versuchten, das Sackerl aus der Tonne zu „fischen". Als das nicht klappte, rief ich die Polizei an. Die lachte über mein Missgeschick, konnte aber auch nicht helfen. Schließlich kam die Feuerwehr. Mit dem passenden Werkzeug schaffte sie es, das Schloss an der Tonne zu öffnen. Da war das Plastiksackerl: mit allem, was mein Mann vor seiner Abfahrt eingepackt hatte.

	richtig	falsch
1 Vera und ihr Mann sind getrennt zu ihren Freunden gefahren.	○	○
2 Kurz nach ihrer Ankunft hat Vera das Plastiksackerl weggeworfen.	○	○
3 Als Vera von dem Plastiksackerl in der Tonne erzählte, wurde Max wütend.	○	○
4 In dem Plastiksackerl waren sowohl Kleidung als auch Max' Schlüssel.	○	○
5 Die Polizei fand es lustig, was Vera und Max passiert ist.	○	○
6 Max stellte fest, dass in dem Plastiksackerl ein paar Dinge fehlten.	○	○

B3 **11 Ein Missgeschick kommentieren. Verbinden Sie.**

a War dein Mann nicht verärgert,
b Oje, das ist peinlich,
c Das kenne ich. So etwas
d Da habt ihr später

1 sicher noch oft drüber gelacht, oder?
2 dass du das Plastiksackerl weggeworfen hast?
3 Ähnliches ist mir auch schon einmal passiert.
4 dass du die Polizei anrufen musstest!

C Der **wohltuende** Tee

C1 **12 Bei meinem Großvater**

Grammatik entdecken

a Markieren Sie die Endungen vor *Bub*, *Radio*, *Uhr* und *Ringe*.

> Im Haus meines Großvaters fand ich ein paar Dinge besonders schön: zum Beispiel ein Foto, auf dem ein kleiner, schlafender Bub zu sehen war (das war mein Großvater als Kind), ein schwarzes, allerdings nicht funktionierendes Radio, eine alte, an einer Kette hängende Uhr und goldene, wunderschön leuchtende Ringe.
> Irgendwann hat mir mein Großvater diese Sachen geschenkt. Jetzt stehen das Foto, auf dem der kleine, schlafende Bub zu sehen ist, und das schwarze, wieder funktionierende Radio auf meinem Regal. Die alte, an der Kette hängende Uhr wird gerade repariert. Nur die goldenen, leuchtenden Ringe sind bei meinem Großvater geblieben.

b Ergänzen Sie die Tabelle wie im Beispiel.

ein klein… der klein…	ein schlafender der schlafend…	• Bub
ein schwarz… das schwarz…	ein funktionierend… das funktionierend…	• Radio
eine alt… die alt…	eine hängend… die hängend…	• Uhr
– golden… die golden…	– leuchtend… die leuchtend…	• Ringe

C1 **13 Aus unserer Werbung. Ergänzen Sie in der richtigen Form.**

A Trinken Sie diesen guten, wohltuenden Tee vor allem dann, wenn Sie sich entspannen wollen.

B Das fein…, gut riechend… Öl gibt es diese Woche im Sonderangebot.

C Neu in unserem Angebot: frisch…, wild wachsend… Kräuter aus der Alpenregion.

D Sie suchen eine hübsch… und für jeden Anlass passend… Handtasche?

E Unser Museum ist für seine interessant…, regelmäßig wechselnd… Ausstellungen bekannt.

F Die Schuhe gibt es in zwei verschieden… und sehr auffallend… Farben: in Grün und in Gelb.

G Mit diesem klein…, hupend… Spielzeugauto machen Sie Ihrem Sohn sicher viel Freude!

H Ihre Tochter ist sicher von der hübsch…, sprechend… Puppe begeistert.

C2 14 Produkte, die das Leben leichter machen

Ordnen Sie zu und ergänzen Sie in der richtigen Form.

beruhigen | singen | sprechen | weinen | ~~werden~~ | mitdenken

A

Digitaler Beifahrer für mehr Sicherheit auf der Straße

Auto-Hersteller sind sich sicher: In den meisten Fahrzeugen gibt es bald einen _______________ (1) und _______________ (2) Computer: den sogenannten E-Assistenten. Er hilft Autofahrern, im dichter werdenden (3) Verkehr zurechtzukommen.

B

Elektronisch-musikalischer Babysitter: Mehr Freizeit für Eltern?

Viele Eltern können sich keinen Babysitter leisten. Der _______________ (1) Babysitter *Babywatch* kann da vielleicht helfen. *Babywatch* singt _______________ (2) Kindern nämlich so lang _______________ (3) Lieder vor, bis sie wieder friedlich einschlafen.

C2 15 Etwas Besseres gibt es nicht! Ordnen Sie zu.

das Beste kommt noch | ist ja kaum zu glauben | sowohl kochen als auch | ~~Stell dir vor~~ | Unglaublich, oder | Wahnsinn

- ◆ Hallo, Sofie! Ich wollte dir von unserer neuen Küchenmaschine erzählen. Stell dir vor (a): Mit der Maschine kann man _______________ (b) backen.
- ○ Wirklich? Das _______________ (c)!
- ◆ _______________ (d)? Und alles, was du mit dieser Maschine machst, schmeckt ausgezeichnet. Aber _______________ (e): Die Küchenmaschine kostet nur 99 Euro!
- ○ 99 Euro? _______________ (f)! Und wo kann ich diesen kochenden und backenden Küchenhelfer kaufen?

C2 16 Sei begeistert!

Phonetik

16

a Hören Sie das Gespräch und markieren Sie die Betonung: _____ .

- ◆ Meine neue Uhr ist einfach super ↘! Stell dir vor ___: Damit weißt du nicht nur ___, wie spät es ist ___, sondern auch, wie viele Schritte du gemacht hast ___!
- ○ Wirklich ___? Das ist ja kaum zu glauben ___.
- ◆ Ja, aber das Beste kommt noch ___: Wenn du zu lang gesessen bist ___, erinnert dich die Uhr daran ___, dass du aufstehen und dich bewegen sollst ___.
- ○ Unglaublich!

16

b Hören Sie noch einmal und ergänzen Sie die Satzmelodie: ↘, →, ↗. Lesen Sie das Gespräch dann laut.

D Crowdsourcing

D2 **17 Markieren Sie noch sieben Wörter und ordnen Sie zu.**

FCXWSIEGERKÖENTWICKLUNGVJABSTIMMENASFMARKTFORSCHUNG
TIPRODUKTCHAPROJEKTHÖÄVERBRAUCHERWLZUSAMMENSTELLENF

Wie Sie von einer Idee zu einem fertigen Produkt kommen

Sie möchten ein neues Produkt entwickeln, zum Beispiel eine Limonade? Dann empfehlen wir Ihnen, zunächst einmal Marktforschung (a) zu betreiben. Das heißt, dass Sie zuerst mit den ______n (b) sprechen, also mit den Menschen, die regelmäßig Limonade trinken. So finden Sie heraus, was sich diese von dem neuen ______ (c) wünschen.

Wenn Sie genug Wünsche und Meinungen gesammelt haben, sollten Sie ein Team ______ (d) und gemeinsam Ideen für die neue Limonade entwickeln. Ziel ist, die zwei besten Produktideen zu finden. Wenn sich das Team nicht einigen kann, lassen sie es ______ (e). Beginnen Sie dann mit der ______ (f) der beiden Limonaden.

Betreiben Sie jetzt ein zweites Mal Marktforschung: Lassen Sie die beiden Limonaden von etwa hundert Personen testen. Die Testpersonen wählen dabei die Limonade aus, die ihnen besser schmeckt. Wenn klar ist, welche der beiden Limonaden der ______ (g) ist, können Sie mit der Produktion beginnen. Während Ihr Team sich um die Werbung und den Verkauf des neuen Produkts kümmert, können Sie vielleicht schon über Ihr nächstes ______ (h) nachdenken. Wir wünschen Ihnen viel Erfolg!

D3 **18 Sie hören fünf Ansagen aus dem Radio. Zu jeder Ansage gibt es eine Aufgabe.**
Welche Lösung (a, b oder c) ist richtig?

17–21
Prüfung

1 Was bekommt der Sieger?
- a ○ Einen Gutschein für Teller.
- b ○ Einen Gutschein und Geschirr.
- c ○ Einen Gutschein und Rosen.

2 Wo kommt den Autofahrern ein Fahrzeug entgegen?
- a ○ Auf der A8 bei Wels.
- b ○ Am Knoten Altenmarkt, Ennstal.
- c ○ Auf der A2 Richtung Graz.

3 Wo ist es am kältesten?
- a ○ In Wien.
- b ○ In Tirol.
- c ○ In den Bergen.

4 Worüber haben die Hörerinnen und Hörer abgestimmt?
- a ○ Wer macht die beste Werbung für Kaffee?
- b ○ Welche Firma macht den besten Kaffee?
- c ○ Welche Maschine macht den besten Kaffee?

5 Um was für ein Produkt geht es?
- a ○ Um einen Snack, den man selber zusammenstellen kann.
- b ○ Um einen Snack mit Nüssen, Früchten und Schokolade.
- c ○ Um einen Snack, für den noch ein Name gesucht wird.

E Die sprechende Zahnbürste – eine Kolumne

E1 **19 Verbinden Sie.**

a • der Dieb
b entschlossen
c • der Griff
d • das Handtuch
e neulich
f sich • den Rest der Nacht um die Ohren schlagen
g schütteln
h schweigen
i weitermachen

1 vor einigen Tagen
2 der Teil der Zahnbürste oder Bürste, den man in die Hand nimmt
3 nicht aufhören
4 jemand, der anderen etwas wegnimmt und es nicht zurückgibt
5 entschieden
6 schnell hin und her bewegen
7 etwas, was man nach dem Duschen benutzt
8 bis in der Früh wach bleiben
9 nichts sagen

E1 **20 Weitermachen!**

Schreibtraining

a Schauen Sie die Bilder an und ordnen Sie zu.

◯ erklären: Zahnbürste in • Kanalbaugrube
1 Zahnbürste auf Boden: „Weitermachen"
◯ sich über Stimme wundern, in • Kanalbaugrube schauen
◯ Messer holen, Batterie aus Zahnbürste nehmen
◯ Zahnbürste aus Fenster werfen
◯ sich in Finger schneiden
◯ Handtücher auf Zahnbürste legen, Zahnbürste immer noch hören
◯ in • Kanalbaugrube fallen, Zahnbürste immer noch hören

b Schreiben Sie Paolas E-Mail an ihre Freundin Marta zu Ende. Hilfe finden Sie in a.

E-Mail senden

Liebe Marta,
neulich ist etwas passiert, was ich dir unbedingt erzählen muss. Stell dir vor: Axel ist gegen Mitternacht aufgewacht, weil er eine Stimme gehört hat. Als er ins Bad geschaut hat, …

LERNTIPP Schreiben Sie das E-Mail nicht allein, sondern mit einer Partnerin / einem Partner. Das macht mehr Spaß und Sie können einander korrigieren.

Test Lektion 10

1 Bilden Sie Wörter und ordnen Sie zu.

an ab be bie deln ~~gie~~ han ~~kor~~ len men ~~ri~~ ~~ren~~ stel ten stim ver

a Der Fehler, den du gemacht hast, lässt sich leicht korrigieren.
b Darf man Verbrauchern ……………………, über ihre Erfahrungen mit bestimmten Produkten zu schreiben?
c Auch Sie müssen sich in der Schlange ganz hinten …………………….
d …………………… Firmen ihre Mitarbeiter heute wirklich besser als früher?
e Wenn wir uns nicht einigen können, sollten wir einfach …………………….

1 ……… / 4 Punkte — WÖRTER

0–2 | 3 | 4

2 Schreiben Sie die Sätze mit *sowohl … als auch* oder *weder … noch*.

a Die Snacks dort sind … ☺. (gut + günstig)
b Wir haben die Vorstellung … gefunden ☺. (spannend + lustig)
c Das Zelt ist … ☹. (besonders schön + praktisch)
d Bei diesem Fotoapparat stimmen … ☺. (die Qualität + der Preis)
e Mir gefallen … ☹ der Handtasche. (die Größe + die Farbe)

a Die Snacks dort sind sowohl gut als auch günstig.

2 ……… / 4 Punkte — GRAMMATIK

3 Ergänzen Sie in der richtigen Form und verbinden Sie.

a Hupende (hupen) Autos sind oft da,
b Ist ein …………………… (sprechen) Teddy alles,
c Diese …………………… (leuchten) Stifte gibt es überall,
d Der …………………… (passen) Schlüssel ist da,

1 was du zum Geburtstag haben willst?
2 wo auch die anderen sind: neben der Tür.
3 wo gerade eine Hochzeit gefeiert wird.
4 wo Schreibwaren verkauft werden.

3 ……… / 6 Punkte

0–5 | 6–7 | 8–10

4 Ordnen Sie zu.

Das geht doch nicht | ~~Das Hauptproblem war, dass~~ | Es war doch ausgemacht, dass | hat mich heute wirklich sehr enttäuscht | Ich bin wirklich sehr verärgert, dass | Ich musste leider feststellen, dass

a …………………… ich heute so lang auf mein Essen warten musste!
b Das Hauptproblem war, dass sich in der Zeit niemand um mich gekümmert hat. ……………………!
c …………………… andere Gäste auch so lang warten mussten.
d Also, ich muss sagen, Ihr Service …………………….
e …………………… ich wegen des Ärgers weniger zahlen muss!

4 ……… / 5 Punkte — KOMMUNIKATION

0–2 | 3 | 4–5

1 **Lesen Sie die Betriebsvereinbarung und notieren Sie zu jedem Punkt drei Informationen.**

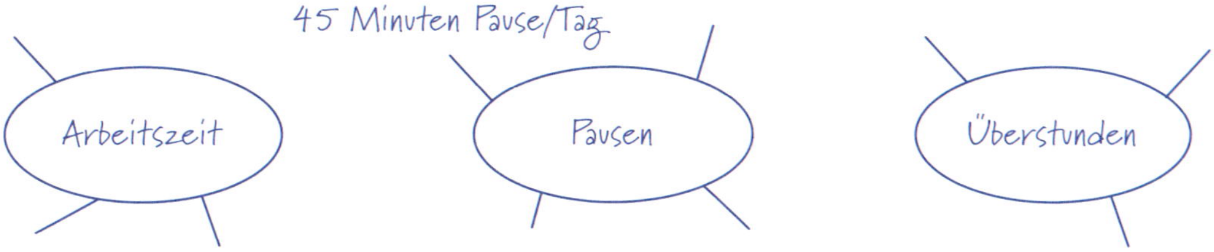

BETRIEBSVEREINBARUNG DER FA. JARITZ & CO.

1. Arbeitszeit

Die Arbeitszeit liegt für alle Arbeitnehmer/innen von Montag bis Freitag zwischen 7 und 22 Uhr. Sie beträgt zurzeit acht Stunden pro Tag. Das gilt allerdings nur, wenn keine Überstunden erforderlich sind.

2. Pausen

Für Pausen sind täglich 45 Minuten festgelegt. Alle Arbeitnehmer/innen müssen spätestens nach sechs Stunden eine Pause machen. Die Mindestdauer einer Pause liegt bei 15 Minuten. Pausen dürfen weder am Anfang noch am Ende der Arbeitszeit genommen werden.

3. Überstunden

Arbeitnehmer/innen müssen bis zu zwei Überstunden pro Tag machen, wenn der Arbeitgeber sie dazu auffordert. Überstunden werden nicht bezahlt. Dafür erhalten Arbeitnehmer/innen mit Überstunden mehr freie Tage als vertraglich vereinbart (Zeitausgleich). Wie viele freie Tage sie/er erhält, entscheiden Arbeitgeber und Betriebsrat gemeinsam.

2 **Beim Betriebsrat**

a Arbeiten Sie mit Ihrer Partnerin / Ihrem Partner.
Wählen Sie eine Situation und notieren Sie Fragen und Antworten.

Situation 1

Herr Mbaye arbeitet jeden Tag mehr, als in seinem Arbeitsvertrag steht. Er fragt beim Betriebsrat nach, ob das erlaubt ist. Er fragt auch, ob er für seine Überstunden mehr Geld bekommt.

Frau Ahamer ist Betriebsrätin. Sie erklärt Herrn Mbaye, was in der Betriebsvereinbarung zum Thema Überstunden und Bezahlung steht.

Situation 2

Frau Aziiba macht nie Pausen. Nach siebeneinhalb Stunden hört sie mit der Arbeit auf und fährt heim. Ihr Chef will ihr das verbieten. Frau Aziiba fragt beim Betriebsrat nach, ob er das darf.

Herr Bakker ist Betriebsrat. Er erklärt Frau Aziiba, was in der Betriebsvereinbarung zum Thema Pausen und Arbeitszeiten steht.

Ich habe ein Problem: …
Ist es denn erlaubt, dass …?

Also, in der Betriebsvereinbarung steht, dass …
Leider steht dort auch, dass …

b Spielen Sie das Gespräch.

A Ich glaube fast, er **wird** den Kürbis nicht **zahlen**.

A1 **Grammatik entdecken**

1 Was wird morgen sein?

a Wie drücken die Personen die Zukunft aus? Lesen Sie und markieren Sie.

Unsere Freitagsumfrage: Wie sehen Sie Ihre Zukunft?

1

Nächstes Jahr bin ich mit der Schule fertig. Dann werde ich für ein Jahr ins Ausland gehen. *Tanja*

2

Mit 35 Jahren möchte ich mein eigenes Geschäft haben. Dann werde ich endlich mein eigener Chef sein. Darauf freue ich mich jetzt schon. *Kamil*

Unsere Freitagsumfrage: Worauf freuen Sie sich gerade?

3

Ich gehe am Sonntag mit Freunden ins Fußballstadion. Da spielt meine Lieblingsmannschaft gegen Rapid Wien. Hoffentlich werden wir gewinnen. *Sammy*

4

Wir feiern in zwei Monaten noch einmal ein ganz großes Fest – unsere Goldene Hochzeit. Wir werden sicher eine wunderbare Feier haben. *Hans und Sissi Gruber*

b Lesen Sie noch einmal und ergänzen Sie die Tabelle.

1	Tanja	ist	nächstes Jahr	mit der Schule fertig.	/
	Dann	wird	sie	ins Ausland	gehen.
2	Kamil			ein Geschäft	haben.
	Er		dann	sein eigener Chef	
3	Sammy			ins Fußballstadion.	
	Hoffentlich		sie	-	
4	Die Grubers			Goldene Hochzeit.	
	Sie			eine wunderbare Feier	

A2

2 Wer sagt was? Ordnen Sie zu.

1 „Es wird bestimmt bald ein Gewitter geben."

2 „Ich werde dich immer lieben."

3 „Ich werde in 5 Minuten die Musik ausmachen!"

4 „Ich werde nie mehr ohne Licht mit dem Rad fahren."

○

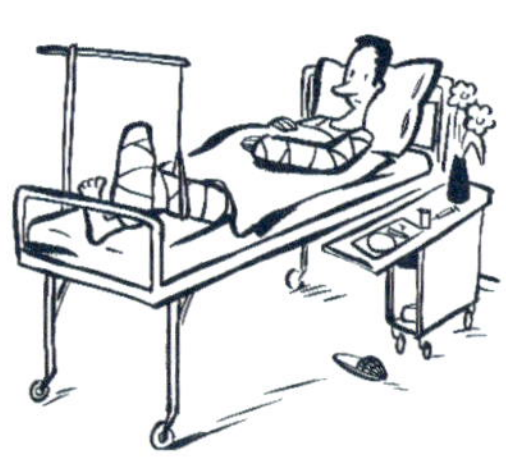
○

○

(1)

A2 **3 Pläne für das Leben in Österreich**

Ordnen Sie zu und ergänzen Sie *werden* in der richtigen Form.

finden | lernen | ~~schaffen~~ | besuchen | suchen | erreichen | bewerben

Mein Bruder Boris und ich sind vor Kurzem aus Russland weggegangen, um hier ein neues Leben zu beginnen. Das ist alles ganz schön aufregend. Aber unser Opa hat immer gesagt: Wenn du nichts riskierst, __________ du nichts __________ (a). Boris __________ in Österreich vermutlich relativ leicht einen Job in der IT-Branche __________ (b). Er ist Programmierer und Spezialist auf seinem Gebiet. Ich bin Koch und __________ mich um einen Job in der Gastronomie __________ (c). Wenn wir dann genug Geld haben, __________ wir eine größere Wohnung __________ (d). Zurzeit teilen wir uns noch ein Zimmer. Aber bevor wir das alles machen können, __________ wir erst einmal einen Sprachkurs __________ (e) und richtig gut Deutsch __________ (f). Na ja, sicher ist momentan nichts. Aber ich habe Vertrauen. Wir _werden_ es bestimmt _schaffen_ (g).

◇ A2 **4 Bitte, Mama! Was verspricht der Junge seiner Mutter? Schreiben Sie.**

- eine Woche lang den Geschirrspüler ausräumen
- früher aufstehen und die Schwester in den Kindergarten bringen
- jeden zweiten Tag Gitarre üben

Bitte, Mama, ich will so gern auf die Party gehen. Ich werde ganz sicher ...

❖ A2 **5 Welche Vorhersagen machen die Leute? Schreiben Sie fünf Sätze.**

Wir werden auf den Mars fliegen. Die Autos ...

A3 **6 Gute Vorsätze. Verbinden Sie.**

a Ab morgen
b Ich habe mir fest vorgenommen,
c Ich werde mich bemühen,
d Wie findest du die Idee,
e Ich gebe Ende des Jahres
f Wir könnten miteinander

1 endgültig das Rauchen auf.
2 regelmäßig Sport machen.
3 mich mehr um den Haushalt zu kümmern.
4 werde ich am Abend kein Brot mehr essen.
5 dass wir ab jetzt weniger Fleisch essen?
6 nicht später als 22 Uhr ins Bett zu gehen.

B Ich kann es Ihnen zeigen, **da** ich gefilmt habe.

B1 **7 Verbinden Sie.**

a Da ich in Wien arbeiten wollte,
b Da alles neu für mich war,
c Dann habe ich einen Deutschkurs besucht und es ging mir besser,
d Heute geht es mir richtig gut,

1 habe ich mich am Anfang fremd gefühlt.
2 weil ich viele Freundinnen und Freunde habe.
3 bin ich vor fünf Jahren nach Österreich gekommen.
4 da ich endlich Deutsch sprechen konnte.

B1 **8 Was ist richtig? Ordnen Sie zu und kreuzen Sie an.**

ich im Büro noch so viel Arbeit habe | wir im Garten feiern und genug Platz haben | ~~sind wir da geblieben~~ | die Straßen sind immer so furchtbar voll | muss ich dir leider absagen

a ◆ Du bist noch da, Nina?! Ich habe gedacht, du bist diese Woche auf Urlaub?
○ Mein Vater ist krank geworden, ○ denn ☒ aus diesem Grund ○ weil/da *sind wir da geblieben*.

b Hallo, Ayse, ich rufe an, weil ich heute Nachmittag noch einen wichtigen Termin habe. ○ Denn ○ Weil/Da ○ Daher/Darum/Deswegen
....

c ◆ Wir wollen heute Abend Fußball spielen gehen. Kommst du mit?
○ ○ Denn ○ Weil/Da ○ Daher/Darum/Deswegen ...., geht's heute leider nicht. Ein anderes Mal gern.

d ◆ Fahrt ihr wieder mit dem Auto nach Rumänien?
○ Nein, diesmal nehmen wir den Zug, ○ weil/da ○ denn ○ aus diesem Grund
....

e ◆ Servus, Sabine. Du, kann ich vielleicht einen Freund auf deine Party mitbringen?
○ Ja, sicher. ○ Weil/Da ○ Denn ○ Daher/Darum/Deswegen ....
........................., ist das gar kein Problem.

B2 **9 Sie hören vier Gespräche. Zu jedem Gespräch gibt es zwei Aufgaben.**
22–25 Prüfung
Entscheiden Sie bei jedem Gespräch, ob die Aussage dazu richtig oder falsch ist und welche Antwort (a, b oder c) am besten passt.

a Zwei Freundinnen gehen miteinander spazieren. ○ richtig ○ falsch

b Worum geht es?
○ Yue braucht ein Geschenk für ihre Vermieterin.
○ Yue kauft ihrer Vermieterin ein Bild.
○ Yue möchte ihrer Vermieterin rote Rosen schenken.

c Ein Hausbewohner und der Hausmeister unterhalten sich. ○ richtig ○ falsch

d Was soll der junge Mann tun?
○ Er soll Herrn Bloch helfen, den Kinderwagen in die Wohnung zu tragen.
○ Er soll das Rad vor dem Haus abstellen.
○ Er soll das Rad auf den Fahrradstellplatz im Hof stellen.

e Die Schulleiterin telefoniert mit Angelos Vater. ○ richtig ○ falsch

f Was ist das Problem?
○ Angelos Noten sind nicht in Ordnung.
○ Angelo verspätet sich häufig.
○ Angelo kann keine Ausbildung machen, weil er immer unpünktlich ist.

g Petra und Iris sind Nachbarinnen. ○ richtig ○ falsch

h Was möchte Petra?
○ Mit Iris nach Wien fahren.
○ Den Wohnungs- und Postkastenschlüssel finden.
○ Dass Iris sich ein paar Tage um die Wohnung kümmert.

B2 10 Lösen Sie das Rätsel.

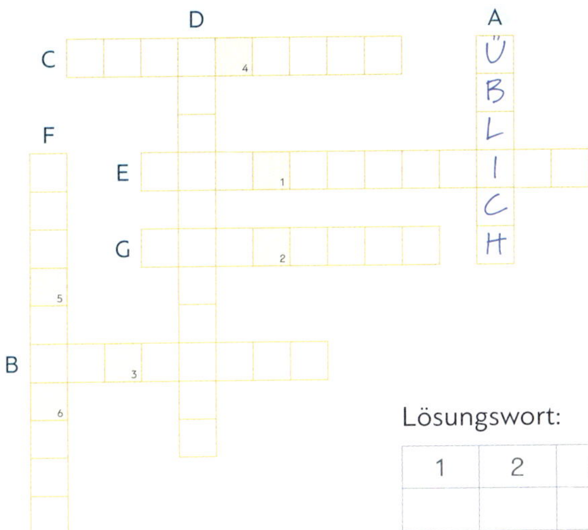

Lösungswort:

1	2	3	4	5		6
					K	

Seit einigen Jahren ist es ü... (a), dass überall in der Öffentlichkeit mit dem Handy telefoniert wird. Ich telefoniere ganz selten im Zug oder im Bus. Das ist bei mir eher die A... (b). Aber manchmal ist es wirklich hilfreich, z. B. wenn man sich v... (c). Ich mache das dann aber möglichst kurz und nicht st... (d). Neulich im Railjet hat jemand die ganze Zeit über seine Beziehungsprobleme gesprochen. Das fand ich u... (e). Ich weiß nicht, stört mich das nur, weil ich einfach schon zu einer anderen G... (f) gehöre? Oder ist es eindeutig schlechtes B... (g)?

B2 11 Wie spricht man eigentlich *ch*?

26–30 Phonetik

a Der *ich*-Laut. Hören Sie und markieren Sie. (10 x *ch*)

Auch wenn es heute nicht mehr so üblich ist, finde ich es wirklich wichtig, dass Jugendliche richtige Bücher lesen und nicht nur nächtelang vor dem Computer sitzen.

b Der *ach*-Laut. Hören Sie und markieren Sie. (9 x *ch*)

Ein guter Tipp: Wenn du in der Nacht unter der Woche wach bist, dann koch dir doch einen Tee und lies ein gutes Buch, am besten etwas zum Lachen oder auch zum Nachdenken.

c Der *k*-Laut. Hören Sie und markieren Sie. (4 x *ch*)

Meine Kollegen Christof und Christine sind zwar beide furchtbar unordentlich und komplett chaotisch, aber sie haben einen guten Charakter.

d Der *sch*-Laut. Hören Sie und markieren Sie. (5 x *ch*)

Ich arbeite in der IT-Branche. Mein Chef ist sehr sympathisch. Auch wenn wir einmal einen Fehler machen, gibt er uns immer wieder eine Chance. Und zum Geburtstag bekommen alle Mitarbeiterinnen und Mitarbeiter eine Flasche Champagner. Charmant, oder?

e Hören Sie. Lesen Sie dann die Sätze so oft laut, bis Sie alle *ch* fehlerfrei aussprechen können.

Meine Tochter Christa ist sechzehn Jahre alt und ein bisschen chaotisch. Sie weiß noch gar nicht, was sie beruflich machen möchte. Manchmal möchte sie Köchin werden, weil sie so gern kocht. An anderen Tagen Psychologin oder vielleicht doch Mechatronikerin? Seit einer Woche macht sie darum ein vierwöchiges Praktikum in einer Autowerkstatt. Das ist eine gute Chance, den Beruf besser kennenzulernen.

C Seien Sie doch bitte so nett!

C2 **12 Im Straßenverkehr. Bilden Sie Wörter und ordnen Sie zu.**

Stra Aus Land ~~Ort~~ vor nah stra fe kom ße me ~~schaft~~ men

a Entschuldigen Sie bitte. Ich wollte das nicht. Es wird sicher nicht wieder ______________.
b Hat man Sie mit dem Handy am Steuer erwischt? Entschuldigungen helfen nicht. Da macht die Polizei keine ______________.
c Haben Sie das gewusst? Innerhalb einer geschlossenen Ortschaft darf man nicht schneller als 50 km/h fahren.
d Außerhalb eines Ortes, also auf einer ______________, darf man bis zu 100 km/h fahren.
e Übrigens: Auch Fußgänger müssen sich an die Regeln halten. Wer bei Rot über die Straße geht, muss mit einer ______________ rechnen.

C2 **13 Der Ton macht die Musik.**

a Ordnen Sie zu.

1

ja vollkommen recht nicht in Ordnung tut mir leid geht doch nicht bestimmt nie wieder vorkommen ~~Das ist mir wirklich unangenehm~~

◆ Grüß Gott, Herr Eitzinger.
○ Guten Abend. Können Sie bitte die Musik ausschalten? Das ist ja ein furchtbarer Lärm.
◆ Oh, ______________ (a), dass wir Sie gestört haben. Das ist mir wirklich unangenehm (b), aber ich feiere heute mit Freunden meinen 30. Geburtstag.
○ Alles Gute! Aber müssen Sie denn in so einer Lautstärke feiern, dass wir gleich aus dem Bett fallen? Das ist wirklich ______________ (c).
◆ Aber man wird ja nur einmal im Leben 30. Und das muss doch richtig gefeiert werden, finden Sie nicht?
○ Na ja, aber doch nicht so laut. Das ______________ (d). Man muss doch auch ein bisschen Rücksicht nehmen.
◆ Sie haben ______________ (e). Die Musik ist wirklich sehr laut. Aber sonst macht das Tanzen nicht so viel Spaß und es ist doch auch nur heute. Es wird ______________ (f).
○ Also gut, aber drehen Sie die Musik bitte wenigstens ein bisschen leiser.
◆ Okay. Und wenn es immer noch zu laut ist, dann sagen Sie Bescheid. Oder Sie kommen einfach und feiern mit.

2

überhaupt nicht infrage | doch nur schnell | war doch keine Absicht | ein Auge zudrücken | doch bitte so nett

- ◆ Oh! Halt, Moment! Ich fahre ja schon weg!
- ○ Ah, ist das Ihr Auto? Sie wissen schon, dass Ihre Parkzeit vor zehn Minuten abgelaufen ist? Das kostet Sie 25 Euro. Da, bitte schön.
- ◆ Na, geh! 25 Euro wegen der paar Minuten? Jetzt bin ich doch da und ich fahre gleich weg. Dass ich zu spät gekommen bin, ______________________ (a).
- ○ Tut mir leid, so einfach ist das nicht, dann müssen Sie halt rechtzeitig Ihren Parkschein verlängern.
- ◆ Schauen Sie, ich wollte ______________ (b) ins Geschäft gehen und ein Brot kaufen, aber dann sind so viele Leute vor mir bei der Kassa gestanden. Können Sie nicht ______________ (c)? Seien Sie ______________ (d).
- ○ Das kommt ______________ (e). Und wenn Sie jetzt nicht sofort da wegfahren, dann erhöht sich die Strafe auf 35 Euro.
- ◆ Okay, okay, ich fahre ja schon weg.

31–32 **b** Hören Sie und vergleichen Sie.

C2 **14 Entschuldigung, aber ich habe es sehr eilig.**

a Wer sagt was? Ergänzen Sie: Mann (M), Frau (F).

- (F) Entschuldigen Sie. Ich war zuerst da. Stellen Sie sich bitte hinten an.
- ◯ Okay, okay, dann stelle ich mich halt hinten an und komme zu spät zu meinen Kindern.
- ◯ Seien Sie doch bitte so nett. Ich werde ganz schnell zahlen.
- ◯ Das ist nicht in Ordnung. Ich habe es auch eilig.
- ◯ Ich habe es Ihnen schon gesagt. Das kommt überhaupt nicht infrage.
- ◯ Tut mir leid, aber ich habe es sehr eilig.
- ◯ Also, dann drücke ich noch einmal ein Auge zu. Gehen Sie schon vor.
- ◯ Oh, danke. Das ist wirklich nett.

b Ordnen Sie die Sätze in a und schreiben Sie das Gespräch.

Frau: Entschuldigen Sie. Ich war zuerst da. Stellen Sie sich bitte hinten an.
Mann: Tut mir leid, aber ich habe es sehr eilig. ...

33 **c** Hören Sie und vergleichen Sie.

C2 15 Eine Strafe: Anonymverfügung. Was ist richtig? Lesen Sie und kreuzen Sie an.

Herrn
Johann Kohout
Buchwaldstraße 43
8280 Fürstenfeld

Bezirkshauptmannschaft Güssing
Abteilung Verkehrsrecht

ANONYMVERFÜGUNG

Geschäftszahl: VK-08/15

Güssing, 27. 2. 20..

Hinweis:
Diese Verfügung gegen eine/n unbekannte/n Lenker/in wird Ihnen als Fahrzeug- bzw. Zulassungsbesitzer des Fahrzeuges zugestellt.
Folgende Verwaltungsübertretung wird dem/der Lenker/in zur Last gelegt:
Tatzeit: 24. 2. 20.., 17.31 Uhr
Tatort: Gemeinde Güssing, Hauptplatz 88
Fahrzeug: PKW, HF 123456
Sie haben gegen die geltenden Vorschriften ein Halte- und Parkverbot nicht beachtet.
Es wurden dadurch folgende Rechtsvorschriften verletzt: § 24, Abs 3
Es wird daher folgende Geldstrafe gemäß § 49a VStG verhängt: 65 Euro.

Zahlungsfrist und Rechtsmittelbelehrung:
Wenn Sie innerhalb von vier Wochen nach Ausfertigung den Geldbetrag einzahlen, wird die Anonymverfügung gegenstandlos.
Es können keine Rechtsmittel gegen diese Anonymverfügung geltend gemacht werden.

Sie haben daher folgende Möglichkeiten:
a) Sie zahlen den Strafbetrag durch Überweisung des Strafbetrages auf das angegebene Konto ein. Wenn Sie nicht selber die Übertretung begangen haben, aber den/die Verantwortlich/e kennen, regeln Sie den Fall intern mit der betreffenden Person.
b) Sie zahlen nicht ein. In diesem Fall wird ein Strafverfahren eingeleitet.

Herr Kohout soll eine Strafe bezahlen,
a ○ weil er zu schnell gefahren ist.
b ○ weil er falsch geparkt hat.
c ○ weil er über eine rote Ampel gefahren ist.

C2 16 Wie reagiert Herr Kohout?

Schreibtraining

a Herr Kohout hat angeblich falsch geparkt. In Wirklichkeit war es aber seine Bekannte. Lesen Sie und ordnen Sie den Brief.

○ Genau an dem Tag habe ich dir mein Auto geborgt, also ist es wahrscheinlich dein Fehler gewesen.
○ Anfang März habe ich per Post eine Strafe bekommen, dass ich am 24. Februar in Güssing falsch geparkt habe.
○ ich habe letzte Woche öfter versucht, dich anzurufen, dich aber leider telefonisch nicht erreicht.
○ Da ich jetzt 65 Euro zahlen soll, wollte ich dich bitten, dass du dich bei mir meldest.
○ Liebe Romana,
○ Liebe Grüße, Johann.

b Sie sind Romana und haben Johanns E-Mail gelesen. Antworten Sie ihm.

Schreiben Sie etwas zu folgenden Punkten:
– Warum waren Sie nicht erreichbar?
– Wie ist der Fehler mit dem Falschparken passiert?
– Wie lösen Sie das Problem mit der Bezahlung der Strafe?

Lieber Johann,
es tut mir sehr leid, dass du so oft probiert hast, mich zu erreichen. ...

D In der Fremde

D2 17 Interkulturelle Unterschiede

a Welches Bild passt zu welchem Text? Überfliegen Sie die Texte und ordnen Sie zu.

Bild	A 	B 	C 
Text			

1

Amadou F., Senegal

In meinem Herkunftsland Senegal ist die linke die unreine Hand. Es ist z. B. tabu, jemandem etwas mit links zu geben. Auf keinen Fall darf man mit der linken Hand essen. Aber in Österreich hält man die Gabel oft links, während man mit der rechten Hand schneidet. Am Anfang hat mich das sehr gestört. Bei uns im Senegal essen die Leute in den Dörfern ohne Messer und Gabel. Thieboudienne zum Beispiel muss man einfach mit den Fingern essen – so schmeckt es am besten! Ich finde es übrigens interessant, dass es in Österreich wichtig ist, wie man das Besteck auf den Teller legt, damit der Gastgeber weiß, ob man mehr haben will oder genug gegessen hat. Solche kulturellen Regeln soll man unbedingt kennen!

2

Naheed A., Afghanistan

Ich bin bereits vor knapp 15 Jahren aus Afghanistan nach Österreich geflohen. Die Flucht war sehr gefährlich und ich war überglücklich, dass ich es geschafft habe. Obwohl ich zuerst bei einem Onkel wohnen konnte, habe ich mich natürlich erst einmal sehr fremd gefühlt und hatte großes Heimweh. Alles war anders und ungewohnt. Am Anfang hat es mich wirklich gestört, dass sich die Menschen in Österreich überall und sehr laut die Nase putzen – sogar während des Essens. Das wäre in Afghanistan undenkbar. Dort geht man irgendwohin, wo man allein ist und niemanden stört.

3

Rita P., Rumänien

In Rumänien besuchen sich die Menschen auf dem Land oft und vor allem ohne Anmeldung. Die Türen sind immer offen und auf dem Herd steht immer ein großer Kochtopf mit Essen bereit. Es ist absolut unkompliziert. Aber in Österreich schaut man in den Kalender und dann werden Tag und Uhrzeit ausgemacht. Einfach bei jemandem zu klingeln, kommt nicht so oft vor. Ich muss allerdings sagen, dass das in meiner Heimat in den Städten auch so ist. Da sind die Leute einfach nicht so entspannt und seltener daheim.

b Welche Unterschiede gibt es? Lesen Sie noch einmal und ergänzen Sie die Tabelle. Ergänzen Sie dann Informationen zu Ihrem Land und ein eigenes Beispiel.

		Österreich	anderes Land	mein Land
1	Essen			
2	Nase putzen			
3	Besuch	mit Termin	ohne Anmeldung	
4	…			

E Andere Länder, andere Sitten

E2 **18 Wo steht das in dem Text „Die Geschichte von der 1002. Nacht“ im Kursbuch, S. 52 und 53? Lesen Sie und ergänzen Sie.**

a Um dem Gast eine Freude zu machen und höflich zu sein, werden am österreichischen Kaiserhof Speisen aus dem Heimatland des Schahs gekocht Zeile(n) 2–3
b Am häufigsten findet man Reisgerichte auf dem Tisch. Zeile(n) ……
c Der österreichische Kaiser isst am liebsten wie ein einfacher Bürger. Zeile(n) ……
d Er ist ein schneller Esser, der auch gern ein bisschen Alkohol trinkt. Zeile(n) ……
e Um miteinander reden zu können, sprechen der Gast und der Gastgeber nicht in ihrer Muttersprache. Zeile(n) ……
f Der Kaiser ist sehr höflich und fragt nicht nach, wenn ihm der Schah nicht gleich antwortet. Zeile(n) ……
g Als der Schah den ersten Kern auf den Boden spuckt, finden das fast alle peinlich. Zeile(n) ……
h Auch der Kaiser spuckt einen Kern auf den Boden, aber um zu zeigen, dass er es für normal hält, und um seinen Gast nicht zu beleidigen. Zeile(n) ……

E3 **19 Erfahrungen im Ausland**

Prüfung

Lesen Sie den Text und schließen Sie die Lücken 1–10. Welche Lösung (a, b oder c) ist jeweils richtig?

Liebe Catarina, lieber Victor,

vielen Dank für euer E-Mail. Ich habe mich sehr __0__ gefreut. Ich bin jetzt schon __1__ sechs Wochen in Lima in Peru. Der Aufenthalt hier ist sehr interessant, aber auch ganz schön __2__, weil ich ja die Sprache noch nicht so gut spreche. __3__ ich mit dem Bus unterwegs bin, habe ich immer Angst, __4__ ich an der falschen Haltestelle aussteige. Es gibt ja __5__ ganz wenig richtige Haltestellen wie bei uns. Man muss dem Fahrer genau sagen, wohin man will, damit er hält. Deshalb muss ich mir immer etwas Besonderes in der Umgebung merken, wie z. B. ein besonderes Haus oder ein Plakat, __6__ ich die richtige Straßenecke nicht verpasse. Die Menschen da sind aber wahnsinnig hilfsbereit. Überall __7__ ich oft einfach so angesprochen. Die Leute wollen dann alles über mich wissen, woher ich komme, wie lange ich in Peru bleibe und wie es mir __8__. Sie sind sehr kommunikativ, __9__ sie mich gar nicht kennen. Das ist ganz normal da.

So, ihr Lieben, ich muss weitermachen. Beim nächsten Mal erzähle ich __10__ mehr!

Liebe Grüße
Frederick

0 a ○ dafür b ☒ darüber c ○ davon
1 a ○ seit b ○ für c ○ vor
2 a ○ angestrengt b ○ anstrengender c ○ anstrengend
3 a ○ Wann b ○ Wenn c ○ Als
4 a ○ dass b ○ ob c ○ damit
5 a ○ nur b ○ erst c ○ sogar
6 a ○ darum b ○ damit c ○ um
7 a ○ werde b ○ bin c ○ habe
8 a ○ gefällt b ○ gefalle c ○ gefallt
9 a ○ da b ○ trotzdem c ○ obwohl
10 a ○ euch b ○ Ihnen c ○ dir

E3 20 Sie haben von einer Freundin folgenden Brief erhalten.

Schreib-training

a Lesen Sie und ordnen Sie die Absätze den Themen zu.

○ Essen | 1 die ersten Wochen | ○ ein Erlebnis | ○ Ziele

Pusan, 20.11.20..,

Liebe/r ...,

danke für deinen netten Brief. Ich habe mich sehr darüber gefreut.

1 Ich fühle mich jetzt schon ein bisschen heimischer in Süd-Korea. Trotzdem bin ich manchmal traurig. Ich vermisse Österreich, meine Familie und meine Freundinnen.

2 Was für mich auch schwierig ist, ist das Essen. Da werden so viele Dinge gegessen, die ich von daheim nicht kenne. Das ist für mich nicht leicht, denn ich möchte mich ja höflich verhalten und niemanden beleidigen. Meistens esse ich trotzdem nur Reis, wenn ich mit meinen Kolleginnen unterwegs bin. Ich vermisse den Geschmack von österreichischem Essen und vor allem vermisse ich das österreichische Brot.

3 Aber ich habe mir für die kommenden Wochen vorgenommen, auch mehr einheimische Spezialitäten auszuprobieren.

4 Neulich ist mir übrigens etwas Lustiges passiert. Ich war bei einem Friseur und da sind plötzlich alle Friseurinnen gekommen und wollten meine Haare berühren. Ich glaube, sie waren einfach nur neugierig, weil Haare von Europäern ganz anders sind.

Wie geht es dir denn daheim? Schreib mir mal wieder, wenn du Zeit hast. Ich freue mich immer, von dir zu hören.

Herzliche Grüße
Martina

b Antworten Sie auf den Brief und schreiben Sie etwas zu den Themen in a. Überlegen Sie sich eine passende Einleitung und einen passenden Schluss. Vergessen Sie nicht Datum und Anrede.

LERNTIPP Variieren Sie die Satzanfänge und verbinden Sie Sätze mit *Anschließend … / Darum … / Normalerweise … / Leider … / Als ich … / Da es … / Obwohl … / …*

E4 21 Ihre Freundin / Ihr Freund kommt zum ersten Mal nach Österreich.

Welche Tipps geben Sie ihr/ihm? Schreiben Sie.

Sie/Er muss wissen, dass … | Ich würde ihr/ihm erklären, dass … | Bei uns in /In … | Es ist üblich/notwendig, … | Ich denke, sie/er darf es nicht falsch verstehen/missverstehen, wenn …

viel regnen | immer pünktlich kommen | im Straßenverkehr bei Rot anhalten | Müll trennen | nicht auf dem Radweg gehen | in Restaurants und öffentlichen Gebäuden nicht rauchen | viele Geschäfte nur bis 18 Uhr geöffnet | nach dem Ausweis gefragt werden

Ich würde ihm erklären, dass er im Straßenverkehr bei Rot anhalten muss.

Test Lektion 11

1 Markieren Sie noch fünf Wörter und ordnen Sie zu.

1 ______ / 5 Punkte — WÖRTER

ADFJLXAUSNAHMEDFBELEIDIGENGSLSLG(STRAFE)ZUDG
FLUCHTDLSKFMISSVERSTÄNDNISDLKGJSVERHALTENLK

a Wenn man im Straßenverkehr etwas falsch macht, dann muss man in der Regel Strafe zahlen.

b Wenn sich zwei Personen aus unterschiedlichen Herkunftsländern nicht richtig verstanden haben, spricht man von einem interkulturellen ______.

c Viele Menschen kommen aus Krisengebieten zu uns. Sie haben oft eine anstrengende ______ hinter sich.

d Ich bin froh, wenn mir jemand sagt, wie ich mich richtig ______ muss.
Ich will ja niemanden ______.

e Auch wenn man sich bei einem Polizisten entschuldigt, macht er normalerweise keine ______.

______ 0–2 / 3–4 / 5

2 Schreiben Sie die Sätze neu wie im Beispiel.

2 ______ / 3 Punkte — GRAMMATIK

a Ich sage dir deine Zukunft voraus.
b Du findest bald in einer großen Firma eine bessere Stelle.
c Dein neuer Chef schickt dich in ein paar Monaten ins Ausland.
d Dann lernst du einen netten Kollegen kennen und heiratest ihn.

a Ich werde dir deine Zukunft voraussagen.

3 Ergänzen Sie die Sätze mit *da*.

3 ______ / 3 Punkte

a (ich – mit dem Auto – unterwegs sein)
Da ich mit dem Auto unterwegs bin, werde ich heute Abend keinen Alkohol trinken.

b Meine Frau und ich gehen zum Elternabend, ______
______.
(wir – wollen – mit dem Klassenlehrer – sprechen – von unserer Tochter)

c (ich – wollen – nicht – stören – die anderen Fahrgäste)
______,
telefoniere ich nicht mit dem Handy im Bus.

d Ich muss 25 Euro Strafe zahlen,
______.
(ich – geparkt haben – mit dem Auto – im Halteverbot)

______ 0–3 / 4 / 5–6

4 Verbinden Sie.

4 ______ / 4 Punkte — KOMMUNIKATION

a Es wird bestimmt — 5
b Das war doch
c Sie haben
d Das ist mir wirklich
e Können Sie

1 nicht ein Auge zudrücken?
2 unangenehm.
3 keine Absicht.
4 ja vollkommen recht.
5 nie wieder vorkommen.

______ 0–2 / 3 / 4

Fokus Alltag: Ein Missverständnis klären

1 Ein verpasster Schulausflug

Frau Jordan bringt ihren Sohn Thomas in die Schule.
Dort trifft sie die Lehrerin, Frau Steinbach.

🔊 34 **a** Warum sind beide Frauen anfangs etwas unfreundlich?
Hören Sie den Anfang des Gesprächs und ergänzen Sie die Sätze.

1 Frau Steinbach ist verärgert, weil ....

2 Frau Jordan ist verärgert, weil ....

b Vergleichen Sie mit Ihrer Partnerin / Ihrem Partner und im Kurs.

🔊 35 2 Hören Sie nun das ganze Gespräch und kreuzen Sie an.

a Um welches Missverständnis geht es?
○ falscher Zeitpunkt ○ falscher Treffpunkt ○ falsche Person

b Wer hat etwas missverstanden?
○ die Lehrerin ○ Thomas ○ die Mutter

c Was soll Frau Jordan ab jetzt bei Ausflügen tun?
○ andere Eltern fragen ○ im Mitteilungsheft nachschauen ○ die Lehrerin anrufen

3 Über Missverständnisse sprechen. Welche Sätze haben die gleiche Bedeutung?

Verbinden Sie.

a Ich glaube, das haben wir beide anders gemeint.	1 Es ist schön, dass wir jetzt wissen, wie es wirklich war.
b Das habe ich nicht gewusst.	2 Ah, so ist das.
c Jetzt verstehe ich.	3 Ich glaube, das war ein Missverständnis.
d Das haben Sie wahrscheinlich falsch verstanden.	4 Das war mir nicht klar.
e Ich bin froh, dass wir die Sache geklärt haben.	5 Ich glaube, das haben Sie missverstanden.

4 Arbeiten Sie zu zweit. Wählen Sie eine Situation und spielen Sie ein Gespräch.

A

B

C

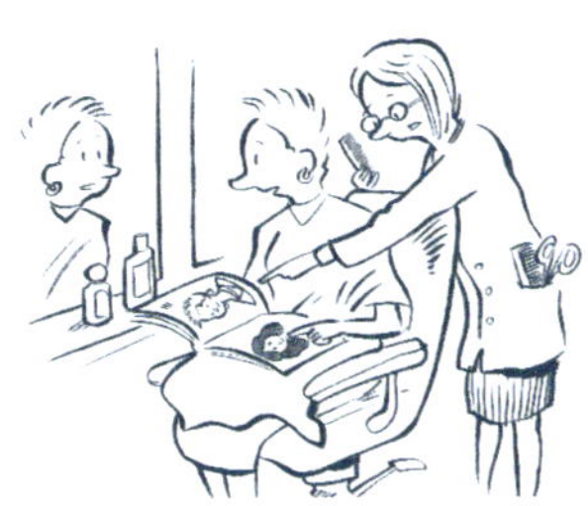

Entschuldigen Sie, aber ich glaube, Sie haben mein Einkaufswagerl. …

Ah, so ist das. …

A Ich engagiere mich, **seit** ich 16 bin.

Wiederholung

1 Ergänzen Sie die Sätze in der richtigen Form.

a Als *ich noch im Kindergarten war*, haben meine Eltern dort oft auf den Kinderfesten geholfen. (Ich war noch im Kindergarten.)

b Nachdem …, verstand ich endlich die Mathematik-Hausübung. (Ich hatte zwei Nachmittage lang bei der Lernhilfe Unterstützung bekommen.)

c Ich habe keinen Sport gemacht, bevor … . (Ich bin Mitglied beim Lauftreff geworden.)

d Wenn …, helfe ich im Sommer ehrenamtlich bei einer Ferienbetreuung für Kinder mit. (Ich habe Zeit.)

e Typisch, du sitzt faul im Eissalon, während … . (Ich sammle Geld für die Organisation „Tierschutz jetzt“.)

A1

2 Igors Familienleben

a Verbinden Sie.

1 Igor hat bei seinen Eltern gewohnt,
2 Igor ist viermal in der Woche zum Fußballtraining gegangen,
3 Igor hilft seiner Frau mehr im Haushalt,
4 Igors Frau arbeitete nicht,
5 Igor geht zu den Sonntagsspielen,

a bis Mischa in die Schule kam.
b seit Mischa da ist.
c bis sein Sohn Mischa geboren wurde.
d bis er geheiratet hat.
e seit Mischa im Fußballverein spielt.

Grammatik entdecken

b Ordnen Sie die Sätze aus a zu und ergänzen Sie die Tabellen.

Das dauert/e bis zu einem bestimmten Zeitpunkt: ———▸ ●

1 Igor hat bei … gewohnt,	*bis*	*er geheiratet*	*hat.*

Das hat in der Vergangenheit begonnen und dauert immer noch an: ● ———▸

A3

3 Schreiben Sie Sätze mit *seit/seitdem* – *bis* wie in den Beispielen.

a Vier Freunde

1 Wir sind miteinander in die Volksschule gegangen. Wir sind Freunde. (seit)
2 Wir gehen nicht mehr in die Schule. Wir treffen uns einmal in der Woche in einem Lokal. (seitdem)
3 Die meisten von uns sind keine Singles mehr. Unsere Freundinnen kommen auch mit. (seit)
4 Die Frauen sind dabei. Wir haben noch mehr Spaß. (seitdem)

1 Seit wir miteinander in die Volksschule gegangen sind, sind wir Freunde.

b Ramira im Radklub

1 Ramira ist nach Österreich gekommen. Sie konnte nicht Rad fahren. (bis)
2 Sie hat Rad fahren gelernt. Sie ist immer zu Fuß gegangen. (bis)
3 Sie hat vom Radklub gehört. Ramira ist immer allein gefahren. (bis)
4 Sie kann sich ein neues Rad kaufen. Sie spart Geld. (bis)

1 Bis Ramira nach Österreich gekommen ist, konnte sie nicht Rad fahren.

◇ A3

4 Streit in der Ehe? Ergänzen Sie: *bis – seit*.

Es wird wirklich Zeit, dass wir übersiedeln. Wir wohnen jetzt da, seit (a) wir geheiratet haben. Und ________ (b) wir da wohnen, ist unser Haus ein einziges Chaos. Wie lange soll ich eigentlich noch warten, ________ (c) du endlich aufräumst? ________ (d) du die fünf Hunde und sieben Katzen hast, kann man auch im Garten nicht mehr sitzen, auf allen Gartensesseln sitzen Tiere. Und ________ (e) unser Auto kaputt ist, steht es auch im Garten. Aber wie ich dich kenne, wirst du sicher nichts reparieren, ________ (f) wir da ausziehen. Also, ich hoffe, dass du wenigstens das Dach in Ordnung bringst, ________ (g) der nächste Regen kommt.

❖ A3

5 Gestern, heute, morgen

a Welche Wörter haben etwas mit Zeit zu tun? Markieren Sie.

weil (bevor) während als wenn nachdem dass damit um … zu seit/seitdem falls indem da bis

b Schreiben Sie zu jedem markierten Wort aus a einen Satz über sich selber.

mit dem Deutschkurs anfangen | meine Geschichte aufschreiben | eine Ausbildung machen | weiter Deutsch lernen | meine Kinder in der Schule sein | in meine Heimat fahren | mich an den Augenblick erinnern | …

Bevor ich mit dem Deutschkurs angefangen habe, habe ich auf der Straße kein Wort verstanden. …

A4

6 Finden Sie noch sechs Wörter und ordnen Sie zu.

N	J	K	I	L	U	B	V	V	E	R	K
G	A	U	F	F	Ü	H	R	E	N	B	A
V	O	R	L	E	S	E	D	R	O	E	Ü
E	D	F	V	Y	W	A	M	M	L	T	H
Ä	P	E	N	S	I	O	N	I	E	R	T
U	N	T	E	R	S	T	Ü	T	Z	E	S
S	W	H	I	U	E	R	E	T	O	U	B
E	T	Z	Z	S	B	S	O	L	N	U	G
W	Ü	G	E	D	U	L	D	U	T	N	Ö
E	S	A	T	E	J	K	P	N	Z	G	M
I	R	T	T	H	U	S	E	G	Ä	G	U

a Meine Mutter ist seit zwei Jahren pensioniert. Seitdem hat sie viel Zeit für ihre Enkelkinder.
b Wir suchen für Montagnachmittag eine ________ für unseren kleinen Sohn.
c Bei dem neuen Arzt musst du lang warten, da braucht man wirklich viel ________.
d Mit 50 Euro im Jahr ________ ich das Projekt „Migrations-Café".
e Für die ________ eines Jobs gehst du am besten zum AMS.
f Meine kleine Tochter mag es gern, wenn ich ihr eine Geschichte ________.
g Unsere Theatergruppe will nächstes Jahr ein Stück von Shakespeare ________.

A4

7 Ein Anruf beim Nachbarschaftszentrum

a Ordnen Sie das Gespräch und ordnen Sie zu.

~~Ich weiß nicht, ob ich bei Ihnen richtig bin~~ | Erzählen Sie doch erst einmal | ich habe da eine Idee | Können Sie mir da vielleicht weiterhelfen | ich habe da ein Problem | Ich bin ganz sicher, dass

- ○ ◯ Super, da werde ich einmal hinschauen. Vielen Dank, Frau Kokić.
- ◆ ◯ Ich jetzt leider gar nicht.
  Aber .... (1):
  Es gibt jetzt ganz in der Nähe von uns das „Repair-Café". Da treffen sich einmal im Monat Leute, die ein technisches Problem haben, und andere, die was davon verstehen.
  .... (2)
  Ihnen dort jemand helfen kann.
- ◆ ◯ Jeden ersten Mittwoch im Monat im Café „Crème" am Kirchenplatz von 17–19 Uhr. Sie haben Glück, das ist gleich morgen.
- ○ ◯ Grüß Gott, mein Name ist Berisha. Ich weiß nicht, ob ich bei Ihnen richtig bin (3). Meine Nachbarin hat mir Ihre Telefonnummer gegeben.
- ○ ◯ Also, ... (4)
  mit meinem Laptop. Seitdem ich ein neues Netzteil habe, wird der Akku nicht mehr komplett geladen. Und bis nächste Woche muss ich eine schriftliche Arbeit abgeben. Ich weiß nicht, wer das schnell und günstig reparieren kann.
  .... (5)?
- ◆ ◯ Gern geschehen. Auf Wiederhören.
- ◆ ◯ .... (6),
  was Ihr Problem ist.
- ○ ◯ Ja, das klingt gut. Wann und wo findet denn das statt?
- ◆ (1) Nachbarschaftszentrum, Kokić. Was kann ich für Sie tun?

36 b Hören Sie und vergleichen sie.

A4

8 Wenn man aufgeregt ist, spricht man schnell.

Phonetik

37 a Hören Sie und markieren Sie die Betonung: ____.

Ich weiß nicht, was ich machen soll! Ich habe da ein Problem.
Seitdem ich mir den Fuß gebrochen habe, kann ich nicht mehr einkaufen gehen.
Ich bin leider gerade in einer blöden Situation.

b Sprechen Sie die Sätze so schnell wie möglich.

9 Wenn man eine Person beruhigen will, spricht man langsam.

38 a Hören Sie und markieren Sie die Betonung: ____ und die Pausen mit |.

Was ist denn genau Ihr Problem?
Keine Sorge, ich werde Ihnen helfen.
Beruhigen Sie sich doch, Herr Gruber.
Ich habe da eine Idee.

Bis wir eine Person gefunden haben, die Ihnen beim Einkaufen hilft, müssen Sie ein bisschen Geduld haben.

b Sprechen Sie die Sätze langsam.

B Auch Sie können helfen, **indem** Sie mitmachen.

Wieder-holung **10 Was ist richtig? Kreuzen Sie an.**

a in einem Verein ☒ sein ○ gehen ☒ mitarbeiten
b Mitglied ○ bekommen ○ werden ○ sein
c Geld an einen Verein ○ spenden ○ betragen ○ überweisen
d als Mitglied ○ sein ○ aufgenommen werden ○ mitarbeiten
e sich in einem Verein ○ anmelden ○ engagieren ○ Mitglied werden

B1 **11 Engagement für andere**

a Verbinden Sie.

1 Ich habe mich an „Hilfe für alle" gewandt.
2 Jetzt hilft Frau Sosic von „Hilfe für alle" meiner Mutter beim Einkaufen.
3 Sie hilft auch meinem Vater bei der Gartenarbeit.
4 Außerdem hat sie mich bei der Jobsuche unterstützt.
5 Jetzt unterstütze ich „Hilfe für alle" finanziell.

a Sie fährt einmal in der Woche mit ihr zum Supermarkt.
b Sie kümmert sich um den Rasen und die Blumen.
c Ich spende regelmäßig Geld.
d Ich habe dort angerufen.
e Sie hat mit mir Jobangebote im Internet gesucht.

b Schreiben Sie die Sätze aus a mit *indem*.

1 Ich habe mich an „Hilfe für alle" gewandt, indem ich dort angerufen habe.
2 ...

B1 **12 Ordnen Sie zu und ergänzen Sie in der richtigen Form. Ergänzen Sie auch das Personalpronomen, wenn nötig.**

30 Euro sparen können | Ihnen alle Schritte langsam zeigen | ~~am Wochenende tanzen~~ | ihn ganz einfach online überweisen | uns gleich anrufen

Tanzen am Wochenende –

das Angebot für alle, die fit bleiben wollen

Bleiben Sie fit, indem Sie am Wochenende tanzen (a).
„Aber ich kann gar nicht tanzen!", sagen Sie? Kein Problem! Unser Tanzteam hilft Ihnen, indem .... (b).
Ihren Kursbeitrag können Sie zahlen, indem .... (c).
Indem Sie gleich für das ganze Jahr bezahlen, ... (d).
Wer kann denn da noch *Nein* sagen? Melden Sie sich an, indem .... (e) unter: 130 130 133.

B1 13 Maryam ist neu in der Stadt. Ergänzen Sie: *indem – ohne dass*.

a Maryam hat ihre neue Wohnung gefunden, indem sie die Wohnungsinserate in der Zeitung gelesen hat.
b Maryams Umzug hat nur vier Stunden gedauert und perfekt funktioniert, ... auch nur ein einziges Glas kaputt geworden ist.
c Maryam hat die neue Stadt kennengelernt, ... sie in der ersten Woche eine Stadtführung mitgemacht hat.
d .... Maryam regelmäßig in den Yogakurs geht und in den Musikverein eingetreten ist, hat sie schon viele nette Leute kennengelernt.
e Es vergeht fast kein Tag, ... sie sich mit anderen Leuten trifft.

B1 14 *ohne dass – ohne ... zu*

Grammatik entdecken

a Lesen Sie die Sätze und markieren Sie wie im Beispiel. Kreuzen Sie dann an.

	dieselbe Person	*verschiedene Personen*
1 Frau Bitter arbeitet beim Nachbarschaftszentrum, ohne dass sie Geld dafür bekommt.	☒	○
2 Fatma geht für ihre Nachbarin einkaufen, ohne dass die alte Frau sie lang bitten muss.	○	○
3 Zlatan will Menschen aus seiner Nachbarschaft kennenlernen, ohne dass er gleich in einen Verein eintritt.	○	○
4 Die Kinder aus der Nachbarschaft bekommen im Kinder- und Jugendtreff eine kleine Mahlzeit, ohne dass ihre Familien etwas dafür zahlen müssen.	○	○
5 Man kann sich beim Nachbarschaftszentrum engagieren, ohne dass man Mitglied wird.	○	○
6 Semra hilft zweimal in der Woche beim Nachbarschaftszentrum, ohne Mitglied zu sein.	☒	○
7 David betreut die Kinder aus der Nachbarschaft bei der Hausübung, ohne Geld dafür zu bekommen.	○	○

b Welche der Sätze 1–5 in a kann man auch mit *ohne ... zu* schreiben? Schreiben Sie.

1 Frau Bitter arbeitet beim Nachbarschaftszentrum, ohne Geld dafür zu bekommen.

B1 15 Diego möchte Mitglied beim Lauftreff werden. Schreiben Sie Sätze mit *ohne dass* oder, wenn möglich, *ohne ... zu*.

a ◆ Ich möchte einmal am Training teilnehmen. Ich möchte nicht gleich in den Verein eintreten.
b ◆ Ich gehe nicht regelmäßig laufen. Ich habe keinen festen Termin mit anderen Läufern.
c ○ Sie können zweimal am Training teilnehmen. Der Verein fordert keinen Mitgliedsbeitrag.
d ○ Wir wollen uns verbessern. Der Spaß fehlt dabei nicht im Training.

a Ich möchte einmal am Training teilnehmen, ohne gleich in den Verein einzutreten.
....

B2 16 Neu im Verein

Prüfung

Sie sind zum ersten Mal im Sportverein und kennen dort niemanden. Stellen Sie sich den anderen Mitgliedern vor. Machen Sie Ihre Sätze interessanter, indem Sie viel von sich erzählen, zum Beispiel Informationen über Ihre Hobbys.

Name
Geburtsort
Wohnort
Arbeit/Beruf
Familie
Sprachen …

Hallo, ich bin Giorgio Tratto. Ich komme aus Rapallo, das ist eine kleine Stadt in Italien. Sie liegt am Meer. Jetzt wohne ich in Graz, seit ich hier einen Job gefunden habe. Mein Beruf ist …

LERNTIPP Schreiben Sie einen Text über sich selber. Schreiben Sie zu jedem Punkt ein oder zwei Sätze. Üben Sie dann mit einer Partnerin / einem Partner.

B3 17 Was ist richtig? Lesen Sie und kreuzen Sie an.

St. Georgen bekommt ein Vereinshaus

Schon viele Jahre lang sind die Bewohnerinnen und Bewohner von St. Georgen unzufrieden: Es gibt kein Haus und keinen Raum, wo eine größere Veranstaltung stattfinden kann. Egal ob die Konzerte des Musikvereins, das Treffen aller Mitglieder des Seniorenbundes oder das jährliche Sommerfest der Feuerwehr – für mehr als 50 Personen ist kein Platz. Dann muss ein Zelt aufgebaut und mobile Toiletten müssen gemietet werden. Das ist viel Arbeit und für die Gemeinde sehr teuer. Aber jetzt soll sich das ändern. Vom Land Oberösterreich gibt es ein Förderprogramm, das dem Ort endlich den Bau eines Vereinshauses ermöglicht. 700.000 Euro gibt das Land. Die fehlenden 200.000 Euro klingen nach einer kleinen Summe. „Trotzdem ist das für unsere Gemeinde viel Geld. Mit viel Mühe schaffen wir es, 150.000 Euro zu finanzieren“, sagt Bürgermeister Wolfgang Rieger. Einige Leute haben schon die Initiative „Ein Haus für St. Georgen“ gegründet. Sie soll in den nächsten Monaten durch Spenden und Veranstaltungen die restlichen 50.000 Euro sammeln. Auch die Jugend freut sich schon auf das neue Haus: „Dann können wir endlich im Herbst einen richtigen Dorfball machen und haben genug Platz zum Tanzen. Und ein Disco-Abend einmal im Monat wäre auch nicht schlecht“, meint Sabrina. Sie will jetzt mit anderen Jugendlichen jeden Sonntag Mehlspeisen verkaufen: „Ein Stück Kuchen mit Kaffee um 5 Euro.“ Das Geld, das sie damit verdienen, wollen sie der Initiative spenden. Wenn alles funktioniert, wird man in sechs bis sieben Monaten mit dem Bau beginnen. Alle in St. Georgen freuen sich schon auf die neuen Möglichkeiten, die der Ort in Zukunft mit dem Haus haben wird.

a Die Bewohnerinnen und Bewohner wollen schon lange ein Vereinshaus, weil …
- ○ es keine Toiletten bei Feiern gibt.
- ○ nie größere Veranstaltungen im Ort stattfinden.
- ○ sie bei großen Festen immer ein Zelt aufbauen müssen.

b Die Gemeinde kann das Vereinshaus nur bauen, wenn …
- ○ das Land Oberösterreich auch die restlichen 200.000 Euro bezahlt.
- ○ alle Leute aus St. Georgen für das Projekt zusätzlich 50.000 Euro zahlen.
- ○ man mit der Initiative „Ein Haus für St. Georgen“ genügend Spenden sammelt.

c Auch die Jugendlichen helfen mit, indem …
- ○ sie Kaffee und Kuchen verkaufen und mit dem Geld die Initiative unterstützen.
- ○ sie einmal im Monat einen Disco-Abend machen.
- ○ sie jeweils fünf Euro spenden.

C Persönliches Engagement

C2 18 Gespräche über Engagement. Ordnen Sie zu.

Kälte | Altersheim | verteilt | Einrichtung | ~~Babysitter~~ | Gesellschaft | hinweisen | Integration | Mindesthaltbarkeitsdatum

a ◆ Klaus, die Familie Reiter sucht fürs Wochenende einen *Babysitter* für ihre kleine Tochter. Hast du eine Idee, wer das machen könnte?
○ Ja, ich kann Maria fragen, aber die .... gerade Lebensmittel bei „Hilfe für alle".

b ◆ Du, David, ich wollte dich noch auf das Treffen der Umweltschutz-Bürgerinitiative *Saubere Stadt* am Montag ....
○ Montagabend? Da kann ich nicht. Da halte ich einen Vortrag über ökologisches Spielzeug in einer sozialen ....

c ◆ Ich habe in einem interessanten Vortrag gehört, was ein großes Problem unserer heutigen .... ist.
○ Und was wurde da gesagt?
◆ Viele Leute werfen Lebensmittel weg, obwohl man sie nach Ablauf des .... noch essen kann.

d ◆ Wenn man in ein fremdes Land kommt, ist .... sehr wichtig.
○ Stimmt, und auch die, die in dem Land leben, sollten etwas gegen die soziale .... tun, indem sie sich ehrenamtlich engagieren.

e ◆ Wie geht es eigentlich deiner Oma? Ist sie noch immer im Spital?
○ Nein, sie ist seit einer Woche im .... Sie kann sich nicht mehr allein in ihrer Wohnung versorgen.

C3 19 Der missglückte Geburtstag. Schreiben Sie die Sätze neu mit *außer*.

Was für eine blöde Geburtstagfeier! Ich habe alle meine Freunde am Sonntag zum Essen in ein Restaurant eingeladen. Aber es war gar nicht so schön!

a Alle Freundinnen und Freunde sind gekommen, <u>nur meine beste Freundin Britta nicht</u>.
b Das Restaurant ist eigentlich immer geöffnet, <u>nur nicht am Sonntag</u>.
c Das andere Restaurant, das wir gefunden haben, war zwar geöffnet, aber es gab keine vegetarischen Gerichte. Also haben alle etwas gegessen, <u>nur ich nicht</u>!
d Das Essen hat keinem so richtig geschmeckt, <u>nur Doris</u>. Sie hat gleich zwei Portionen gegessen.
e Am Ende waren wir alle betrunken, <u>nur Fredi nicht</u>! Das haben alle lustig gefunden, nur er nicht.
f Als ich bezahlen wollte, habe ich festgestellt, dass ich nicht genug Geld hatte. Niemand wollte mir etwas borgen, <u>nur mein Freund Fredi</u>. Der hat mir 50 Euro gegeben.
g Also, zu meinem nächsten Geburtstag lade ich keinen mehr ein, <u>nur vielleicht meinen lieben Fredi und meine Eltern</u>.

a Alle Freunde sind gekommen außer meiner besten Freundin Britta.

D Dieser Mensch ist ein Vorbild für mich.

D3 20 Vorbilder aus Politik, Geschichte, Kultur, ...

a Lesen Sie die Kurzbiografie und ergänzen Sie den Steckbrief.

Amelia Earhart, Pilotin

Amelia Earhart wurde am 24. Juli 1897 in Atchison, Kansas, in den USA geboren. Schon als Kind war sie anders als andere kleine Mädchen, sie stieg auf Bäume und interessierte sich für Männerberufe. Mit 18 Jahren schloss sie die High School als eine der Besten ab. Von 1917 an arbeitete sie in verschiedenen sozialen Berufen, bevor sie zwei Jahre später mit dem Medizinstudium begann, mit dem sie aber nach einem Jahr wieder aufhörte. Mit 23 Jahren flog sie zum ersten Mal in einem Flugzeug mit – von da an ließ die Fliegerei sie nicht mehr los. Sie wollte selber fliegen. Dafür arbeitete sie hart, borgte sich Geld und kaufte 1921 ihr erstes Flugzeug. Ein Jahr später stellte sie ihren ersten Weltrekord auf: Sie flog als erste Frau über 4200 Meter hoch. Mit 31 Jahren war sie dann die erste Frau, die mit dem Flugzeug über den Atlantik flog, aber nur als Passagierin, nicht als Pilotin. Trotzdem wurde sie damit sehr bekannt. Für viele Frauen war Earhart ein Vorbild, weil sie immer wieder sagte, dass Frauen und Männer gleich sind und auch Frauen etwas von Technik verstehen. Über sich und ihren Flug schrieb sie im selben Jahr auch ein Buch, das sehr erfolgreich wurde. Vier Jahre später flog sie als erste Frau allein über den Atlantik, nur fünf Jahre nach Charles Lindbergh. 1937 wollte Amelia Earhart dann als erster Mensch überhaupt mit dem Flugzeug die Welt entlang des Äquators umrunden. Am 2. Juli startete sie und wollte 20 Stunden später auf einer kleinen Insel landen, um zu tanken. Dort kam sie aber nie an. Trotz wochenlanger Suche fand man weder sie noch das Flugzeug. Im Jänner 1939 wurde sie für tot erklärt. Sie hat ihren letzten Flug nicht überlebt. 2010 wurde ihr Leben verfilmt und einem größeren Publikum bekannt gemacht.

1897	geboren am 24. Juli in Atchison, Kansas, in den USA	1922	....
1915	....	1928	....
1917–1919	....	1932	....
1919–1920	....	1937	....
1920	....	1939	für tot erklärt
1921	....	2010	....

b Schreiben Sie einen Steckbrief oder eine Kurzbiografie über eine große Persönlichkeit Ihres Landes, die für viele Menschen ein Vorbild ist. Recherchieren Sie auch im Internet. Präsentieren Sie Ihren Text im Kurs.

Eisaku Satō
– japanischer Politiker
– hat 1974 als erster Japaner den Friedensnobelpreis bekommen

Als ich etwa 16 oder 17 war, war mein Vorbild Eisaku Satō. Er hat sich sehr für den Frieden eingesetzt. Am meisten hat mich beeindruckt, dass er als erster Japaner den Friedensnobelpreis bekommen hat. ...

Mahatma Gandhi
– geboren am 2. Oktober 1869 in Indien
– ...

E Gewissensfrage

E3 21 Ich habe gerade ein Problem ...

39 **a** Was ist richtig? Hören Sie den Anfang einer Radiosendung und kreuzen Sie an.

1 ○ Auf der Internetseite können Hörerinnen und Hörer etwas zu dem Problem schreiben.
2 ○ Alex wohnt in der Nähe von Gänserndorf.
3 ○ Alex hat eine neue Freundin.
4 ○ Der Radiosprecher kennt Alex' Problem noch nicht.

40 **b** Hören Sie das Gespräch nun ganz und korrigieren Sie.

1 Alex ist seit ~~einem Jahr~~ mit seiner Freundin zusammen. eineinhalb Jahren
2 Vor einem Jahr hat sie sich von ihm 500 Euro ausgeborgt. ....
3 Die Freundin hat sich mit dem Geld einen Wagen gekauft, um damit zu Alex zu fahren. ....
4 Die Freundin sollte alle zwei Monate 100 Euro zurückzahlen. ....
5 Das hat die Freundin auch getan. ....
6 Aber Alex hat nichts gesagt, weil er seine Freundin nicht mehr liebt. ....
7 Jetzt möchte sie sich für ein neues Auto wieder Geld von Alex ausborgen. ....

c Welcher Forumseintrag passt zu welcher Aussage? Lesen Sie und ordnen Sie zu.

1 (A) Alex soll mit seiner Freundin über das Problem sprechen, statt ihr sofort das Geld zu geben.
2 ○ Es könnte sein, dass Alex' Freundin in Schwierigkeiten ist. Darum sollte er ihr helfen.
3 ○ In einer Beziehung ist Ehrlichkeit sehr wichtig.
4 ○ Liebe und Freundschaft sind wichtiger als Geld.

A Hi Alex,
das Problem kenne ich gut. Ich wäre an deiner Stelle auch echt unsicher. Aber sollte man in der Liebe nicht ehrlich und fair sein? An deiner Stelle würde ich mit deiner Freundin reden und sie daran erinnern, dass du ihr schon einmal Geld geborgt hast. Das wäre meiner Meinung nach am besten. Frag sie, warum sie es nicht zurückgezahlt hat. Ich würde schauen, wie sie reagiert und hätte auf alle Fälle gern mein Geld zurück. Sonst hast du das immer im Kopf und ärgerst dich. Glaub mir!
Gerald

B Hallo Alex,
ich kann dich gut verstehen. Das ist wirklich eine schwierige Gewissensfrage, die du da hast. Ich finde, Geldfragen sind immer eine große Schwierigkeit für Freundschaften – und für die Liebe besonders. Grundsätzlich würde ich Gerald ja zustimmen, aber du solltest auch die Probleme deiner Freundin sehen. Ich glaube schon, dass sie dir das Geld zurückzahlen will, aber manchmal ist das Leben sehr schwierig und man kann nicht so handeln und tun, wie man gern will. Vielleicht ist sie wirklich in einer blöden Situation. Ich würde erst einmal tolerant sein und an ihre Liebe glauben.
Viele Grüße, Ella

Schreibtraining **d** Was ist Ihre Meinung zum Problem von Alex? Schreiben Sie einen Forumseintrag.

Ich finde (nicht), dass ...
Das Problem kenne ich gut.
Ich kann dich gut verstehen.
An deiner Stelle würde ich ...
Das ist wirklich ...
Vielleicht ist ...
Grundsätzlich würde ich dir ja zustimmen, aber ...
Ich bin mir nicht sicher, aber ...
Ich glaube schon, dass ..., aber ...

Test Lektion 12

12

1 Bilden Sie Wörter und ordnen Sie zu.

1 .... / 4 Punkte

WÖRTER

~~pen~~ zu vor ti Ba ~~sio~~ ger sen ini sit ~~niert~~
ve gen by Au le tia blick Bür ter

a Heute hat mein Vater seinen letzten Arbeitstag. Dann ist er endlich pensioniert.
b Einmal in der Woche geht meine Mutter in den Kindergarten, um den Kindern Geschichten ....
c Ich brauche morgen einen .... für meinen kleinen Sohn.
d Entschuldige, hast du einmal einen .... Zeit?
e Ich finde es sehr gut, wenn wir uns in einer .... organisieren und unsere Meinung gegenüber der Stadt vertreten.

● 0–2
● 3
● 4

2 Was passt? Ergänzen Sie die Sätze mit *bis – seit*.

2 .... / 4 Punkte

GRAMMATIK

a Martina ist so lang in den Computerkurs gegangen, bis sie ihren Computer wirklich bedienen konnte. (Sie konnte ihren Computer wirklich bedienen.)
b Frau Tanners Kinder gehen in die Mittagsbetreuung, ... (Sie arbeitet wieder.)
c .... (Seine Eltern kommen wieder aus dem Urlaub zurück.), braucht Herr Ende einen Babysitter für seine kleine Tochter.
d Muna ist im Sportverein, ... (Sie ist 13.)
e Carlos hat sich für den Tierschutz engagiert, ... (Er hatte keine Zeit mehr dafür.)

3 Eine Nachricht auf der Mailbox. Ergänzen Sie: *ohne dass – indem*.

3 .... / 3 Punkte

Servus, Michi. Ich bin's, die Liana. Gerade habe ich ein Mail von der Paola gekriegt. Morgen fällt das Training aus. Wir sollen uns auf den Wettbewerb vorbereiten, indem (a) jede von uns morgen allein joggt. Du sollst 10 km laufen, ... (b) du eine Pause machst, und deine Zeit aufschreiben. Beim letzten Rennen waren alle außer der Daria unter einer Stunde. Ich glaube, sie wird das nie schaffen, ... (c) sie regelmäßig trainiert. Ich mache mich zusätzlich fit, ... (d) ich jeden Tag ins Fitness-Center gehe. Was meinst du, sollen wir miteinander laufen? Ruf doch bitte zurück.

● 0–3
● 4–5
● 6–7

4 Was ist richtig? Kreuzen Sie an.

4 .... / 4 Punkte

KOMMUNIKATION

◆ Äh, ich weiß nicht, ☒ ob ○ dass (a) ich bei Ihnen richtig bin. Ich ○ habe ○ löse (b) gerade ein Problem.
○ Jetzt erzählen Sie ○ nur noch, ○ erst einmal, (c) was genau Ihr Problem ist.
◆ Also, ich habe mir den Fuß gebrochen und kann nicht einkaufen gehen. Können Sie mir da ○ natürlich ○ vielleicht (d) weiterhelfen?
○ Aber ja. Ich habe da ○ eine Idee. ○ keine Sorge. (e) Der Supermarkt *Kaufmann* bietet ein Einkaufsservice an. Die liefern alles direkt in die Wohnung.

● 0–2
● 3
● 4

Fokus Beruf: Sich auf einer Infoveranstaltung informieren

1 Diego Araya war medizinischer Masseur in Chile.
Jetzt lebt er in Österreich und sucht einen neuen Job.

a Zu welcher Infoveranstaltung des Berufsinformationszentrums (BIZ) geht er? Kreuzen Sie an.

1 ○

Startseite > Veranstaltungen
Berufe in der Therapie

Veranstaltungsart:	Info-Veranstaltung
Thema:	Ausbildung
Zielgruppe:	Schulabgänger, Berufseinsteiger, Ausbildungsplatzsuchende

2 ○

Startseite > Veranstaltungen
Infotag „Selber Chef/in sein"

Veranstaltungsart:	Info-Veranstaltung
Thema:	Existenzgründung
Zielgruppe:	junge Leute, die sich selbstständig machen wollen

41 b Was macht man als Physiotherapeut/Physiotherapeutin? Hören Sie den Infovortrag und kreuzen Sie an.

○ Man hilft nur Kindern und jugendlichen Patienten.
○ Man hilft Menschen, die sich nicht mehr gut bewegen können.
○ Man arbeitet normalerweise im Krankenhaus.
○ Man wird an Universitäten ausgebildet.
○ Man macht eine Ausbildung von sechs Jahren.

2 Diego möchte mehr Informationen zur Arbeit im Bereich Physiotherapie.
Er spricht nach der Infoveranstaltung mit einer Beraterin des AMS. Er hat viele Fragen.

a Welche Rubriken aus der Liste passen zu Diegos Fragen? Lesen Sie und ordnen Sie zu.

1 ○ Was macht ein Physiotherapeut? Aufgaben/Tätigkeiten
2 ○ Wie lange dauert die Ausbildung? ……
3 ○ Was lerne ich da genau? ……
4 ○ Kann ich mich auch spezialisieren? ……
5 ○ Ist die Ausbildung teuer? ……
6 ○ Wie viel verdient man denn als Physiotherapeut? ……
7 ○ Was brauche ich, um die Ausbildung beginnen zu können? ……
8 ○ Wo finde ich die Ausbildungsadressen? ……

Berufsinformationen
Tätigkeit
~~Aufgaben/Tätigkeiten~~
Arbeitsumgebung
Verdienst/Einkommen
Spezialisierung
Weiterbildung
Ausbildung
Ausbildungsstandorte
Ausbildungsinhalte
Ausbildungskosten
Ausbildungsdauer
Zugangsvoraussetzungen

42 b Welche Fragen hat Diego an die Beraterin? Hören Sie jetzt das Gespräch und kreuzen Sie in a an.

42 c Arbeiten Sie in Gruppen. Konzentrieren Sie sich auf eine Frage.
Hören Sie dann noch einmal und notieren Sie die Antwort zu Ihrer Frage. Sammeln Sie im Kurs.

3 Rollenspiel: Infoveranstaltung im Kurs

Sie finden den Beruf von Ihrer Partnerin / Ihrem Partner interessant und möchten von ihr/ihm Informationen zur Ausbildung und Tätigkeit. Stellen Sie Fragen aus 2a zu ihrem/seinem Beruf.

Sie informieren Ihre Partnerin / Ihren Partner über Ihren Beruf.

A Das **wurde** von ... Menschen **erkämpft**.

Wiederholung A2, L10

1 Yun ist neu in Österreich und hat viele Fragen. Schreiben Sie Sätze.

a Wo werden Deutschkurse angeboten ? (Deutschkurse anbieten)

b Welche Fragen .... ? (im Magistratsamt beantworten)

c Wo .... ? (asiatische Lebensmittel verkaufen)

d Welcher .... ? (Müll trennen)

e Wann .... ? (Mistkübel leeren)

f Wie .... ? (Flaschen im Supermarkt zurückgeben)

A2 Grammatik entdecken

2 Die Geschichte des Skifahrens

a Lesen Sie und markieren Sie wie im Beispiel.

In Mitteleuropa **wurde** das Skifahren als praktische Art der Fortbewegung in den Bergen und als Sport erst relativ spät **entdeckt**. Mit der Geschichte des Skisports in Österreich hängt ein Name zusammen, den aber nur die wenigsten kennen: Mathias Zdarsky. Er arbeitete als Lehrer und Maler in Niederösterreich. Von ihm wurde die „Alpine Lilienfelder Skifahr-Technik" entwickelt. Er beschäftigte sich auch mit der Frage der Skibindung, also wie Schuhe am besten auf den Skiern halten, denn richtige Skischuhe gab es noch nicht. 1898 **ist** von ihm ein Skiverein **gegründet worden**, der bereits ein paar Jahre später der größte Skiverein Mitteleuropas war. Wegen seiner besonderen Leistungen für den Skisport ist für ihn in Lilienfeld 50 Jahre nach seinem Tod ein eigenes Skimuseum eingerichtet worden. Auch der erste Skilift kommt aus Österreich. Auf dem Bödele in Vorarlberg wurde der erste Lift mit Motor gebaut, den man noch nicht mit einem modernen Lift vergleichen konnte. Aber mit dieser einfachen Konstruktion sind Skifahrer zum ersten Mal ohne Mühe auf einen Berg gezogen worden.

b Ergänzen Sie die Tabellen mit Sätzen aus a.

In Mitteleuropa	wurde	das Skifahren ... relativ spät	entdeckt.

1898	ist	von ihm ein Skiverein	gegründet worden.

A2 3 Die Geschichte der Sachertorte

a Ergänzen Sie wie im Beispiel.

Im Jahr 1832 *wurde* in Wien die wohl berühmteste Torte Österreichs *erfunden* (erfinden) (1): die Sachertorte. Aber von wem? Und warum ______ die Torte so ______ (nennen) (2)? Besonders wichtige Gäste kamen zu Besuch und darum ______ von Fürst Metternich der Auftrag ______ (geben) (3), eine besondere Nachspeise zu servieren. Da der Küchenchef krank war, ______ der 16-jährige Lehrling damit ______ (beauftragen) (4). Sein Name war Franz Sacher. Sein neues Rezept war einfach, aber gut: Ein Teig aus Butter, Eiern, Schokolade und Mehl ______ in einer Tortenform ______ (backen) (5). Danach ______ die Torte mit Marillenmarmelade ______ (füllen) (6) – und obendrauf kam viel Schokolade. Die neue Mehlspeise ______ von den Gästen mit Begeisterung ______ (essen) (7). Das war der Beginn einer besonders süßen Karriere, denn heute kennt man die Sachertorte auf der ganzen Welt.

b Wie kann man in a auch sagen? Schreiben Sie.

1 wurde … erfunden → ist … erfunden worden

◇ A2 4 Österreichische Erfindungen. Was ist richtig? Kreuzen Sie an.

a Die erste Nähmaschine ☒ wurde ○ ist 1814 von Josef Madersperger präsentiert.
b In den 1860er-Jahren ○ wurden ○ sind von Peter Mitterhofer die ersten Schreibmaschinen entwickelt worden.
c Im Jänner 1939 ○ wurde ○ ist von der Physikerin Lise Meitner zusammen mit Otto Hahn erstmals die Kernspaltung beobachtet und erklärt worden.
d Das sogenannte Frequenzsprungverfahren ○ wurde ○ ist 1940 von der Schauspielerin Hedy Lamarr entwickelt. Ohne diese Technik gäbe es heute kein WLAN oder Bluetooth.
e 1951 ○ wurde ○ ist von Carl Djerassi die sogenannte Anti-Babypille erfunden worden. Sein Beiname war deswegen auch „Mutter der Pille“.

❖ A2 5 *Wann und von wem?* Hätten Sie's gewusst?

Lesen Sie die Sätze und schreiben Sie jeweils zwei Fragen wie im Beispiel.

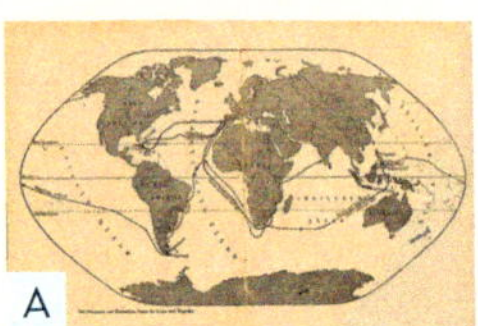

A

Christoph Columbus hat Amerika im Jahr 1492 entdeckt.

B

Gustave Eiffel hat 1889 den Eiffelturm gebaut.

C

Das weltberühmte Ölgemälde Mona Lisa hat Leonardo da Vinci vermutlich in den Jahren zwischen 1502 und 1506 gemalt.

D

Johannes Gutenberg hat um das Jahr 1450 den modernen Buchdruck erfunden.

Wann und von wem …
a – ist Amerika entdeckt worden?
– wurde Amerika entdeckt?

A3 **6 Ordnen Sie zu.**

Der nächste Punkt meiner Präsentation | Vielen Dank für eure Aufmerksamkeit | Nun habt ihr einen Einblick | Zuerst möchte ich über ... sprechen | ~~Ich erzähle euch etwas über~~ | Ich möchte euch auch Informationen über ... geben | noch Fragen

Ich erzähle euch etwas über (a) Paul Lendvai. Er ist ein bekannter österreichischer Journalist und hat auch viele Bücher und wissenschaftliche Texte veröffentlicht.

.... seine Herkunft und ersten Berufsjahre in Ungarn .... (b): Paul Lendvai wurde am 24. August 1929 in Budapest geboren. Nach dem Zweiten Weltkrieg, den er nur durch Glück überlebte, arbeitete er als Journalist. 1953 bekam er ein Berufsverbot und floh vier Jahre später über Prag und Warschau nach Wien. .... (c) ist seine berufliche Karriere in Österreich: Paul Lendvai schrieb Artikel für verschiedene österreichische und internationale Zeitungen und erhielt 1959 die österreichische Staatsbürgerschaft. Als Journalist war er auch beim Radio und Fernsehen tätig und gründete die Zeitschrift *Europäische Rundschau*.

.... seine Bücher und Auszeichnungen .... (d): Paul Lendvai hat mehrere Bücher geschrieben und wichtige Preise für seine Arbeit erhalten. Er gilt als Experte für die Politik in Ost- und Südosteuropa und beschäftigt sich besonders mit der Situation in seinem Heimatland Ungarn, z. B. in seinem Buch *Mein verspieltes Land*. Eine seiner größten Auszeichnungen ist das Große Goldene Ehrenzeichen für Verdienste um die Republik Österreich. .... (e) in das Leben von Paul Lendvai erhalten. .... (f). Habt ihr .... (g)?

LERNTIPP Verwenden Sie die Sätze bei Ihrer Präsentation. Sie strukturieren Ihren Vortrag und machen ihn so verständlicher für alle, die zuhören.

A3 Prüfung **7 Lesen Sie den Text und die Aufgaben 1–5. Welche Lösung (a, b oder c) ist jeweils richtig?**

Mit einem Comic zum Erfolg

Die Geschichte von Marjane Satrapi

Marjane Satrapi wurde am 22. November 1969 in Rascht im Iran geboren. Mit vierzehn Jahren schickten sie ihre Eltern wegen des Iran-Irak-Krieges nach Österreich, damit sie dort in einer sicheren und friedlichen Umgebung leben und weiterlernen konnte.
Vier Jahre blieb sie in Wien, bevor sie 1988 wieder für einige Zeit in den Iran zurückkehrte, um dort Visuelle Kommunikation zu studieren. Einige Zeit später ging sie jedoch nach Frankreich, wo sie weiterstudierte. Sie begann, ihre Erfahrungen und Erlebnisse zu zeichnen. Das Ergebnis war eine Graphic Novel mit dem Namen *Persepolis*, ein schwarz-weiß gezeichneter Comic in Buchform, in dem sie ihre eigene Biografie darstellt. 2007 wurde *Persepolis* verfilmt, und ihr gelang damit ein so großer Erfolg, dass der Film ein Jahr später sogar als französischer Beitrag für den besten fremdsprachigen Film bei der Oscar-Verleihung ausgewählt wurde.
In *Persepolis* erzählt Marjane Satrapi von ihrer Kindheit und Jugend im Iran und in Europa: Nach Wien kommt sie zunächst ohne Deutschkenntnisse und wohnt bei einer Freundin ihrer Mutter. Gleichzeitig

A

besucht sie das französische Gymnasium und versucht, bei ihren Klassenkameraden Anschluss zu finden. Sie bemerkt, dass es viele kulturelle Unterschiede gibt, obwohl sie aus einer sehr offenen Familie stammt und liberal erzogen worden ist. Besonders ihre Großmutter war eine wichtige Person für sie, denn sie zeigte ihr immer, dass man auch als Frau stark sein kann. So entwickelt sich Marjane zu einer jungen Frau, die die Freiheit liebt und sich traut, laut ihre Meinung zu sagen.
Die Zeit in Wien ist nicht immer leicht für sie. Sie wechselt oft ihre Unterkünfte, dafür lernt sie unter anderem Lucia aus Tirol kennen, bei der sie Weihnachten mitfeiern kann, was völlig neu und aufregend für sie ist. Später verliebt sie sich in Markus, der aber nicht ehrlich zu ihr ist. Als andere unangenehme Dinge passieren, landet sie schließlich auf der Straße, wo sie zwei Monate ohne ein Dach über dem Kopf lebt. Sie entscheidet sich, in den Iran zurückzugehen, wo sie fühlt, wie sehr der Krieg ihr Heimatland verändert hat.
Obwohl Marjane Satrapi ihr bewegtes Leben mit viel Humor erzählt, ist *Persepolis* auch ein sehr politisches Buch, in dem man viel über die Zusammenhänge in der iranischen Geschichte und Gesellschaft erfährt und in dem sie kritisiert, wie in ihrer Heimat mit Frauenrechten umgegangen wird.
Mittlerweile lebt sie mit ihrem zweiten Mann in Paris und hat weitere Bücher veröffentlicht sowie Filme gemacht, für die sie ausgezeichnet worden ist. Für die Graphic Novel *Huhn mit Pflaumen*, in der sie die Geschichte ihres Großonkels Nasser Ali erzählt, gewann sie zum Beispiel 2005 den Preis bei einem der wichtigsten europäischen Comic-Festivals.

1 Marjane Satrapi hat immer ihre Ansichten klar gesagt, weil ...
a ○ sie eine andere Meinung als ihre Familie hatte, die nicht offen war.
b ○ sie gelernt hat, dass man als Frau eine eigene Meinung haben darf.
c ○ es ihrer Meinung nach zwischen den Ländern keine kulturellen Unterschiede gibt.

2 Sie ist mit 14 Jahren nach Österreich gekommen, weil ...
a ○ sie schon gute Deutschkenntnisse besaß.
b ○ ihre Eltern nicht wollten, dass sie ihre Jugend in einem Land im Kriegszustand verbringt.
c ○ ihre Eltern auch schon dort waren.

3 *Persepolis* ist auch ein politisches Buch, weil ...
a ○ sie in ihrer Heimat, dem Iran, auch als Politikerin tätig war.
b ○ alles sehr ernst und ohne Humor erzählt wird.
c ○ darin auch Themen der Gesellschaft, wie zum Beispiel Frauenrechte, angesprochen werden.

4 In den Jahren in Wien hat sie es oft schwer, weil ...
a ○ sie lieber in Tirol leben würde.
b ○ sie Erfahrungen macht, die sie sehr enttäuschen.
c ○ sie nie eine Wohnung findet.

5 Eine Graphic Novel ist ...
a ○ eine längere Comic-Geschichte.
b ○ ein Film.
c ○ ein europäischer Comic-Preis.

LERNTIPP Überlegen Sie und markieren Sie zuerst: In welchem Absatz finden Sie die Antworten zu den Aufgaben?

B Das war eins der **größten** Probleme.

Wieder-holung A2, L9

8 Ergänzen Sie.

a tief	tiefer	am tiefsten	d teuer		
b klein			e kalt		
c alt			f hoch		

B1

9 Europa der Superlative

a Ergänzen Sie in der richtigen Form. Lesen Sie dann noch einmal und markieren Sie die Endungen.

1 **Wo liegt der** tiefste **(tief) Eisenbahntunnel?**
Mit einer Länge von rund 57 Kilometern ist der Gotthard-Basistunnel der ________ (lang) Eisenbahntunnel der Welt. Er liegt zudem unter mehr als 2.300 Metern Gestein. Somit ist weltweit kein tieferer Tunnel zu finden.

2 **Wo steht das ________ (kalt) Hotel der Welt?**
In Schweden. 200 km nördlich des Polarkreises entsteht jedes Jahr von Neuem in wochenlanger Arbeit ein Hotel aus Schnee und Eis. Man sitzt und isst an Eistischen, sitzt auf Sesseln aus Eis und schläft in Eisbetten. Ein kälteres Hotel steht nirgends auf der Welt.

3 **Wie heißt die ________ (klein) Stadt der Welt?**
Die ________ (groß) Städte der Welt heißen Tokio und Mexiko City und liegen außerhalb Europas. Die ________ (klein) Stadt der Welt heißt Hum. Sie liegt in Europa, genauer in Istrien – Kroatien. Dort wohnen nur 20 Personen. Eine kleinere Stadt als Hum findet sich wohl nirgends auf der Welt. Mit ihrem mittelalterlichen Stadtbild ist sie eine Touristenattraktion.

4 **Wo stehen die ________ (hoch) Gebäude Europas?**
In Russland. In keinem anderen europäischen Land stehen so viele hohe Gebäude wie dort. In St. Petersburg steht das Lakhta-Center, das mit mehr als 460 Metern als das ________ Gebäude Europas gilt.

Grammatik entdecken

b Ergänzen Sie die Tabelle mit den Wörtern aus a und vergleichen Sie die Endungen bei +/++/+++.

Wo/Wie liegt/steht/heißt/stehen ...

+	++	+++	
der tiefe ein/kein tiefer	der tiefere ein/kein tieferer	der tiefste	● Tunnel
das kalte ein/kein kaltes	das kältere ein/kein ________	das ________	● Hotel
die kleine eine/keine kleine	die kleinere Stadt eine/keine ________	die ________	● Stadt
die hohen hohe/keine hohen	die höheren ________/keine höheren	die ________	● Gebäude

B2 10 Landflucht

Grammatik entdecken

a Markieren Sie alle ++-Ausdrücke wie im Beispiel.

Immer mehr Menschen ziehen aus ländlichen Regionen in die Städte. Warum? Die hohe Arbeitslosigkeit ist vor allem für junge Leute ein großes Problem. Sie hoffen, in der Stadt bessere Jobchancen, einen höheren Lohn und ein größeres Angebot an kulturellen Veranstaltungen zu finden. Für die besseren Jobchancen, den höheren Lohn und das größere kulturelle Angebot akzeptieren sie auch, dass sie sich in Städten wie Linz oder Salzburg eine kleinere Wohnung mit einer höheren Miete leisten müssen. In dem Zusammenhang bringt die Landflucht in ländlicheren Regionen viele Probleme mit sich: Firmen und Geschäfte müssen schließen, weil sie sich nicht mehr auszahlen, oder sie versuchen, mit einem günstigeren Warenangebot neue Kunden zu finden; Wohnungen und Häuser stehen leer, Kindergärten schließen. All das führt zu einem immer schnelleren Wandel der Gesellschaft. Darum werden immer mehr Leute am Land und auch Politikerinnen und Politiker aktiv und entwickeln neue Ideen gegen die Landflucht.

b Ergänzen Sie die Tabellen mit den Wörtern aus a.

Ich habe ... / Für ...

+	++	+++	
den / einen hoh**en**	den/einen ________	den höchsten	• Lohn
das groß**e** ein groß**es**	das ________ ein/kein ________	das ________	• Angebot
die/eine klein**e**	die/eine/keine ________	die ________	• Wohnung
die gut**en** gut**e** / keine gut**en**	die ________ bessere /keine besser**en**	die ________	• Jobchancen

Mit ... / In ...

+	++	+++	
dem/einem schnell**en**	dem/einem ________	dem ________	• Wandel
dem/einem günstig**en**	dem/einem ________	dem ________	• Angebot
der/einer hoh**en**	der/einer höheren	der ________	• Miete
den/ – ländlich**en**	den/ – ________	den ________	• Regionen

c Vergleichen Sie die Endungen bei +/++ in den Tabellen in b. Ergänzen Sie dann die Spalte +++.

B2 11 Wussten Sie schon, dass …? Ergänzen Sie in der richtigen Form.

a … Salzburg die Stadt mit den __________ (hoch +++) Mieten in Österreich ist?

b … durch die Einführung des Kindergeldes und der Möglichkeit eines „Papamonats" eine _bessere_ (gut ++) Vereinbarkeit von Familie und Beruf erreicht wurde?

c … dass Frauen bei gleicher Ausbildung immer noch häufig ein __________ (niedrig ++) Einkommen haben als Männer?

d … Sprachförderung im Kindergartenalter zu einer __________ (erfolgreich ++) Schulkarriere führt?

e … in Österreich zurzeit die __________ (niedrig +++) Kriminalität seit vielen Jahren herrscht?

◇ B2 12 Ich habe das bessere Handy. Ergänzen Sie in der richtigen Form.

a ◆ Schau mal. Ich habe ein neu_es_ Smartphone.
○ Aber ich habe ein _neueres_ Smartphone.

b ◆ Aber meins hat einen sehr stark__________ Akku.
○ Meins hat aber einen __________ Akku.

c ◆ Aber mein Handy hat so ein cool__________ ● Design.
○ Geh, komm. Mein Handy hat ein viel __________ Design.

d ◆ Ja, aber ich habe eins mit einer sehr gut__________ Kamera.
○ Na und? Ich habe eins mit einer viel __________ Kamera.

e ◆ Aber ich habe jetzt ein Smartphone mit einem richtig groß__________ ● Speicher.
○ Aber meins ist das Smartphone mit dem __________ Speicher!

❖ B2 13 Schreiben Sie Sätze.

~~gesunde (++) Lebensmittel im Bio-Markt kaufen~~ | in einer großen (++) Wohnung wohnen | im Sommer einen langen (++) Urlaub machen | schönes (+++) Gewand kaufen | mir das neue (+++) Smartphone leisten | eine gute (+++) Schule für meine Kinder aussuchen | große (++) Fortschritte in der deutschen Sprache machen | …

a Wenn ich mehr Geld hätte, _würde ich gesündere Lebensmittel im Bio-Markt kaufen._

b Ich würde gern _die beste_

c Ab morgen werde ich __________

d Meiner Meinung nach ist es besser, __________

e Eigentlich würde ich lieber __________

f Wenn ich könnte, würde ich __________

g Es wäre wunderbar, wenn ich __________

h __________

B3 14 Verbinden Sie.

a Ich bin für ein Verbot von ... — 7
b Das kann ich nur befürworten.
c Ganz meine Meinung.
d Das kann ich nur ablehnen.
e Meiner Ansicht nach ...
f Verglichen mit ...
g Im Gegensatz zu ...

1 Das finde ich auch.
2 Wenn du mich fragst, ...
3 Wenn man das mit ... vergleicht, ...
4 Anders als ...
5 Ich bin absolut dafür.
6 Ich bin absolut dagegen.
7 Man sollte ... verbieten.

B3 15 Was würden Sie sagen, wenn ...?

a Ordnen Sie zu.

~~für ein Verbot~~ | kann ich nur ablehnen | Meiner Ansicht nach | Ich finde es besser so, wie es zurzeit ist | halte ich viel

1 Was würden Sie sagen, wenn Alkohol am Steuer komplett verboten wäre?
Ich bin *für ein Verbot* von Alkohol am Steuer.

2 Was würden Sie sagen, wenn Autofahren erst mit 21 Jahren erlaubt wäre?
....,
dass man mit 18 Jahren allein fahren darf.

3 Was würden Sie sagen, wenn man als Fußgänger nicht mit Kopfhörern Musik hören dürfte, weil es zu gefährlich ist?
Davon ....

4 Was würden Sie sagen, wenn man statt mit 16 wieder erst mit 18 Jahren wählen dürfte?
.... wäre das eine gute Idee.

5 Was würden Sie sagen, wenn alle Kinder mit 1,5 Jahren in eine Kinderkrippe gehen müssten?
Das ....

b Schreiben Sie nun Ihre eigene Meinung. Hilfe finden Sie in a und 14.

Was würden Sie sagen, wenn ...

1 alle Menschen über 80 Jahre ihren Führerschein abgeben müssten und nicht mehr Auto fahren dürften?

....
....
....

2 alle Frauen mit ihren Babys drei Jahre zu Hause bleiben müssten und nicht arbeiten dürften?

....
....
....

C3 16 Sie hören die Meinungen von fünf Personen.

Prüfung
43–47

Sie hören die Meinungen nur einmal. Entscheiden Sie beim Hören, ob die Aussagen a–e richtig (+) oder falsch (-) sind.

a Die Frau würde es gut finden, wenn es einmal pro Jahr einen Tag geben würde, an dem Autos nicht fahren dürfen. ○

b Die Person sagt, man soll mehr Fahrrad fahren. ○

c Der Mann hat sich schon zum zweiten Mal ein Elektroauto gekauft. ○

d Der Mann findet, Fliegen sollte viel teurer werden als es zurzeit ist. ○

e Die Person sagt, dass die Regierung alle unterstützen sollte, die alternative Energien wie Sonnenenergie oder Windenergie nutzen möchten. ○

C3 17 Eine Zusammenfassung schreiben

Schreib-training

a Lesen Sie den Text und markieren Sie folgende Informationen:

Wer war beteiligt? **Was** wird berichtet? **Wo** ist es passiert? **Wann** hat es stattgefunden?

Café mit Herz

Der in Österreich geborene Caféhausbesitzer Adnan Ergün aus Graz hat sich etwas Besonderes einfallen lassen. Bei ihm bekommen alle, die arm sind oder auf der Straße leben, einmal am Tag eine kleine Mahlzeit und ein Getränk umsonst. Eigentlich wollte er damit nur Menschen in seiner Nachbarschaft erreichen. Nun haben viele über die sozialen Netzwerke von seinem großherzigen Angebot berichtet, und er bekommt täglich positive Reaktionen.
Auch im zwölften Bezirk in Wien gibt es etwas Besonderes: Im Café Juri zahlt jede und jeder so viel für das Essen, wie man geben kann und will. Wenn man im Internet sucht, findet man noch weitere Geschichten von solchen schönen Aktionen. Warum gerade Caféhausbesitzer? Rudi vom Café Juri erklärt es so: „Viele können sich keinen Besuch im Caféhaus leisten, andere schon. Unser Geschäftsmodell funktioniert super. Wenn man sieht, wie dankbar die Leute sind, macht man das gleich doppelt so gern."

b Ergänzen Sie die Tabelle kurz und in eigenen Worten.

Wer?	Was?	Wo?	Wann?
Caféhausbesitzer			

c Schreiben Sie eine Zusammenfassung.

In Graz und Wien gibt es besondere Aktionen: Der Caféhausbesitzer ...

LERNTIPP Für eine Zusammenfassung markieren Sie zuerst alle Stellen im Text, die Antworten auf die W-Fragen geben: WER, WAS, WANN, WO und WARUM? Schreiben Sie dann mithilfe der markierten Informationen die Zusammenfassung. Vermeiden Sie Beispiele und zu viele Zahlen.

D Aus der österreichischen Geschichte

D2 18 Verbinden Sie.

a Am 8. Mai 1945 wurde
b 1955 wurde
c Im Krieg wurden viele Gebäude
d Bis 1989 wurde
e Der Staatsvertrag wurde
f Österreich wurde von den Siegermächten
g Im Juni 1989 wurde vom österreichischen und ungarischen Außenminister
h Der 26. Oktober wurde

1 am Balkon von Schloss Belvedere präsentiert.
2 durch Bomben beschädigt.
3 durch den Eisernen Vorhang ein freier Grenzverkehr nach Osteuropa verhindert.
4 der Zweite Weltkrieg beendet.
5 in vier Besatzungszonen geteilt.
6 der Staatsvertrag unterzeichnet.
7 offiziell zum Nationalfeiertag gemacht.
8 der Eiserne Vorhang durchgeschnitten.

D3 19 Lösen Sie das Rätsel.

a Österreich wurde nach dem Krieg in vier Besatzungs .... geteilt.
b Die USA, Großbritannien, Frankreich und die Sowjetunion sind nach Kriegsende die ....
c Bei wichtigen Anlässen, z. B. bei einem internationalen Fußballspiel, singen die österreichische Mannschaft und ihre Fans am Anfang die Bundeshymne.
d Im Bundeskanzleramt arbeitet der Chef / die Chefin der .... Man nennt ihn/sie Bundeskanzler/in.
e Ein anderes Wort für gerecht: ....
f Wenn Arbeitnehmer nicht mehr arbeiten, weil sie z. B. mehr Gehalt haben möchten, dann .... sie.
g Wenn Leute mit der Situation im Land nicht zufrieden sind, können sie eine .... organisieren.
h Sie .... dann auf der Straße gegen die Ungerechtigkeit.

A		O		(6)	N								
B	S			G				Ä		(5)			
C	B	U	N	D	E	S	H	Y	M	N	E (3)		
	D			G	(4)								
	E	(1)		I									
		F		T	(2)			K					
G			M				(8)			T			N
H		R		T				(7)		R			

Lösungswort:

1	2	3	4	5	6	7	8
		E					

Test Lektion 13

13

1 Bilden Sie Wörter und ordnen Sie zu.

1 ...... / 3 Punkte

WÖRTER

Zu för che kör sam per dert ~~feucht~~ men li hang

Manche Menschen haben bei Wetterwechsel Kopfschmerzen und andere __________ (a) Beschwerden. Im Winter kann man sich leicht verkühlen, wenn das Wetter kalt und *feucht* (b) ist. Ärzte bestätigen das und sehen einen eindeutigen __________ (c) zwischen dem Wetter und der Gesundheit. Trotzdem wird empfohlen, täglich rauszugehen. Wenn man richtig angezogen ist, __________ (d) Bewegung an der frischen Luft bei jedem Wetter die Gesundheit.

● 0–1
● 2
● 3

2 Schreiben Sie je zwei Sätze wie im Beispiel.

2 ...... / 4 Punkte

GRAMMATIK

a Die Staatsgäste – am Flughafen – abholen
b Sie – zum Essen – in den Präsidentenpalast – einladen
c Stundenlang – politische Themen – diskutieren

a Die Staatsgäste wurden am Flughafen abgeholt.
Die Staatsgäste sind am Flughafen abgeholt worden.

3 Ergänzen Sie in der richtigen Form.

3 ...... / 5 Punkte

a Der Großglockner: Der *höchste* (hoch) Berg Österreichs ist immer eine Reise wert. Für Bergfreunde gibt es kein __________ (schön) Ausflugsziel in den österreichischen Alpen.
b Mode: Die __________ (neu) Trends für Herbst und Winter sind da.
c Titania: Mit diesem Waschmittel haben Flecken keine Chance und Sie haben noch __________ (frisch) Wäsche als früher.
d Beunruhigend: Deutschland hat die __________ (niedrig) Geburtenrate in der EU.
e Immer wieder kann man lesen: Der Wiener Musikverein gehört zu den __________ (gut) Konzerthäusern der Welt.

● 0–4
● 5–7
● 8–9

4 Ordnen Sie zu.

4 ...... / 4 Punkte

KOMMUNIKATION

~~bin total dafür~~ Meiner Ansicht nach meine Meinung
es besser so, wie es in England ist kann ich nur ablehnen

Schulbeginn um 9 Uhr statt um 8 Uhr. Was halten Sie davon?

a Ich *bin total dafür*. Schulbeginn um 8 Uhr ist doch viel zu früh.
b Ganz __________. In anderen Ländern fangen die Kinder ja auch erst um 9 Uhr an.
c Ich finde __________. Da beginnt der Schultag immer erst um 9 Uhr.
d __________ ist 8 Uhr die richtige Uhrzeit für den Schulbeginn. Dann haben die Kinder einfach am Nachmittag mehr Zeit.
e Das __________. Ich muss ja auch um 8 Uhr im Büro sein.

● 0–2
● 3
● 4

Fokus Familie: Ein Antrag beim Elternverein

1 Lesen Sie die Texte aus einem Internetforum.

a Was ist richtig? Kreuzen Sie an.

1 ○ Nicht alle Schülerinnen und Schüler haben genug Geld, um bei Aktivitäten in der Schule mitzumachen.
2 ○ Alle müssen an der Sportwoche teilnehmen.
3 ○ Es gibt die Möglichkeit, beim Elternverein einen Antrag auf finanzielle Unterstützung zu stellen, wenn man wenig Geld hat.

Jürgen	**Sportwoche ohne meinen besten Freund?** Hi Leute, wir fahren im Juni mit der ganzen Klasse auf Sportwoche. Mein bester Freund Florian kann wahrscheinlich nicht mit, weil seine Eltern wenig Geld haben. Ich würde ihm gern helfen. Was kann ich tun? Es wäre echt schade, wenn er nicht mitkommt. Verzweifelte Grüße
Felix	**AW: Sportwoche ohne meinen besten Freund?** Hallo, Jürgen! Nur keine Panik. Die Eltern von deinem Freund können sich an den Klassenvorstand wenden oder direkt an den Elternverein, also an die Vertretung der Eltern in der Schule. In den meisten Fällen haben die eine Kassa, aus der man Zuschüsse bekommen kann. Das muss man aber beantragen. Dafür gibt es meistens ein Formular, das müssen die Eltern von deinem Freund dann ausfüllen und einen Nachweis über ihr Einkommen mitschicken. Im besten Fall bekommen Sie dann die Genehmigung für einen Zuschuss. Ruf doch einfach einmal beim Elternverein oder im Sekretariat von deiner Schule an. Die können dir sicher mehr sagen. Viel Glück!

b Ordnen Sie zu.

○ der Antrag ○ der Nachweis 2 die Genehmigung ○ der Zuschuss ○ streng vertraulich

1 Ein Formular, das man ausfüllt, um etwas zu bekommen, z. B. finanzielle Unterstützung.
2 Eine Erlaubnis, etwas zu tun oder zu bekommen, das man meistens von einer offiziellen Stelle bekommt.
3 Das bedeutet, dass die Informationen nur die Leute bekommen, die mit der Sache etwas zu tun haben.
4 Extra-Geld für einen Ausflug, eine Reise etc.
5 Ein Papier, das z. B. zeigt, wie viel man verdient oder welche Extra-Einnahmen man hat.

2 Lesen Sie die Sätze und hören Sie dann das Gespräch.

48 a Einige Sätze sind falsch. Welche? Korrigieren Sie.

1 Die Eltern können sich auch bei finanziellen Problemen an den Elternverein wenden. √
2 Für die finanzielle Unterstützung muss man ~~nicht~~ Mitglied sein. unbedingt
3 Man kann einen Zuschuss zu einer Schulaktivität beantragen.
4 Die Eltern können mündlich einen Antrag stellen.
5 Man braucht nur in manchen Fällen einen Nachweis.
6 Alles wird streng vertraulich behandelt.
7 Die Genehmigung des Antrags dauert nur ein paar Tage.
8 Wenn der Zuschuss genehmigt wird, bekommen die Eltern das Geld.

48 b Hören Sie noch einmal und vergleichen Sie.

A Köstliche Vielfalt!

A3

1 In der Küche

a Ergänzen Sie wie im Beispiel.

1

● der Kochtopf =
kochen + ● der Topf

2

● die Gemüsesuppe =
.... + ...

3

● das Schwarzbrot =
.... + ...

4

● die Zubereitung =
....

b Bilden Sie Wörter wie in a und ordnen Sie zu.

● ~~der Apfel~~ ● der Löffel ● das Gebäck ~~braten~~ reservieren rot kochen ● das Salz ● der Wein

1

● der Bratapfel

2

....

3

....

4

....

5

....

A3
Phonetik
49–51

2 Hören Sie und sprechen Sie nach.

a Leb • ku • chen – Lebkuchen | Ad • vent • zeit – Adventzeit | Lieb • lings • spei • se – Lieblingsspeise
Volks • fest – Volksfest | Brat • wür • stel – Bratwürstel
Mit • tag • es • sen – Mittagessen | Erd • äp • fel • sa • lat – Erdäpfelsalat

b ◆ Hast du schon einmal Lebkuchen probiert?
○ Ja, im Sommer am Volksfest. Aber eigentlich ist es typisch für die Adventzeit.

c ◆ Was gibt es heute zum Mittagessen?
○ Bratwürstel mit Erdäpfelsalat.
◆ Hmmm! Meine Lieblingsspeise!

A3
Phonetik

3 Bilden Sie Wörter. Sprechen Sie zuerst langsam, dann schnell.

Fest | nachts | zeit | ge | kindl | tag | bäck | zelt | markt | essen | platz | Weih | Markt | fest | Christ

Festtag, Fest…

A4
Schreib-training

4 Bei uns isst man gern …

a Ordnen Sie zu.

- 2 … ist eine Spezialität aus Nord… / Süd… / aus der Region …
- ◯ … wird gekocht / gebraten / kalt gegessen / …
- ◯ … isst man traditionell am Freitag / zu Ostern / zu besonderen Anlässen, zum Beispiel …
- ◯ Zu … isst man meistens/oft/…
- ◯ Bei uns isst man gern …
- ◯ Um … zuzubereiten, braucht man … / Für die Zubereitung von … braucht man …

1 Um welche Spezialität geht es?
2 Aus welcher Region kommt diese Spezialität?
3 Was braucht man für die Zubereitung?
4 Wie wird die Spezialität zubereitet?
5 Was isst man zu dieser Spezialität?
6 Zu welchem Anlass isst man sie?

b Schreiben Sie über eine Spezialität aus Ihrem Heimatland. Hilfe finden Sie in a. Präsentieren Sie Ihren Text dann im Kurs.

Bei uns isst man gern Bolani. Das ist eine Spezialität aus meinem Heimatland Afghanistan. Für die Zubereitung von Bolani braucht man Mehl, Wasser, Salz, Öl und …

LERNTIPP Notieren Sie vor dem Schreiben Fragen, die Sie in Ihrem Text beantworten wollen. Ordnen Sie die Fragen dann und sammeln Sie passende Wörter und Ausdrücke dazu.

B Heimat

B3 **5 Schreiben Sie Sätze wie im Beispiel.**

a sich einigen – Kompromiss
b fragen – Weg
c gratulieren – dein Geburtstag
d sich bedanken – Blumen
e helfen – Hausübung
f bewerben – freie Stelle

a *Diesmal haben wir uns schnell auf einen Kompromiss geeinigt.*

B3 Wiederholung B1, L7 **6 Ergänzen Sie.**

a Er hat überhaupt keine Lust *darauf*, das ganze Wochenende zu lernen.
b Erinnerst du mich bitte ______, dass ich morgen in der Früh zum Arzt muss?
c Wir träumen ______, bald in eine größere Wohnung zu ziehen.
d Morgen ist ja dein erster Arbeitstag. Freust du dich ______?
e Ich habe wirklich große Angst ______, die Prüfung nicht zu bestehen.

◇ B3 Wiederholung B1, L7 **7 Was ist richtig? Kreuzen Sie an.**

a ◆ ○ An wen ☒ Woran denkst du gerade? ○ An letztes Wochenende.
b ◆ ○ Mit wem ○ Womit hast du telefoniert? ○ Mit einem Kollegen.
c ◆ ○ Von wem ○ Wovon erzählst du gerade? ○ Von meinem Vorstellungsgespräch.
d ◆ ○ Auf wen ○ Worauf warten wir eigentlich? ○ Auf unsere Chefin.
e ◆ ○ Über wen ○ Worüber beschwert ihr euch? ○ Über die vielen Überstunden!

B3 Wiederholung B1, L7 **8 Fragen über Fragen. Ergänzen Sie wie im Beispiel.**

a ◆ *Über wen* sprichst du gern, Mama?
○ Über dich, mein Schatz.
◆ Und *worüber* ärgerst du dich oft?
○ Über die Kleidung, die in deinem Zimmer auf dem Boden liegt.

b ◆ ______ triffst du dich diese Woche noch?
○ Mit Tante Christa. Sie kommt morgen zu uns.
◆ Und ______ unterhaltet ihr euch?
○ Das weiß ich noch nicht. Vielleicht über ihre Arbeit.

c ◆ ______ hast du dich das letzte Mal so richtig gestritten?
○ Weißt du das nicht mehr? Mit deinem Bruder.
◆ Und ______ habt ihr euch gestritten?
○ Darüber, dass er nicht genug für die Schule tut.

❖ B3 Wiederholung B1, L7 **9 Schreiben Sie vier Fragen.**
Tauschen Sie Ihre Fragen mit Ihrer Partnerin / Ihrem Partner und antworten Sie.

~~sich gewöhnen an~~ | sich interessieren für | sich kümmern um | lachen über | reden über | sich verabreden mit | sich wenden an | zurechtkommen mit

◇ *Woran musstest du dich da in Österreich zuerst gewöhnen?*
○ *An den langen, kalten Winter.*

B3 10 Welche Wörter aus den Übungen 5–9 sind für Sie besonders wichtig?

Ergänzen Sie in der Tabelle mindestens je ein Wort pro Zeile.

erinnern	daran/an …	→ Woran/An wen …?
warten	darauf/auf …	→ Worauf/Auf wen …?
	dafür/für …	→ Wofür/Für wen …?
	darüber/über …	→ Worüber/Über wen …?
	darum/um …	→ Worum/Um wen …?

	dabei/bei …	→ Wobei/Bei wem …?
	damit/mit …	→ Womit/Mit wem …?
	danach/nach …	→ Wonach/Nach wem …?
	davon/von …	→ Wovon/Von wem …?
	davor/vor …	→ Wovor/Vor wem …?
	dazu/zu …	→ Wozu/Zu wem …?

B3 11 Das ist in meinem Heimatland anders.

52–54 **a** Wer spricht über welches Thema? Hören Sie und ordnen Sie zu.
Achtung: Über zwei Themen wird nicht gesprochen.

Kindererziehung | Mahlzeiten | Öffnungszeiten | Pünktlichkeit | Männer und Frauen

1 Jian-Guo

2 Carol

3 Ayrton

52–54 **b** Was ist richtig? Hören Sie noch einmal und kreuzen Sie an.

1 Jian-Guo
- a ☒ ist es von seiner Heimat gewohnt, dass man oft über das Essen spricht.
- b ○ hat gemerkt, dass man sich in Österreich nie über das Wetter unterhält.
- c ○ findet es schade, dass in Österreich manche ihre Mahlzeiten nicht in Ruhe essen.

2 Carol
- a ○ gefällt es jetzt, dass Geschäfte, Banken und Ordinationen nicht immer offen haben.
- b ○ findet es schade, dass die Öffnungszeiten nicht geändert werden.

3 Ayrton
- a ○ weiß mittlerweile, dass Pünktlichkeit bei Einladungen in Österreich wichtig ist.
- b ○ ärgert sich immer, wenn öffentliche Verkehrsmittel nicht regelmäßig fahren.

B3 12 Unterschiede und Gemeinsamkeiten

a Wie kann man noch sagen? Verbinden Sie.

1 Im Vergleich zu meinem Heimatland ...
2 Im Unterschied zu meinem Heimatland ...
3 Mir ist aufgefallen, dass ...
4 Das ist in meinem Heimatland auch so.
5 Das ist in meinem Heimatland anders.

a Ich habe festgestellt, dass ...
b Das ist bei uns nicht so.
c Das ist bei uns genauso.
d Im Gegensatz zu meinem Land ...
e Wenn man ... mit meinem Land vergleicht, dann ...

b Ergänzen Sie die Sätze. Hilfe finden Sie in a. Achtung: Manchmal gibt es mehrere Lösungen.

1 ◆ Ich habe festgestellt, dass es in Österreich gar nicht so leicht ist, neue Leute kennenzulernen. *Das ist in meinem Heimatland anders.* Vielleicht, weil das Leben dort mehr im Freien stattfindet.

2 ○ .... gibt es hier nicht so viele Familien mit vier oder noch mehr Kindern. Das finde ich interessant.

3 ▲ ...., ... sich Paare manchmal auf der Straße oder im Park küssen. ....

4 ◻ .... sind in Österreich viel mehr Radfahrer unterwegs.

5 ✚ In Österreich gibt es freundliche und nicht so freundliche Menschen. .... : Auch dort gibt es sowohl nette als auch nicht so nette Leute.

c Schreiben Sie fünf Sätze wie in b.

c Im Vergleich zu meinem Heimatland ...

B4 13 Ordnen Sie zu.

Bei dem Wort „Heimat" denke ich an ~~Heimat bedeutet für mich~~
Ich erinnere mich noch gut Mit „Heimat" verbinde ich das Gefühl

a *Heimat bedeutet für mich*, bei meinen Eltern und Geschwistern zu sein.
b .... unser Zuhause am Meer.
c .... an den Geruch von reifen Zitronen.
d .... von Geborgenheit.

B4 14 Bilden Sie Wörter und ordnen Sie zu. Ergänzen Sie ● *der* – ● *das* – ● *die*, wenn nötig.

bi di Ge gra ~~grie~~ ~~in~~ li lich Mi Mo nen ord ~~ren~~
schmack spe ständ tion tät tion ~~te~~ Tra ver ziell

a die Integration – *integrieren*
b der/die Migrant/-in – ....
c mobil – ....
d der Ordner – ....
e schmecken – ....
f die Spezialität – ....
g traditionell – ....
h verstehen – ....

C Blick auf Europa

C3 15 Wörter aus Politik und Geografie. Verbinden Sie.

a Wenn Menschen zwischen mehreren Möglichkeiten wählen können und nicht tun müssen, was andere sagen, ist das ein Zeichen von ...
b Europa ist kein Land, sondern ein ...
c Der Reisepass ist ein Dokument, das zeigt, welche ... jemand hat.
d Eine Gruppe von vielen Menschen, die in einem Land lebt, nennt man ...
e Wenn ein Volk durch Wahlen entscheiden kann, wer in die Regierung kommt, spricht man von ...

1 • Staatsbürgerschaft
2 • Demokratie.
3 • Kontinent.
4 • Volk.
5 • Freiheit.

C4 16 Rate einmal, wo ich gerade bin!

a Was ist richtig? Lesen Sie und kreuzen Sie an.

Luis ...
1 schreibt Leila aus ○ der Schweiz. ○ Österreich.
2 hat dort vor einiger Zeit angefangen ○ zu arbeiten. ○ zu studieren.
3 denkt, dass Leila ○ den Opernball ○ die Region mögen würde.

E-Mail senden

Liebe Leila,
rate einmal, wo ich gerade bin! Also: Das Land liegt in Mitteleuropa und gehört zur Europäischen Union. Von der Fläche her ist es auf Platz 14 in der EU. Hier leben circa 8,7 Millionen Menschen, von denen ungefähr 15 Prozent Wurzeln in einem anderen Land haben. Die meisten dieser Menschen mit Migrationshintergrund stammen aus Deutschland und Serbien, aus der Türkei, aus Bosnien und Rumänien.
Obwohl dieses Alpenland relativ klein ist, hat es viele Nachbarländer: acht, um genau zu sein. Es grenzt an kein Meer, dafür hat es ganz im Westen und ganz im Osten jeweils einen großen See: den Bodensee und den Neusiedler See. Der längste Fluss ist die Donau, die durch Linz und Wien fließt. In der Stadt, die ich zuletzt genannt habe, habe ich seit einem halben Jahr einen richtig guten Job.
Hast du nicht Lust, mich besuchen zu kommen? Die Gegend da würde dir bestimmt gut gefallen! Außerdem ist bald der Opernball und ich habe gedacht, dass wir da einmal miteindander hingehen. ;-)
Viele Grüße
Dein Luis

b Lesen Sie noch einmal und ergänzen Sie die Mindmap mit den Informationen aus a.

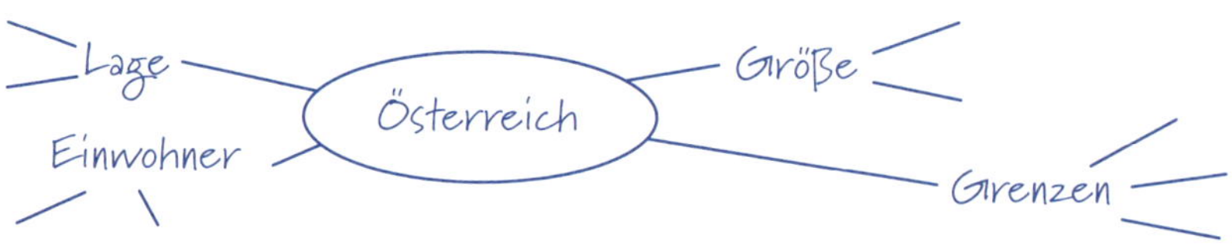

c Ergänzen Sie die Mindmap mit Ihren eigenen Informationen über Österreich.

LERNTIPP Verwenden Sie Mindmaps, wenn Sie Informationen oder Wörter sammeln und ordnen möchten. Mindmaps helfen Ihnen auch beim (Wörter-)Lernen.

D Blick zurück – Blick nach vorn

D3 Prüfung

17 Sie suchen auf der Internetseite der Volkshochschule nach Kursen.
Lesen Sie die Aufgaben 1–5 und das Kursprogramm.
Welcher Link (a, b oder c) passt? Kreuzen Sie an.

1 Sie sind neu in der Stadt und möchten Ihr Wohnviertel besser kennenlernen.
a ○ Mensch, Gesellschaft, Politik
b ○ Kultur, Kunst, Kreativität
c ○ anderer Link

2 Sie interessieren sich dafür, wie Wolken entstehen.
a ○ Mensch, Gesellschaft, Politik
b ○ Mathematik, Naturwissenschaften, Naturschutz
c ○ anderer Link

3 Sie wollen etwas tun, um geistig fit zu bleiben.
a ○ Gesundheit, Ernährung, Kochkultur
b ○ Mathematik, Naturwissenschaften, Naturschutz
c ○ anderer Link

4 Sie möchten lernen, E-Mails mit zehn Fingern zu tippen.
a ○ Computer und Internet
b ○ Kultur, Kunst, Kreativität
c ○ anderer Link

5 Ihr Sohn will sich beraten lassen, welche Ausbildung zu ihm passt.
a ○ Beruf und Karriere
b ○ Schulabschlüsse
c ○ anderer Link

KURS-PROGRAMM

Mensch, Gesellschaft, Politik
Politik und Gesellschaft
Stadtteil-Themen
Religionen
Lernen und Gedächtnis

Kultur, Kunst, Kreativität
Kunst- und Kulturgeschichte
Zeichnen und Malen
Nähen und Schneidern
Handwerken und Basteln
Schmuck herstellen
Schreibwerkstatt
Fotografie
Tanz
Musik

Mathematik, Naturwissenschaften, Naturschutz
Mathematik
Naturwissenschaften (Biologie/Chemie)
Natur entdecken
Naturschutz im Alltag

Gesundheit, Ernährung, Kochkultur
Gesundheit informativ: Vorträge
Gesundheit aktiv: Sportangebote
Sport für Seniorinnen und Senioren
Kochkultur und Ernährungswissen

Beruf und Karriere
Büro- und Office-Management
Projektmanagement
Marketing und Verkauf
Methoden für den Unterricht mit Erwachsenen

Computer und Internet
Schreiben am PC
Internet und Multimedia
Computer und Internet für Seniorinnen und Senioren

Fremdsprachen
Arabisch
Chinesisch
Englisch
Französisch
Hindi
Spanisch

Deutsch
Deutsch für Deutschsprachige
Deutsch – Integrationskurse
Deutsch – Intensiv- und Standardkurse

Schulabschlüsse
Lesen, Schreiben, Rechnen
Schulabschlüsse
Von der Schule in die Arbeitswelt

Test Lektion 14

1 Wie heißen die Wörter? Ordnen Sie zu.

TENBRA | BÄCKGE | MODETIEKRA | ~~HEITFREI~~ | GRIETERENIN | GRAMITION | RENRÜH | GERSCHAFTSTAATSBÜR

a Essen/kochen: ……………………………………

……………………………………

b Staat/Politik: Freiheit, ……………………………………

……………………………………

1 ……… / 7 Punkte

WÖRTER

● 0–3 ● 4–5 ● 6–7

2 Ergänzen Sie wie im Beispiel.

a Würstel, die man in der Pfanne brät, heißen Bratwürstel.
b Ein Löffel, den man zum Essen verwendet, ist ein …………………… .
c Weißes Brot wird einfach nur …………………… genannt.
d Ein Saft, der aus Orangen hergestellt wird, ist ein …………………… .
e Ein Häferl, aus dem man Kaffee trinkt, nennt man …………………… .

2 ……… / 4 Punkte

GRAMMATIK

3 Ergänzen Sie.

a ◆ Träumst du auch manchmal davon, frei zu sein und einfach nur das zu tun, worauf du Lust hast?
○ Ja, natürlich! Wer tut das nicht?

b ◆ …………………… freust du dich denn so?
○ Ich freue mich gerade ……………………, dass heute so schönes Wetter ist und ich nicht mehr lang arbeiten muss.

c ◆ Wenn du …………………… früher denkst: …………………… erinnerst du dich gern?
○ …………………… meine Schulzeit und die vielen Feste, die wir damals gefeiert haben.

d ◆ Was verbindest du …………………… dem Begriff „Familie"?
○ …………………… verbinde ich vor allem das Gefühl von Geborgenheit und Sicherheit.

3 ……… / 7 Punkte

● 0–5 ● 6–8 ● 9–11

4 Ordnen Sie zu.

schmeckt gut zu | Ich denke an | ~~Bei uns isst man gern~~ | Mit dem Kurs verbinde ich | Das ist eine Spezialität | Ich träume davon | Das ist ein

a Bei uns isst man gern (1) Kernöl. …………………… (2) besonderes Öl, das aus Kürbiskernen hergestellt wird. Kernöl …………………… (3) Backhendlsalat: …………………… (4) aus der Steiermark.

b …………………… (1) viele schöne Erinnerungen. …………………… (2) die Freundschaften, die in den letzten Monaten zwischen uns entstanden sind. …………………… (3), die Sprache irgendwann perfekt zu beherrschen.

4 ……… / 6 Punkte

KOMMUNIKATION

● 0–3 ● 4 ● 5–6

Fokus Beruf: (Un-)Zufriedenheit äußern

1 Wann ist eine Chefin/ein Chef mit ihrem/seinem Team zufrieden, wann nicht?

Wann ist das Team mit seiner Chefin/seinem Chef zufrieden, wann nicht? Sprechen Sie im Kurs.

gute Arbeit leisten | loben | nachfragen, wenn etwas unklar ist | gerecht behandeln | ...

Eine Chefin oder ein Chef ist zufrieden, wenn das Team gute Arbeit leistet, das heißt: gute Ergebnisse erzielt.

2 Georgios Cordalis arbeitet in einem Altersheim.

Edina Böhm, die Leiterin, bittet ihn in ihr Büro, um mit ihm über seine Arbeit zu sprechen.

55 **a** Wer ist zufrieden, wer ist unzufrieden? Hören Sie das Gespräch und kreuzen Sie an.

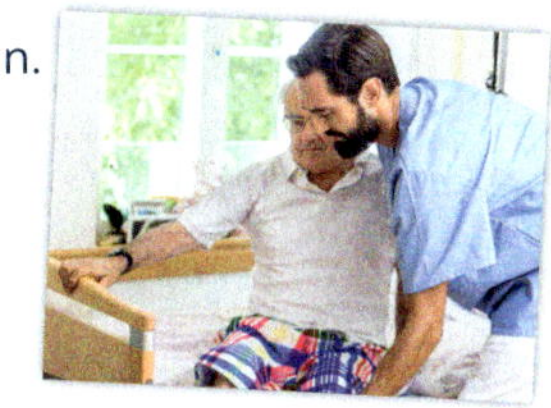

1 Frau Böhm ○ ☺ ○ ☹
2 Herr Cordalis ○ ☺ ○ ☹

55 **b** Hören Sie noch einmal und korrigieren Sie die Sätze wie im Beispiel.

1 Frau Böhm wollte mit Herrn Cordalis sprechen, weil ~~ihr sein Verhalten nicht gefällt.~~
er nicht zufrieden wirkt.

2 Herr Cordalis hat keine Zeit, sich lange mit den Bewohnerinnen und Bewohnern zu unterhalten.

....

3 Renate, die Kollegin von Herrn Cordalis, ist seit zwei Wochen auf Urlaub.

....

4 Die Leute, die Renate normalerweise betreut, betreut jetzt die Praktikantin.

....

5 Frau Böhm findet, dass Herr Cordalis noch bessere Arbeit leisten könnte.

....

3 Lesen Sie und ergänzen Sie: zufrieden (+) oder unzufrieden (-).

+ Ich bin mit Ihrer Arbeit sehr zufrieden. | Ich bin nicht zufrieden, weil ... | Mir ist in letzter Zeit aufgefallen, dass ... Das stört mich. | Ich finde es nicht gut, dass ... | Sie haben ausgezeichnete Arbeit geleistet. | Mir gefällt, dass ... | Ich finde es sehr gut, dass ...

4 Arbeiten Sie zu zweit. Wählen Sie jeweils eine Situation.

Notieren Sie, was Sie sagen möchten und wie man reagieren könnte.
Spielen Sie dann ein Gespräch wie im Beispiel.

+
Sie haben schon öfter festgestellt, dass einer Ihrer Mitarbeiter sehr freundlich zu den Kunden ist. Loben Sie ihn dafür.

+
Sie sind sehr zufrieden, wie gut sich Ihre neue Mitarbeiterin in Ihr Team integriert hat.

-
Ihre Kollegin ist in letzter Zeit öfter zu spät in die Arbeit gekommen. Sie finden ihr Verhalten unfair, weil Sie deshalb mehr Arbeit haben.

Mir gefällt, dass Sie zu unseren Kunden so freundlich sind. Das ist wirklich super!

Vielen Dank! Es freut mich sehr, dass Sie mit meiner Arbeit zufrieden sind.

Anhang

Lernwortschatz

8 Unter Kollegen

ELLAS KOLUMNE

	• der Sportler, - / • die Sportlerin, -nen	Wer ist das noch einmal? Eine Sportlerin?
	falls	Wir sind jetzt per *Du*, falls dich das interessiert.
3	• der Chat, -s	Lesen Sie den Chat und beantworten Sie die Fragen.

A

A2	• die Grenze, -n	Grenzen setzen: Wie lehne ich Aufgaben im Job ab?
	eventuell	Eventuell haben Sie auch Angst vor negativen Konsequenzen, ...
	• die Konsequenz, -en	Eventuell haben Sie auch Angst vor negativen Konsequenzen, ...
	wirken (hat gewirkt)	Denn Sie wirken unzuverlässig, falls Sie Ihre Aufgaben dann doch nicht schaffen.
	zu·sagen (hat zugesagt)	Sprechen Sie das Problem auch an, falls Sie schon zugesagt haben, ...
	tauschen (hat getauscht)	Vielleicht können Aufgaben getauscht ... werden?
A4	• der Kuli, -s	Es muss sich jemand um ... Blöcke und Kulis für die Teilnehmenden kümmern.
	morgig-	Sie müssen heute die morgige Geschäftsreise für den Chef vorbereiten.
	worum	Worum geht's denn?

B

B1	je	Je länger man wartet, desto schlechter wird die Stimmung.
	desto	Je länger man wartet, desto schlechter wird die Stimmung.
	je ... desto	Je länger man wartet, desto schlechter wird die Stimmung.

B2

● der Einfluss, ¨-e …… Freundschaften im Job haben positiven Einfluss auf das Betriebsklima.

● das Klima (Sg.)  …… ... positiven Einfluss auf das Betriebsklima.

● die Karriere, -n  …… Trotzdem warnt die Karriereexpertin ...

eng …… Trotzdem warnt die Karriereexpertin ... vor zu engen Freundschaften ...

● die Studie, -n …… Studien zeigen, dass Freundschaften am Arbeitsplatz das Betriebsklima verbessern.

● die Freundschaft, -en  …… Studien zeigen, dass Freundschaften am Arbeitsplatz das Betriebsklima verbessern.

● die Atmosphäre (Sg.) …… Je angenehmer die Arbeitsatmosphäre ist, desto weniger Stress haben die Mitarbeiter ...

warnen (hat gewarnt) …… Warum warnen Sie trotzdem vor Freundschaften im Job?

● die Distanz, -en …… Ist es nicht schwierig, immer auf Distanz zu bleiben?

● die Zusammenarbeit (Sg.) 

…… Zunächst sollte man gute Zusammenarbeit nicht mit Freundschaft verwechseln.

● die Beziehung, -en …… Außerdem gibt es am Arbeitsplatz natürlich Tabuthemen, beispielsweise Beziehungsprobleme und Geldsorgen.

beeinflussen (hat beeinflusst) …… Freundschaften im Job beeinflussen die Arbeitsleistung negativ.

sinnvoll …… Auch sehr private Gesprächsthemen sind am Arbeitsplatz sinnvoll.

C

C2 monatelang …… Mit ihm bin ich monatelang durch Asien gereist.

● das Gedicht, -e …… Von ihm bekomme ich oft so schöne Gedichte.

treu …… Das ist mein treuester und romantischster Freund.

C3 ● das Orchester, - …… Ich habe einen Nachbarn, der im Orchester spielt.

Lernwortschatz

D

D1	duzen (hat geduzt)	....	In welchen Situationen werden Sie geduzt/gesiezt?
	• der Elternabend, -e	....	Beim Elternabend werde ich vom Klassenvorstand gesiezt.
D2	recht	....	Wenn es Ihnen recht ist, dann können wir uns gern duzen.
D4	• die Werbung (Sg.) 	....	Allerdings gibt es zunehmend Branchen, in denen das *Du* üblich ist, wie z. B. in der Computerbranche, in der Werbung, in der Gastronomie und auf dem Bau.
	• der Vergleich, -e	....	Im Arbeitsleben wird im Vergleich zu früher mehr geduzt ...
	• die Gemeinschaft, -en	....	Das *Du* schafft Gemeinschaft ...
	derselbe (dieselbe/dasselbe)	....	Das *Du* schafft Gemeinschaft, egal, ob man über die Kinder, die Nachbarn, denselben Arbeitsweg oder den Hund spricht.
D5	außer	....	Was muss außer der Anrede noch beachtet werden, wenn man höflich sein möchte?
	• die Form, -en	....	Ähnlich wie im Deutschen gibt es im Ukrainischen auch zwei Anredeformen.
	• der Eindruck, ¨-e	....	Ich habe den Eindruck, bei uns in der Ukraine siezt man öfter als in Österreich.

Unter Kollegen

• die Zusammenarbeit (Sg.)
• das Betriebsklima (Sg.)
• die Arbeitsatmosphäre (Sg.)
• die Freundschaft, -en
• die Karriere, -n

duzen
siezen
• die Gemeinschaft, -en
• die Distanz, -en
• der Einfluss, ¨-e

TiPP

Aus vielen Wörtern kann man durch Vor- oder Nachsilben neue Wörter machen. Bauen Sie Wortfamilien auf. Arbeiten Sie auch mit dem Wörterbuch.

sagen: zusagen, absagen, vorsagen, vorhersagen, ...

9 Virtuelle Welt

FOTO-HÖRGESCHICHTE

	virtuell		Virtuelle Welt
1	• der Ordner, -		Sami findet auf seinem Computer den Ordner „Alex Unger“ nicht.
	• die Festplatte, -n		Jeder Computer hat eine Festplatte.
	• die Datei, -en		Ella glaubt, dass jemand die Dateien von Samis Computer gelöscht hat.
	• das / • der Virus, Viren		Oder dass ein Virus auf dem Computer ist.
	• der Monitor, -e 		Liana schaltet die Computer und die Monitore ein.
	(he)runter·laden, du lädst herunter, er lädt herunter (hat heruntergeladen)		Er lädt ein teures Programm aus dem Internet herunter.
	an·schließen (hat angeschlossen)		Du musst den Monitor an den Rechner anschließen.
	löschen (hat gelöscht)		Ella glaubt, dass jemand die Dateien von Samis Computer gelöscht hat.
	• die Tastatur, -en 		Mit dieser Tastatur kann ich richtig gut tippen.
	an·klicken (hat angeklickt)		Du musst das Programm mit der Maus anklicken.
2	• der Gott, ⸚er		Gott sei Dank!

ELLAS KOLUMNE

tagelang		Sie erledigen tagelang die dümmsten Arbeiten, ohne einen einzigen Fehler zu machen.
bevor		Man sollte lieber einmal scharf nachdenken, bevor man solch einen Unsinn glaubt.
• der Unsinn (Sg.)		Man sollte lieber einmal scharf nachdenken, bevor man solch einen Unsinn glaubt.
• die Erfindung, -en 		... als ob unsere Erfindungen intelligenter und besser wären als wir.

Lernwortschatz

3	• der Akku, -s 	Letzten Monat ist der Akku von meinem Handy kaputt geworden.
	A	
A1	nachdem	Nachdem du den Ordner „Alex Unger" ... kopiert hattest, hast du ihn auf deinem Computer gelöscht.
A3	• der Rechner, -	Ab 16 Uhr wird auf Ihrem Rechner ein neues Antivirenprogramm installiert.
	installieren (hat installiert)	Ab 16 Uhr wird auf Ihrem Rechner ein neues Antivirenprogramm installiert.
A5	• der Kursleiter, - / • die Kursleiterin, -nen	Sie möchten eine kleine Überraschungsfeier für Ihre Kursleiterin / Ihren Kursleiter organisieren.
	B	
B1	als ob	Du tust ja so, als ob ich keine Ahnung hätte.
B2	herrlich	Ja, herrlich ist es hier.
B3	• der Manager, - / • die Managerin, -nen 	Im Gespräch tut er so, als ob er Topmanager wäre.
	• der Wohnblock, ¨-e	Wo wohnen Sie? – In einem Wohnblock im Zentrum von Villach.
	C	
C1	beschreiben (hat beschrieben)	Alles funktioniert wie beschrieben.
	beschließen (hat beschlossen)	Jemand versteht die Bedienungsanleitung nicht und beschließt, das Problem allein zu lösen.
C2	• der Salon, -s	In der Waschküche und im Waschsalon
	• der Knopf, ¨-e 	Danach drücken Sie den Startknopf.
	Verzeihung	Verzeihung, ich bin zum ersten Mal da.
C3	erstellen (hat erstellt)	Erklären Sie Ihrer Partnerin / Ihrem Partner, wie Sie mit Ihrem Handy einen neuen Kontakt erstellen, ...
	• das Passwort, ¨-er	Erklären Sie ..., wie Sie das Passwort ändern, ...
	• das Symbol, -e	Zuerst musst du auf das Symbol „Mikrofon" drücken.
	D	
D1	süchtig	Ich habe Angst, dass mein Sohn (16) spielsüchtig ist.

	vorn		... und dann geht alles wieder von vorn los.
	sämtlich		..., weil mein Mann sein sämtliches Geld für unwichtige Dinge ausgibt.
	● das Mountainbike, -s 		Den Kredit für die Wohnung muss ich ganz alleine abbezahlen, weil mein Mann sein sämtliches Geld für unwichtige Dinge ausgibt: ..., ein Mountainbike, ...
	sowieso		Den Kredit für die Wohnung muss ich ganz alleine abbezahlen, weil mein Mann sein sämtliches Geld für unwichtige Dinge ausgibt: ... ein Mountainbike (obwohl er die Berge sowieso nicht mag), ...
	fort		...ein Mountainbike ..., eine Spiel-Konsole ... und so weiter und so fort.
D2	wieso		Ich verstehe nicht, wieso dich das so aufregt.
	auf·regen (hat aufgeregt)		Ich verstehe nicht, wieso dich das so aufregt.
	E		
E1	verändern (hat verändert)		Wie verändern Smartphones die Kommunikation zwischen den Menschen?
	digital		Welchen Einfluss haben die digitalen Medien auf Kinder und Jugendliche?
E2	● die Diskussion, -en 		Diskussion: Ein Leben ohne Handy, PC und Internet – ist das möglich?
	diskutieren (hat diskutiert)		Diskutieren Sie dann.
	● der Moderator, -en / ● die Moderatorin, -nen		Moderator. Er leitet die Diskussion und achtet darauf, dass alle zu Wort kommen und ihren Standpunkt zum Thema sagen können.
	● der Standpunkt, -e		Moderator. Er leitet die Diskussion und achtet darauf, dass alle zu Wort kommen und ihren Standpunkt zum Thema sagen können.
	ändern (sich) (hat geändert)		Sein Leben hat sich dadurch komplett geändert.

Lernwortschatz

Virtuelle Welt

virtuell
- der Computer, -
- die Festplatte, -n
- die Datei, -en
- das / der Virus, Viren
- der Monitor, -e

(he)runter·laden
an·schließen
löschen

- der Ordner, -
- die Tastatur, -en
- der Akku, -s
- der Rechner, -

installieren
erstellen
- das Passwort, ¨-er
- das Symbol, -e

TIPP
Machen Sie sich ein Bild von den Wörtern. Stellen Sie sich zum Beispiel einen Schreibtisch vor. Was gibt es dort alles?

Mein Schreibtisch:
der Computer, der Monitor,
die Tastatur, die Unterlagen,
der Stift, …

10 Werbung und Konsum

FOTO-HÖRGESCHICHTE

1	die Haut (Sg.)	....	Hautausschlag: Punkte, z. B. im Gesicht, auf der Brust oder am Hals
	das Gesicht, -er	....	Punkte, z. B. im Gesicht, auf der Brust oder am Hals
	der Nachteil, -e	....	Man bekommt Geld, wenn man in einer Situation Nachteile hatte.

ELLAS KOLUMNE

	verbieten (hat verboten) 	....	Die Teefirma wollte ihm verbieten, von dem Erlebnis öffentlich zu berichten.
	live	....	... und wir machten einen Live-Allergie-Test in der Redaktion.
	der Sieger, - / die Siegerin, -nen 	....	Die Antwort des strahlenden Siegers: „Wer sich nicht wehrt, lebt verkehrt.“
4	gerecht	....	Wenn man nicht gerecht behandelt wird, muss man etwas dagegen tun.
	behandeln (hat behandelt)	....	Wenn man nicht gerecht behandelt wird, muss man etwas dagegen tun.
5	vorig-	....	Vorige Woche ...
	umschalten (hat umgeschaltet)	....	Wenn im Fernsehen Werbung kommt, schalte ich sofort um.
	vernünftig	....	Das finde ich nicht vernünftig!

A

A1	sowohl ... als auch	Der Tee soll sowohl gut schmecken als auch gute Laune machen.
	weder ... noch	Ella meint, dass der Tee weder gut schmeckt noch gute Laune macht.
	• die Limonade, -n 	Limonade – schmeckt fruchtig und erfrischend
A2	• die Lieferung, -en	Das ist jetzt schon die zweite falsche Lieferung!
	• das Zelt, -e 	Sie können einfach mit dem Zelt und Ihrer Rechnung zur Kassa gehen.
	weg·werfen, du wirfst weg, er wirft weg (hat weggeworfen)	Wir haben sowohl die Verpackung als auch die Rechnung weggeworfen.
	• die Bedingung, -en	Aber die Hersteller haben da leider unterschiedliche Garantiebedingungen.
	streichen (hat gestrichen)	Es war ausgemacht, dass Sie sowohl das Bad renovieren als auch die Wände streichen.
A4	• der Fotoapparat, -e	Ihr Fotoapparat ist nicht so gut wie in der Werbung versprochen.
	• der Beleg, -e	Sie sind mit dem Vorschlag einverstanden, aber Sie haben keinen Beleg.
	• der Umtausch, ⸚e 	Vorschlag: Umtausch.
	benötigen (hat benötigt)	Die Rechnung wird benötigt.
	gratis	Sie wollen keine Gratisstunden, sondern das Geld zurück.

B

B1	nachschauen (hat nachgeschaut)	Das, was du suchst, findest du immer dort, wo du als Letztes nachschaust.
	• die Schlange, -n	In der anderen Schlange geht's immer schneller.
B2	• die Handtasche, -n 	Oder vielleicht in deiner Handtasche.
	an·stellen (sich) (hat sich angestellt)	Dass wir uns ausgerechnet dort anstellen, wo es am langsamsten geht.
	ein·fallen, dir fällt ein, ihm fällt ein (ist eingefallen)	Ist das alles, was dir dazu einfällt?

Lernwortschatz

	schief·gehen (ist schiefgegangen)		Es gibt so Tage, an denen geht alles schief, was schiefgehen kann.
B3	• das Missgeschick, -e		Peinliche und lustige Pannen und Missgeschicke

C

C1	• das Fahrzeug, -e 		Ein hupendes Fahrzeug ist ein Fahrzeug, das hupt.
C2	ausgezeichnet		Das Essen gelingt immer und schmeckt ausgezeichnet.
	korrigieren (hat korrigiert)		der korrigierende Bleistift
	reinigen (hat gereinigt) 		Er reinigt sich selbstständig.
	wachsen, du wächst, er wächst (ist gewachsen)		das schrumpfende und wachsende Auto
	drehen (sich) (hat sich gedreht)		das sich drehende Auto

D

D1	• die Entwicklung, -en		Fredi hat bei der Entwicklung eines neuen Produkts mitgeholfen.
	hinterher		Hinterher konnte telefonisch über die 50 am häufigsten genannten Ideen abgestimmt werden.
	ab·stimmen (hat abgestimmt)		Hinterher konnte telefonisch über die 50 am häufigsten genannten Ideen abgestimmt werden.
	• der Snack, -s		Eine Jury probierte die drei besten Snacks und wählte die Nussmischung, die produziert werden sollte.
	einerseits		Sie sparen einerseits Kosten für die Marktforschung, andererseits auch Kosten für Verbrauchertests und Werbung.
	• die Forschung, -en		Sie sparen einerseits Kosten für die Marktforschung, andererseits auch Kosten für Verbrauchertests und Werbung.

	• der Verbraucher, - / • die Verbraucherin, -nen	....	Die Verbraucher, die freiwillig bei der Entwicklung von neuen Produkten mithelfen, werden in der Regel gut bezahlt.
D2	• das Projekt, -e	....	Würden Sie bei so einem Projekt mitmachen?
D3	• die Zwetschke, -n	....	Weiße Schokolade mit Zwetschke und Marille
	• die Marille, -n	....	Weiße Schokolade mit Zwetschke und Marille

E

E1	• der Kampf, ¨-e	....	Tag für Tag die gleichen Kämpfe mit Luis: ...
	neulich	....	Paola hat dann neulich eine sprechende Zahnbürste gekauft, ...
	• der Griff, -e	....	Paola hat dann neulich eine sprechende Zahnbürste gekauft, sehr schön, mit neongelber Bürste und einer kleinen sommersprossigen Figur am Griff.
	weiter·machen (hat weitergemacht)	....	... sagte die Zahnbürste mit roboterhafter Stimme: „Weitermachen!“
	• der Dieb, -e / • die Diebin, -nen	....	Ist ein Dieb im Bad, ...?
	entschlossen (sein)	....	Entschlossen öffnete ich die Tür und machte Licht.
	schütteln (hat geschüttelt)	....	Ich schüttelte sie, aber sie sprach weiter.
	• das Handtuch, ¨-er 	....	Ich bedeckte sie mit drei Handtüchern, schloss die Tür und ging wieder ins Bett.
	auf·halten, du hältst auf, er hält auf (hat aufgehalten)	....	Das Metallstimmchen war durch kein Handtuch aufzuhalten.
	• der Rest, -e	....	Ich konnte mir nicht den Rest der Nacht mit der Zahnbürste um die Ohren schlagen.
	schweigen (hat geschwiegen)	....	Er schwieg und starrte in die Grube.

Lernwortschatz

Einkaufen und Umtauschen

bestellen
- die Lieferung, -en

- die Beratung, -en
- der Fachmann, ¨-er /
  - die Fachfrau, -en /
  - die Fachleute
- der Verbraucher, - /
  - die Verbraucherin, -nen

- die Bedingung, -en
- der Umtausch, ¨-e
- der Beleg, -e
- der Mangel, ¨-

TIPP
Suchen und notieren Sie jeden Tag Ihr persönliches Wort des Tages.

Datum	Wort des Tages	Wo gefunden?	Beispiel
28.6.	das Missgeschick, -e	in der Zeitung	Das Missgeschick passierte, als …

11 Miteinander

FOTO-HÖRGESCHICHTE

3	• der Bauer, -n • die Bäuerin, -nen	Der Bauer muss doch wissen, dass es immer Leute gibt, die betrügen und nicht zahlen.
	betrügen (hat betrogen)	Der Bauer muss doch wissen, dass es immer Leute gibt, die betrügen und nicht zahlen.
	illegal	Das ist doch illegal!
	an·zeigen (hat angezeigt)	Ich finde, so etwas soll man anzeigen und bestrafen.
	bestrafen (hat bestraft)	Ich finde, so was soll man anzeigen und bestrafen.

ELLAS KOLUMNE

weg·gehen (ist weggegangen)	Oder sie schneiden sich im Blumenfeld einen schönen großen Strauß ab, schauen nach links und rechts und gehen einfach weg.
zerstören (hat zerstört)	Ihr zerstört Vertrauen!
• das Vertrauen (Sg.)	Ihr zerstört Vertrauen!

	stehlen, du stiehlst, er stiehlt (hat gestohlen)	Wisst ihr eigentlich, was ihr tut, wenn ihr diese Sachen einfach nehmt und stehlt?

A

A2	• das Gebiet, -e	Viele Wintersportler werden wegen der guten Schneeverhältnisse in den Skigebieten wahrscheinlich auch am ersten März-Wochenende mit dem Auto unterwegs sein.
	• der Tropfen, - 	Ich werde keinen einzigen Tropfen Alkohol trinken.
A3	• der Vorsatz, ⸚e	Gute Vorsätze: Ab morgen werde ich ...
	endgültig	Ich werde endgültig das Rauchen aufgeben
	auf·geben, du gibst auf, er gibt auf (hat aufgegeben)	Ich werde endgültig das Rauchen aufgeben
	bemühen (sich) (hat sich bemüht) 	Ich werde mich bemühen, regelmäßig Sport zu machen
	• die Verkühlung, -en	Ich werde jede Verkühlung ernst nehmen
	• das Instrument, -e	Ich werde ein Instrument lernen
	fest	Das habe ich mir fest vorgenommen, ...
	vornehmen (sich), du nimmst dir vor, er nimmt sich vor (hat sich vorgenommen)	Das habe ich mir fest vorgenommen, ...
	realistisch	Das ist doch nicht realistisch!

B

B2	bereit	Das Smartphone allzeit bereit
	• die Generation, -en	Was für manche als unhöflich gilt, ist für Menschen aus einer anderen Generation oder einer anderen Kultur vielleicht durchaus üblich.
	• der Hauptbahnhof, ⸚e	Sie haben mit einem Freund ausgemacht, dass er Sie am Hauptbahnhof ... abholt.
	verspäten (sich) (hat sich verspätet)	Er verspätet sich um 20 Minuten, ohne Sie vorher informiert zu haben.
	• die Runde, -n	Einer in der Runde nimmt plötzlich sein Handy und schreibt eine Nachricht.
	• der Railjet, -s 	Sie sitzen im Railjet im Speisewagen und möchten in Ruhe essen.

Lernwortschatz

	• der Speisewagen, ⸚		Sie sitzen im Railjet im Speisewagen und möchten in Ruhe essen.
	stundenlang		Neben Ihnen führt ein junger Mann stundenlang mit lauter Stimme Geschäftstelefonate.
	weigern (sich) (hat sich geweigert)		Sie weigert sich, „Danke“ zu sagen ... und verschwindet in ihr Zimmer.
	zu·schauen (hat zugeschaut)		Die Eltern schauen zu, ohne etwas zu sagen, und lächeln.
	unerträglich		Sie finden den Geruch unerträglich.
	• die Ausnahme, -n		in Ausnahmen möglich
	absolut		absolut unmöglich
	eindeutig		In meiner Heimat wäre es eindeutig unhöflich, wenn man in der Straßenbahn isst.

C

C1	• die Geschwindigkeitsbeschränkung, -en		Er hat sich nicht an die Geschwindigkeitsbeschränkung gehalten.
	drohen (hat gedroht)		Der Polizist droht, dass der Mann mehr zahlen muss, wenn er die Strafe nicht akzeptiert.
C2	überqueren (hat überquert)		Sie haben als Fußgänger bei Rot die Straße überquert.
	• die Geschwindigkeit, -en		Ihre Geschwindigkeit war zu hoch.
	vor·kommen (ist vorgekommen)		Es wird bestimmt nie wieder vorkommen.

D

D2	• das Missverständnis, -se		Das Thema ist: Interkulturelle Missverständnisse
	kulturell		Das Gefühl von Fremdheit hat mit der kulturellen und geografischen Distanz zum Herkunftsland zu tun.
	• das Herkunftsland, ⸚er		Das Gefühl von Fremdheit hat mit der kulturellen und geografischen Distanz zum Herkunftsland zu tun.
	• die Flucht (Sg.)		Wenn man auf der Flucht ist und seine Heimat verlassen musste, fühlt man sich zuerst überall fremd und hat Heimweh.

E

E1	• der Autor, -en / • die Autorin, -nen 	Joseph Roth (1894–1939): österreichischer Autor
	• der Kaiser, - • die Kaiserin, -nen	Der Kaiser ist den Geschmack der orientalischen Speisen nicht gewohnt.
	orientalisch	Der Kaiser ist den Geschmack der orientalischen Speisen nicht gewohnt.
	• der Geschmack, ¨-er 	Der Kaiser ist den Geschmack der orientalischen Speisen nicht gewohnt.
	spucken (hat gespuckt)	Der Schah spuckte die Kerne auf den Fußboden.
	• der Kern, -e	Der Schah spuckte die Kerne auf den Fußboden.
E2	• die Anzahl (Sg.)	Anzahl der Gäste
	verhalten (sich), du verhältst dich, er verhält sich (hat sich verhalten)	Wie verhält man sich, wenn man zum Essen eingeladen ist?
	beleidigen (hat beleidigt)	Er fühlt sich beleidigt, dass sein Gast die Kerne auf den Boden spuckt.
	beweisen (hat bewiesen)	Wer beweisen will, dass er Pasta essen kann, verwendet nur die Gabel.
E3	• das Plakat, -e 	Schreiben Sie ein Plakat mit Tipps.
	notwendig	Es ist notwendig, dass …
	missverstehen (hat missverstanden)	Ich denke, sie/er darf es nicht missverstehen, wenn …

Falsches Verhalten und Kriminalität

jemanden betrügen

etwas zerstören

etwas stehlen

jemanden beleidigen

lügen

etwas beschädigen

jemanden verletzen

TIPP Erklären Sie Wörter.

sich verspäten = man ist nicht pünktlich, man kommt zu spät

Lernwortschatz

12 Soziales Engagement

FOTO-HÖRGESCHICHTE

2	• die Biene, -n 	Welches Tier ist das? – Eine Biene.
4	verantwortlich	Tobias ist allein für das Kinder-Ferienprogramm verantwortlich.

ELLAS KOLUMNE

	gegenseitig	Das Nachbarschaftszentrum – ein Ort für gegenseitige Hilfe
	• die Organisation, -en	Zum Glück gibt es Organisationen, die Hilfe anbieten.
5	• die Schwierigkeit, -en	Welche Schwierigkeiten haben Eltern im Sommer häufig?
	unterstützen (hat unterstützt)	Wie kann man die Nachbarschaftszentren unterstützen?

A

A2	• der Zirkus, -se 	Wir lernen und üben Zirkustechniken, bis wir sie auf dem Sommerfest ... aufführen können.
	• das Publikum (Sg.)	Wir lernen und üben Zirkustechniken, bis wir sie auf dem Sommerfest vor Publikum aufführen können.
	auf·führen (hat aufgeführt)	Wir lernen und üben Zirkustechniken, bis wir sie auf dem Sommerfest ... aufführen können.
	sonstig-	sonstige Angebote: Tagesmuttervermittlung, ...
	• die Tagesmutter, ¨	sonstige Angebote: Tagesmuttervermittlung, ...
	• die Vermittlung, -en	sonstige Angebote: Tagesmuttervermittlung, ...
	pensioniert sein	Seit Sie pensioniert sind, sind Sie auf der Suche nach einem neuen Hobby?
	• der Augenblick, -e	Beim Schreiben suchen wir nach kleinen und vielleicht vergessenen Augenblicken, die das Leben schön machen.
	• der Kreis, -e	Singkreis: Für alle Musikfreunde, die gern singen oder ein Instrument spielen
	• der Dienst, -e	Begleit- und Fahrdienste

	vor·lesen, du liest vor, er liest vor (hat vorgelesen)		Besuchsdienste: Zuhören oder Vorlesen, Gespräche
	zukünftig	....	Sie arbeiten zukünftig am Montag Vormittag und suchen eine Betreuung für Ihre dreijährige Tochter.
	• die Betreuung, -en	....	Sie ... suchen eine Betreuung für Ihre dreijährige Tochter.
	wöchentlich	....	Ihre Mutter hat sich einen Arm gebrochen und muss zweimal wöchentlich zum Arzt gefahren werden.
A3	• die Geduld (Sg.)	....	Bis wir wieder einen freien Platz haben, müssen Sie allerdings ein bisschen Geduld haben.

B

B2	• die Jugend (Sg.)	....	Neben Sportvereinen gibt es Musikvereine, Jugendklubs, ...
	• die Feuerwehr, -en	....	Neben Sportvereinen gibt es Musikvereine, ... die Freiwillige Feuerwehr und vieles mehr.
	beinahe	....	In Österreich ist beinahe jede zweite Person in mindestens einem Verein.
	ein·treten, du trittst ein, er tritt ein (ist eingetreten)	....	Ein Freund hat mir den Tipp gegeben: Tritt in einen Verein ein!
	klettern (ist geklettert)		Und jetzt lerne ich klettern im Alpenverein!
	jahrzehntelang	....	Wenn es irgendwo ein Feuer gibt, bin ich beim Einsatz dabei – schon jahrzehntelang!

C

C2	• die Perspektive, -n	....	Engagement mit Perspektive!
	• der Umweltschutz (Sg.)	....	vom Sozial- und Gesundheitsbereich über Umweltschutz bis zur Integration von Migrantinnen und Migranten
	• die Integration (Sg.)	....	vom Sozial- und Gesundheitsbereich über Umweltschutz bis zur Integration von Migrantinnen und Migranten
	• die Bürgerinitiative, -n	....	Sie organisieren sich in zahlreichen Vereinen, Bürgerinitiativen und Selbsthilfegruppen.

Lernwortschatz

ökologisch		Sie helfen Pflegebedürftigen, organisieren ökologische Projekte, restaurieren alte Häuser …
• der Babysitter, - • die Babysitterin, -nen		Sie helfen Pflegebedürftigen, …, restaurieren alte Häuser, engagieren sich als Babysitter …
• das Mindesthaltbarkeitsdatum, -daten		Sie sammeln in Supermärkten Lebensmittel knapp vor dem Ablauf des Mindesthaltbarkeitsdatums ein und verteilen sie an Bedürftige.
verteilen (hat verteilt)		Sie sammeln in Supermärkten Lebensmittel knapp vor dem Ablauf des Mindesthaltbarkeitsdatums ein und verteilen sie an Bedürftige.
solange		Solange es solche Einrichtungen und Aktionen gibt, ist unsere Gesellschaft zum Glück noch nicht völlig egoistisch geworden …
• die Einrichtung, -en		Solange es solche Einrichtungen und Aktionen gibt, ist unsere Gesellschaft zum Glück noch nicht völlig egoistisch geworden …
• die Gesellschaft, -en		Solange es solche Einrichtungen und Aktionen gibt, ist unsere Gesellschaft zum Glück noch nicht völlig egoistisch geworden …
egoistisch		Solange es solche Einrichtungen und Aktionen gibt, ist unsere Gesellschaft zum Glück noch nicht völlig egoistisch geworden …
• die Kälte (Sg.) 		Solange es solche Einrichtungen und Aktionen gibt, ist unsere Gesellschaft zum Glück noch nicht völlig egoistisch geworden und soziale Kälte hat nicht überall Platz.
versorgen (hat versorgt)		Ab dem 18. Lebensjahr kann man im Sozialdienst im Ausland tätig sein und in dieser Zeit bedürftige Kinder versorgen oder in Altersheimen, Schulen oder Krankenhäusern arbeiten.
• das Altersheim, -e		Ab dem 18. Lebensjahr kann man im Sozialdienst im Ausland tätig sein und in dieser Zeit bedürftige Kinder versorgen oder in Altersheimen, Schulen oder Krankenhäusern arbeiten.

	• die Gemeinde, -n	Schon seit vielen Jahren ist in Österreich die Aktion „Saubere Gemeinde“ populär.
	hin·weisen (hat hingewiesen)	„Beim jährlichen Gemeindeputztag fragt niemand, ob man teilnehmen soll oder nicht“, sagt ein Gemeindevorstand und weist auf die große Bereitschaft zum Engagement hin.
C3	ein·setzen (sich) (hat sich eingesetzt)	sich für etwas einsetzen

D

D1	• die Waffe, -n	Die Waffen nieder!
	• die Schriftstellerin, -nen / • der Schriftsteller, -	Bertha von Suttner – österreichische Schriftstellerin
D2	• die Klinik, -en 	Die Schülerin ruft eine Klinik an.
	• die Maßnahme, -n	Die Schülerin beginnt sofort mit Erste-Hilfe-Maßnahmen.
	überleben (hat überlebt)	Die Anruferin meint, dass ihre Mutter nur überlebt hat, weil die Sanitäter so schnell eingetroffen sind.
D3	tolerant	Sie war sehr lebensfroh und tolerant.

E

E1	• das Gewissen, -	Gewissensfrage
	vorgestern	Meine Freundin hat mir vorgestern zum Geburtstag einen selbstgestrickten Wollpullover geschenkt.
	• die Wolle (Sg.)	Meine Freundin hat mir vorgestern zum Geburtstag einen selbstgestrickten Wollpullover geschenkt.
E2	• die Lüge, -n	Wenn man einem Menschen mit einer kleinen Lüge helfen kann, ist das gut.
E3	heimlich 	Ist es okay, heimlich die Nachrichten auf seinem Handy zu lesen?

Lernwortschatz

Soziales Engagement

- die Einrichtung, -en
- jemanden unterstützen
- sich einsetzen für

- verantwortlich sein für
- die Bürgerinitiative, -n
- die Betreuung, -en
- der Verein, -e

- die Organisation, -en
- die Gesellschaft, -en
- das Mitglied, -er

TIPP

Notieren Sie Gegensätze.

die Lüge – die Wahrheit
die Kälte – die Hitze

13 Aus Politik und Geschichte

FOTO-HÖRGESCHICHTE

3	weiter·bilden (sich) (hat sich weitergebildet)	Lernt dazu und bildet euch weiter!

ELLAS KOLUMNE

zu·bereiten (hat zubereitet)	Menschen aus verschiedenen Ländern bringen selber zubereitetes Essen nach Rezepten aus ihrer Heimat mit.
passen, es passt (hat gepasst)	Passt das?

A

A1	• die Reportage, -n	Lesen Sie Ellas Reportage über Herrn Wirth.
	körperlich	Obwohl Herr Wirth schon über 80 ist, ist er körperlich und geistig noch topfit ...
	• das Ereignis, -se	Obwohl Herr Wirth schon über 80 ist, ist er körperlich und geistig noch topfit und kann sich an die Ereignisse aus seinem langen Leben gut erinnern.
	geschehen (ist geschehen)	Das geschah im Jahr 1945, in den letzten Monaten des Zweiten Weltkriegs.
	• der Krieg, -e	Das geschah im Jahr 1945, in den letzten Monaten des Zweiten Weltkriegs.

• die Bombe, -n	....	Im Februar wurde sein Vater bei einem Bombenangriff getötet.
töten (hat getötet)	....	Im Februar wurde sein Vater bei einem Bombenangriff getötet.
feucht 	....	Als der alte Mann von dieser Flucht berichtet, werden seine Augen feucht und seine Stimme zittert leicht.
kämpfen (hat gekämpft)	....	Sie hat wie eine Löwin für unsere Zukunft gekämpft.
empfangen, du empfängst, er empfängt (hat empfangen)	....	Leicht war das nicht, denn obwohl ihre Muttersprache Deutsch war, wurden die Flüchtlinge aus dem Sudetenland in Österreich nicht überall begeistert empfangen.
fördern (hat gefördert)	....	Er hat es immer als wichtige Aufgabe verstanden, Kinder und Jugendliche zu fördern, die es schwerer haben als andere.
örtlich	....	Außerdem kümmerte er sich darum, dass von den örtlichen Betrieben auch für Migrantenkinder Ausbildungsplätze zur Verfügung gestellt wurden.
• der Bürgermeister, - / • die Bürgermeisterin, -nen	....	Vor zwei Jahren ist in August Wirths Wohnort eine Frau mit Migrationshintergrund zur Bürgermeisterin gewählt worden.

B

B2	• der Fortschritt, -e	....	Schülerinnen und Schüler mit Migrationshintergrund würden viel schnellere Fortschritte bei ihren Deutschkenntnissen machen.
	leisten (sich) (hat sich geleistet)	....	Gerade in vielen größeren Städten ist es für ärmere Menschen unmöglich, eine Wohnung zu finden, die sie sich leisten können.
	• das Gesetz, -e	....	Wir brauchen strengere Gesetze!
B3	• die Ansicht, -en	....	Meiner Ansicht nach ist es wichtig, dass ...
	• der Zusammenhang, ¨-e	....	In diesem Zusammenhang finde ich auch wichtig, dass ...
	• der Gegensatz, ¨-e	....	Im Gegensatz zu ...

Lernwortschatz

C

C1	• die Demonstration, -en		Ich war noch nie auf einer Demonstration.
C2	• das Zeichen, -		Verschiedene Vereine … haben am vergangenen Sonntag … dazu aufgerufen, ein deutliches Zeichen gegen Fremdenhass und Rassismus zu setzen.
	politisch		In Wien, Graz, Salzburg, Innsbruck und einigen anderen Städten wurden … politische Einrichtungen mit Flüchtlingsunterkünften verbunden, um für ein offenes Europa zu demonstrieren.
	fair		Für einen fairen Milchpreis!
	• die Landwirtschaft (Sg.)		„Das ist deutlich zu wenig“, so ein Sprecher des Landwirtschaftsverbandes.
	protestieren (hat protestiert)		Um auf diesen Missstand hinzuweisen, protestierten am Freitag etwa 50 Milchbauern auf der B10 zwischen Schwechat und Schwadorf.
C3	• der Streik, -s		Haben Sie in Österreich schon eine Demonstration oder einen Streik gesehen?

D

D1	• der Bundeskanzler, - / • die Bundeskanzlerin, -nen		Im Bundeskanzleramt arbeitet der österreichische Regierungschef.
D2	• die Macht, ¨-e		Die Siegermächte wussten genau, wie es mit Österreich weitergehen soll.
	• die Zone, -n		Es gab vier große Besatzungszonen in Österreich …
	offiziell		Im Jahr 1955 bekam Österreich mit dem Staatsvertrag offiziell die Freiheit wieder.
D4	national		Welche nationalen Symbole verbinden Sie mit dem Land?
	folgend-		Wir haben uns mit folgenden Fragen beschäftigt: …

Politik

politisch

wählen

• die Regierung, -en

• die Macht, ⸚e

• der Bürgermeister, - / • die Bürgermeisterin, -nen

• der Bundeskanzler, - / • die Bundeskanzlerin, -nen

• der Präsident, -en / • die Präsidentin, -nen

TIPP

Spielen Sie ein Memo-Spiel mit zusammengesetzten Wörtern. Schreiben Sie ein Wort auf zwei Karten. Mischen Sie und finden Sie Paare.

14 Alte und neue Heimat

ELLAS KOLUMNE

köstlich	Die Besucherinnen und Besucher konnten sich die buntesten und köstlichsten Menüs zusammenstellen.
diesmal	Wer diesmal nicht dabei sein konnte, muss nicht traurig sein.
neugierig	Da werde ich gleich ganz neugierig.

A

A2	traditionell	Es gibt viele Orte in Österreich, wo Lebkuchen traditionell hergestellt wird.
	• das Gebäck, -e 	Lebkuchen sind nicht nur in Deutschland, Polen oder Russland, sondern auch in Österreich ein beliebtes Gebäck.
	speziell	Den Salat muss man unbedingt mit einem ganz speziellen Öl essen.
	braten, du brätst, er brät (hat gebraten)	Bratknödel werden mit Faschiertem gefüllt und nicht gebraten, sondern gekocht.

Lernwortschatz

	rühren (hat gerührt) 	Den Kartoffelteig rührt man am besten in einer Rührschüssel.
A4	trocknen (hat getrocknet)	Bei uns in Südafrika isst man gern Biltong, das ist getrocknetes Rindfleisch und das schmeckt sehr gut.

B

B2	• das Zuhause (Sg.) 	Mit „Zuhause" verbinde ich ...
	• die Tradition, -en	Mit „Tradition" verbinde ich ...
	• die Gegend, -en	Mit Heimat verbinde ich die Gegend, in der ich aufgewachsen bin.
B3	• die Mobilität (Sg.)	Wer weiß heute noch genau, wohin er gehört – in Zeiten von Mobilität und Migration?
	• die Migration (Sg.)	Wer weiß heute noch genau, wohin er gehört – in Zeiten von Mobilität und Migration?
	ursprünglich	Meine Wurzeln sind im Libanon, denn meine Familie stammt ursprünglich aus Beirut.
	• das Volk, ⸚er	Libanesen sind ein sehr gastfreundliches Volk.
	• die Staatsbürgerschaft, -en	Meine Eltern kommen aus Bosnien, aber ich habe natürlich die österreichische Staatsbürgerschaft.
	behaupten (hat behauptet)	In Bosnien bin ich ein Österreicher und in Österreich behaupten manche: du bist ein Bosnier.
	• der Profi, -s	Als Bub habe ich immer von einer Karriere als Profi-Fußballer bei Sturm Graz geträumt.
	integrieren (hat integriert)	Ich würde schon sagen, dass wir sehr gut integriert sind.
B4	ordnen (hat geordnet)	Sammeln Sie Ideen. Ordnen Sie dann.

C

C2	• die Fläche, -n	Europa hat eine Fläche von ...
	• der Einwohner, - / • die Einwohnerin, -nen	Wie viele Einwohner hat Europa?
	• der Kontinent, -e 	Europa ist ein Kontinent.

C3	• die EU (Sg.) (Europäische Union)	....	Sehen die Personen die EU eher positiv oder negativ?
	• die Freiheit, -en	....	Welche Person spricht über Reisefreiheit?
	• die Demokratie, -n	....	Welche Person spricht über Frieden und Demokratie?
	• die Währung, -en	....	eine gemeinsame Währung
	• die Solidarität (Sg.)	....	Welche Person spricht über Solidarität?

D

loben (hat gelobt)	....	Jetzt muss ich Sie loben: Sechs Bände lang haben Sie fleißig mit *Schritte plus NEU Österreich* gearbeitet ...
verständlich	....	Meine Aussprache war früher schlecht und für andere schwer verständlich.

In der Küche

• das Gewürz, -e
• das Rezept, -e
• die Zutat, -en
• das Gericht, -e

braten
rühren
kochen
backen

zubereiten
• die Nachspeise, -en
• das Gebäck, -e
• der Kuchen, -

TIPP

Merken Sie sich: Alle Wörter mit *-ung, -schaft, -heit, -keit, -ie, -ur, -ik* und *-tät* sind • die.

• die Freiheit
• die Mobilität ...

Grammatikübersicht

Nomen

n-Deklination Lektion 8

	Nominativ	Akkusativ	Dativ
•	der/ein Kollege	den/einen Kollegen	dem/einem Kollegen
•	die/– Kollegen	die/– Kollegen	den/– Kollegen

auch so: der Mensch, der Nachbar, der Praktikant, der Herr, der Junge, der Pole, der Grieche, ...

ÜG 1.04

Adjektive

Adjektiv als Nomen Lektion 8

	Nominativ	Akkusativ	Dativ
•	der Bekannte ein Bekannter	den Bekannten einen Bekannten	dem Bekannten einem Bekannten
•	die Bekannte eine Bekannte	die Bekannte eine Bekannte	der Bekannten einer Bekannten
•	die Bekannten – Bekannte	die Bekannten – Bekannte	den Bekannten – Bekannten

auch so: jugendlich → die/der Jugendliche
erwachsen → die/der Erwachsene

ÜG 4.06

Partizip Präsens als Adjektiv Lektion 10

Partizip Präsens		
wohltun	wohltuend	• der wohltuende / ein wohltuender Tee
hupen	hupend	• das hupende / ein hupendes Fahrzeug
sprechen	sprechend	• die sprechende / eine sprechende Puppe
leuchten	leuchtend	• die leuchtenden / leuchtende Schuhe

ÜG 4.05

Adjektivdeklination mit Komparativ und Superlativ Lektion 13

Nominativ	Akkusativ	Dativ
• der größere / größte Teil • ein größerer Teil	• den größeren / größten Teil • einen größeren Teil	• dem größeren / größten Teil • einem größeren Teil
• das größere / größte Problem • ein größeres Problem	• das größere / größte Problem • ein größeres Problem	• dem größeren / größ-ten Problem • einem größeren Problem
• die größere / größte Frage • eine größere Frage	• die größere / größte Frage • eine größere Frage	• der größeren / größten Frage • einer größeren Frage
• die größeren / größten Fragen • größere Fragen	• die größeren / größten Fragen • größere Fragen	• den größeren / größten Fragen • größeren Fragen

ÜG 4.01–4.04

Verben

Futur I / Präsens und Zeitangabe (Zukünftiges ausdrücken) Lektion 11

Es gibt zwei Möglichkeiten, um Zukünftiges auszudrücken:

Futur I	
Vorhersage/Vermutung	Viele Wintersportler werden ... wahrscheinlich mit dem Auto unterwegs sein.
Versprechen	Ich werde keinen einzigen Tropfen Alkohol trinken.
Vorsatz/Plan	Meine Frau wird versuchen, so schnell wie möglich in der Umgebung einen Job zu finden.

Präsens + Zeitangabe	
Zukunft (Das passiert sicher.)	Ich gehe im Herbst erst einmal allein nach Braunau.

ÜG 5.08

Passiv Perfekt Lektion 13

1975	ist	ein Lernhilfeverein	gegründet worden.

ÜG 5.13

Passiv Präteritum Lektion 13

Die Flüchtlinge	wurden	nicht herzlich	empfangen.

ÜG 5.13

Verben mit Präpositionen Lektion 14

Präpositionen mit Akkusativ	Präpositionen mit Dativ
denken an	verbinden mit
sich erinnern an	gehören zu
sich freuen über	träumen von

auch so: warten auf, sich beschweren über, sich freuen auf, sich ärgern über, sprechen über, sich kümmern um, Lust haben auf, ...

auch so: erzählen von, sich treffen mit, sprechen mit, telefonieren mit, Angst haben vor ...

ÜG 5.23

Präpositionaladverbien Lektion 14

Verb mit Präposition	Präpositionaladverb	Fragewort
denken an	daran	woran ...?
sich freuen über	darüber	worüber ...?
verbinden mit	damit	womit ...?
gehören zu	dazu	wozu ...?
träumen von	davon	wovon ...?

ÜG 5.23

Präpositionen

Präposition: *außer* + Dativ Lektion 12

außer	alle außer meinem Bruder = alle, nur mein Bruder nicht

ÜG 6.04

Konjunktionen

Konjunktion: *falls* Lektion 8

	Konjunktion		Ende
Wir sind jetzt per *Du*,	falls	dich das	interessiert.
Kein Problem ist unlösbar,	falls	man seine Aufgaben ordentlich	gemacht hat.

ÜG 10.11

Konjunktionen: *während, nachdem, bevor* Lektion 9

Du suchst nach der Datei, während ich das Programm runterlade.
Alex war Polizist, bevor er „Superstar" wurde.
Nachdem du den Ordner kopiert hattest, hast du ihn gelöscht.

ÜG 10.08

Konjunktion: *als ob* Lektion 9

	Konjunktion	Ende: Konjunktiv II
Du tust ja so,	als ob ich keine Ahnung	hätte.

ÜG 5.18

Konjunktion: *da* Lektion 11

	Konjunktion	Ende
Ich kann es Ihnen zeigen,	da ich gerade	gefilmt habe.
Da ich gerade gefilmt habe,	*kann ich* es Ihnen zeigen.	

ÜG 10.09

Konjunktion: *seit/seitdem* Lektion 12

	Konjunktion	Ende
Ich engagiere mich,	seit/seitdem ich 16	bin.

ÜG 10.08

Konjunktion: *bis* Lektion 12

	Konjunktion	Ende
Das Programm geht die ganzen Ferien über,	bis die Schule wieder	anfängt.

ÜG 10.08

Konjunktion: *indem* Lektion 12

	Konjunktion	Ende
Auch Sie können helfen,	indem Sie aktiv	mitmachen.

ÜG 10.12

Konjunktionen: *ohne dass / ohne ... zu* + Infinitiv Lektion 12

	Konjunktion	Ende
Im Nachbarschafts-zentrum kann man mitmachen,	ohne dass man eine komplizierte Bewerbung	schreibt.
	ohne eine komplizierte Bewerbung	zu schreiben.

ÜG 10.12

Zweiteilige Konjunktion: *je ... desto/umso* Lektion 8

Je länger man wartet, desto/umso schlechter wird die Stimmung.

ÜG 10.13

Zweiteilige Konjunktion: *sowohl ... als auch* Lektion 10

Der Tee soll	sowohl gut schmecken	als auch gute Laune machen.

sowohl gut als auch gesund = gut und gesund

ÜG 10.13

Zweiteilige Konjunktion: *weder ... noch* Lektion 10

Ella meint, dass der Tee	weder gut schmeckt	noch gute Laune macht.

weder gut noch gesund = nicht gut und nicht gesund

ÜG 10.13

Sätze

Relativsatz mit Präpositionen Lektion 8

Ist das ● der Kollege,	von dem	man nur Gutes sagen kann? (sagen von + Dativ)
	von dem	du erzählt hast? (erzählen von + Dativ)
Ist das ● die Bekannte,	von der	man nur Gutes sagen kann?
	von der	du erzählt hast?
Sind das ● die Kollegen,	von denen	man nur Gutes sagen kann?
	von denen	du erzählt hast?

ÜG 10.14

Relativsatz mit *wo* und *was* Lektion 10

Warum fahre ich immer genau	dort, wo	der Stau am schlimmsten ist?

auch so: da/überall/die Stadt/der Ort/..., wo ...

Das, was	du suchst,	findest du immer ...

auch so: nichts/etwas/..., was ...

ÜG 10.14

Wortbildung

Wiederholung: Wortbildung Nomen Lektion 14

Nomen + Nomen	Adjektiv + Nomen	Verb + Nomen	Verb > Nomen
das Volk + s + das Fest > das Volksfest	schwarz + die Wurzel > die Schwarzwurzel	backen + das Hendl > das Backhendl	sich erinnern > die Erinnerung
der Mohn + die Zelte + n > die Mohnzelten			herstellen > die Herstellung

ÜG 11.01

Lösungen zu den Tests

Lektion 8

1 **b** Distanz **c** Alternativen **d** zusagt **e** worum
2 **b** Je mehr Spaß dir die Arbeit macht, desto schneller ist der Arbeitstag vorbei. **c** Je mehr du arbeitest, desto weniger Zeit hast du für deine Familie. **d** Je ehrlicher du zu deinen Kollegen bist, desto besser ist das Arbeitsklima.
3 **b** Das ist mein Freund Michael, mit dem ich nächste Woche auf Urlaub fahre. **c** Das sind die Kinder meines Bruders, um die ich mich in den Ferien gekümmert habe. **d** Da ist ja der Brief, auf den ich so lang gewartet habe. BioBäck? Das ist eine große Firma, für die ich schon einmal gearbeitet habe.
4 **a** Von mir aus können wir; Gern **b** Wenn es Ihnen recht; wir uns gern duzen

Lektion 9

1 **a** herunterladen **b** Ordner **c** löschen **d** Datei
2 **b** Bevor **c** Während **d** bevor **e** Nachdem
3 **b** tut so, als ob er alle kennen würde **c** sie hört sich an, als ob sie kaputt wäre **d** sagen das so, als ob Sie Angst hätten
4 **b** das Gefühl kenne ich **c** Das finde ich übertrieben **d** An deiner Stelle würde ich **e** Keine Ahnung, warum euch das so aufregt

Lektion 10

1 **b** verbieten **c** anstellen **d** Behandeln **e** abstimmen
2 **b** Wir fanden die Vorstellung sowohl spannend als auch lustig. **c** Das Zelt ist weder besonders schön noch praktisch. **d** Bei diesem Fotoapparat stimmen sowohl die Qualität als auch der Preis. **e** Mir gefallen weder die Größe noch die Farbe der Handtasche.
3 **b** sprechender 1 **c** leuchtenden 4 **d** passende 2
4 **a** Ich bin wirklich sehr verärgert, dass **b** Das geht doch nicht **c** Ich musste leider feststellen, dass **d** hat mich heute wirklich sehr enttäuscht **e** Es war doch ausgemacht, dass

Lektion 11

1 **b** Missverständnis **c** Flucht **d** verhalten, beleidigen **e** Ausnahme
2 **b** Du wirst bald in einer großen Firma eine bessere Stelle finden. **c** Dein neuer Chef wird dich in ein paar Monaten ins Ausland schicken. **d** Dann wirst du einen netten Kollegen kennenlernen und ihn heiraten.
3 **b** da wir mit dem Klassenlehrer von unserer Tochter sprechen wollen **c** Da ich die anderen Fahrgäste nicht stören will **d** da ich mit dem Auto im Halteverbot geparkt habe.
4 **b** 3 **c** 4 **d** 2 **e** 1

Lektion 12

1 **b** vorzulesen **c** Babysitter **d** Augenblick **e** Bürgerinitiative
2 **b** seit sie wieder arbeitet **c** Bis seine Eltern wieder aus dem Urlaub zurückkommen **d** seit sie 13 ist **e** bis er keine Zeit mehr dafür hatte
3 **b** ohne dass **c** ohne dass **d** indem
4 **b** habe **c** erst mal **d** vielleicht **e** eine Idee

Lektion 13

1 **a** körperliche **c** Zusammenhang **d** fördert
2 **b** Sie wurden zum Essen in den Präsidentenpalast eingeladen. / Sie sind zum Essen in den Präsidentenpalast eingeladen worden. **c** Stundenlang wurden politische Themen diskutiert. / Stundenlang sind politische Themen diskutiert worden.
3 **a** schöneres **b** neuesten **c** frischere **d** niedrigste **d** besten
4 **b** meine Meinung **c** es besser so, wie es in England ist **d** Meiner Ansicht nach **e** kann ich nur ablehnen

Lektion 14

1 **a** Gebäck, braten, rühren **b** Demokratie, integrieren, Migration, Staatsbürgerschaft
2 **b** Esslöffel **c** Weißbrot **d** Orangensaft **e** Kaffeehäferl
3 **b** Worüber, darüber **c** an, Woran, An **d** mit, Damit
4 **a** 2 Das ist ein 3 schmeckt gut zu 4 Das ist eine Spezialität **b** 1 Mit dem Kurs verbinde ich 2 Ich denke an 3 Ich träume davon

Quellenverzeichnis

Cover: © Thinkstock/iStock/AlbertPego
U2: Digital Wisdom

Kursbuch

S. 11: Ü4: Handy © Thinkstock/iStock/chaofann; Frau © Thinkstock/BananaStock S. 16: D1 © Thinkstock/iStock/bokan76 S. 20: Gedicht © Getty Images/stevecoleimages; Projekt: 1. Zeile von links: © Thinkstock/iStock/michaeljung; © Thinkstock/Wavebreakmedia Ltd; © Thinkstock/iStock/Stuart Jenner; 2. Zeile von links: © Getty Images/iStock/Rich Legg; © Thinkstock/iStock/m–imagephotography; © Thinkstock/iStock/monkeybusinessimages S. 21: © Thinkstock/iStock/TAW4 S. 23: IT © Thinkstock/Photodisc/Chad Baker/Ryan McVay S. 26: B3 © iStock/Kemter S. 27: C1: A: Alexander Keller, München; B © Thinkstock/iStock/gpointstudio; C © Getty Images/Valentin Casarsa; D © Thinkstock/iStock/AndreyPopov S. 29: E1 © Thinkstock/iStock/monkeybusinessimages S. 32: Lied: Florian Bachmeier, Schliersee S. 33: Schreiben © Thinkstock/iStock/NADOFOTOS; Spiel von links: © Thinkstock/iStock/alfexe; © Thinkstock/iStock/iprogressman; © Thinkstock/iStock/OlegMalyshev S. 36: A1: 1 © fotolia/PhotoSG; 2 © fotolia/alex; 3 © Thinkstock/iStock/karandaev S. 38: B1: A © Fotosearch.de; C © Thinkstock/Creatas Images; D © fotolia/industrieblick; B2: A li © Thinkstock/iStock/monkeybusinessimages; A re © Thinkstock/iStock/sergeyryzhov; B © Thinkstock/iStock/Mark Bowden; C © Thinkstock/iStock/devifoto; D © Thinkstock/iStock/Bombaert S. 40: D1 © Thinkstock/iStock/conejota S. 41: Text aus Axel Hacke, Das kolumnistische Manifest, © Verlag Antje Kunstmann GmbH, München 2015; Foto © action press/GALUSCHKA, HORST S. 44: Gedicht © Getty Images/LordRunar S. 45: Revolution © INTERFOTO/Sammlung Rauch; Litfaßsäule © INTERFOTO/Sammlung Rauch S. 48: A2: A © iStock/simonkr; B © iStock/Kichigin; C © GettyImages/OJO Images; D © fotolia/mavoimages S. 50: C1: A © LPD Wien; B © Thinkstock/iStock/piotr290; C © Thinkstock/iStock/-goldy- S. 51: D2: 1 © Thinkstock/Creatas/Jupiterimages; 2 © Thinkstock/iStock/Zeffss1; 3 © GettyImages/Juanmonino; 4 © Thinkstock/iStock/g-stockstudio S. 52: Text „Der Kaiser und der Schah" aus: „Die Geschichte von der 1002. Nacht" von Joseph Roth: 1937, Bilthoven : De Gemeenschap S. 54: Polizist © fotolia/codiarts S. 56: Lesen: Florian Bachmeier, Schliersee; Hören: Mann © Thinkstock/iStock/Wavebreakmedia; Frau © Thinkstock/Photodisc/Getty Images S. 57: Österreich Spezial: Fahne © Thinkstock/Hemera; Semmel © Thinkstock/Hemera; Ü1: 1 © Ideenkoch – stock.adobe.com; 2 © Thinkstock/iStock/pressdigital; 3 © Bernadette – stock.adobe.com S. 61: A3 © Getty Images/OJO Images/Robert Daly S. 62: B2: Nikolin © Thinkstock/iStock/MBPROJEKT_Maciej_Bledowski; Jürgen © Thinkstock/PHOTOS.com>>/Jupiterimages S. 63: Tafel © Thinkstock/stockbyte/Brand X Pictures S. 64: D1: Münzen © Comugnero Silvana – stock.adobe.com; Cover © INTERFOTO/Sammlung Rauch S. 65: E1 © Getty Images/E+/blindtoy99 S. 67: Frau © Thinkstock/iStock/Highwaystarz-Photography S. 68: Schreiben © Thinkstock/iStock/cyano66 S. 73: A3 von links: © Getty Images/2009 AFP; © INTERFOTO/Austrian National Library/Cermak, Alfred; © ddp images/INTERTOPICS S. 74: B2: 1 © Thinkstock/iStock/ajr_images; 2 © fotolia/kite_rin; 3 © PantherMedia/Goodluz S. 75: C1 © fotolia/Photocreatief; C2: A © fotolia/Pierre-jean Grouille; B © Getty Images/skynesher; C © dpa Picture-Alliance/Erwin Scheria S. 76: A © akg-images/IMAGNO/Austrian Archives; B: Umriss Karte Österreich © Thinkstock/iStock/ElenVD; Umriss Karte Wien © Thinkstock/iStock/DavidZydd; Fahne Sowjetunion © Aliaksander Vukolau – stock.adobe.com; alle weiteren Fahnen © Thinkstock/Hemera; C © Margit Power – stock.adobe.com; D © dpa Picture-Alliance/votava; E © Keystone Schweiz/laif; F © dpa Picture-Alliance/AP Photo S. 77: D3: 1 © dpa Picture-Alliance/Christian Hlavac; 2 © mauritius images/Hipix/Alamy; 4 © Verein für Geschichte der ArbeiterInnenbewegung, Wien/http://www.vga.at; D4 © Hueber Verlag/Pia Graß S. 80: Landeskunde © ddp images/dapd S. 84: Karte © cpauschert – stock.adobe.com; 1 © Thinkstock/iStock/tetmc; 2 © Thinkstock/iStock/JBryson; 3 © GettyImages/E+/pidjoe; 4 © Thinkstock/iStock/JackF; 5 © Thinkstock/iStock/NemanjaMiscevic; A © Thinkstock/iStock/bhofack2; B © MEV/Nicholson Graeme; C © Kurt Henseler/laif; D © Thinkstock/iStock/HeikeRau; E © ExQuisine – stock.adobe.com; F © stadt-land-lifestyle.de S. 85: Mohn © Thinkstock/iStock/kolesnikov-serg S. 86: B3: Amira © Soluna Kokol, München; Burak © fotolia/Jasmin Merdan S. 88: C3: 1 © Thinkstock/iStock/LuminaStock; 2 © Thinkstock/iStock/ChristinaFelsing; 3 © Thinkstock/iStock/sanjagrujic; 4 © Thinkstock/Purestock; 5 © Thinkstock/Wavebreak Media S. 92: 3. Reihe: 1 © Thinkstock/iStock/bluejayphoto; 2 © photo 5000 – stock.adobe.com; 4. Reihe: 1 © GettyImages/iStock/GettyImagesPlus/Edwardward; 2 © GettyImages/iStock/GettyImagesPlus/Hannes6380; Alle weiteren: Franz Specht, Weßling S. 93: Typisch Deutsch: Kirche © Thinkstock/iStock/DesignPics; Brötchen: Franz Specht, Weßling; Gruppe © EdNurg – stock.adobe.com; Schiff © Thinkstock/iStock/LanceB; Ü3 © Thinkstock/iStock/Raywoo

Arbeitsbuch

S. AB 10: Ü2 © Thinkstock/iStock/bokan76 S. AB 11: Ü4 © Thinkstock/iStock/nyul S. AB 12: Ü8 © Thinkstock/Big Cheese Photo S. AB 13: Ü12: 1 © GettyImages/E+/zoranm; 2 © Thinkstock/ Purestock S. AB 14: Ü14 © fotolia/Dash; Ü15: A © Thinkstock/iStock/bst2012; B © Thinkstock/iStock/ XiXinXing; C © Thinkstock/Purestock S. AB 18: Ü24: 1 © Thinkstock/PHOTOS.com/Jupiterimages; 2 © Thinkstock/Pixland; 3 © GettyImages/alvarez; 4 © Getty Images/E+/Steve Debenport S. AB 21: Ü3 © PantherMedia/Yuri Arcurs S. AB 23: Ü3 © Thinkstock/iStock/bowdenimages S. AB 24: Ü7 © Thinkstock/ iStock/MEROSS S. AB 27: Ü15 © Thinkstock/iStock/R_Type S. AB 28: Ü17 © Thinkstock/iStock/shiro-nosov S. AB 30: Ü21: A © Thinkstock/iStock/Ridofranz; B © fotolia/Tyler Olson S. AB 33: Ü1 © Thinkstock/ Stockbyte/Comstock S. AB 35: Ü4 © Thinkstock/iStock/DragonImages; Ü5: links © Thinkstock/iStock/Kerkez; rechts © fotolia/auremar S. AB 37: Ü10 © shootingankauf – stock.adobe.com S. AB 38: Ü12: Rahmen © Thinkstock/iStock/ISMODE; Junge © Thinkstock/Monkey Business; Radio © Thinkstock/iStock/ImageDB; Uhr © Thinkstock/iStock/Serafima82; Ringe © fotolia/MAK S. AB 39: Ü16 © Thinkstock/iStock/danr13 S. AB 40: Ü17 von oben: © fotolia/oka; © Thinkstock/iStock/AndreyPopov; © Thinkstock/iStock/Radio-kukka S. AB 44: 1 © Thinkstock/Getty Images; 2 © Thinkstock/iStock/eurobanks; 3 © Getty Images/iStock/ Eva-Katalin; 4 © Thinkstock/iStock/bowdenimages S. AB 45: Ü3 © Thinkstock/iStock/vitapix S. AB 46: Ü7 © iStockphoto/RonTech2000 S. AB 47: Ü10 © Thinkstock/DigitalVision/Toby Burrows S. AB 51: Ü17: A © Thinkstock/iStock/design56; B © PantherMedia/Kati Neudert; C © iStock/MiquelMunill; 1 © Thinkstock/ iStock/m-imagephotography; 2 © Getty Images Plus/iStock/PeopleImages; 3 © Thinkstock/AbleStock.com/ Hemera Technologies S. AB 55: Ü1: Florian Bachmeier, Schliersee S. AB 56: Ü2 © Thinkstock/iStock/ JackF; Ü3 © Thinkstock/iStock/stask S. AB 57: Ü3 © Thinkstock/Blend Images/Andersen Ross S. AB 60: Ü13 © Getty Images/Tassii; Ü15 © Thinkstock/iStock/Wavebreakmedia S. AB 63: Ü20 © dpa Picture-Alli-ance/Ullstein S. AB 66: Ü1 © Thinkstock/Purestock S. AB 67: Ü1 © Thinkstock/AID/a.collectionRF S. AB 68: Ü3 © Giuseppe Parisi – stock.adobe.com; Ü5: A © fotolia/Juulijs; B © Thinkstock/Zoonar/J.Wachala; C © Getty Images/E+/PictureLake; D © fotolia/acrogame S. AB 69: Ü6 © dpa Picture-Alliance/APA/ picturedesk.com S. AB 70: © Franck CRUSIAUX/REA/laif S. AB 71: Ü9 © Thinkstock/iStock/saoirse_2010 S. AB 74: Ü15: 1 © PantherMedia/photobac; 2 © Thinkstock/iStock/CREATISTA S. AB 75: Ü16 © Think-stock Hemera/Sergiy Serdyuk S. AB 76: Ü19 © Margit Power – stock.adobe.com S. AB 79: Ü1a: 1 © Think-stock/iStock/oorka; 2 © Getty Images/ma-k; 3 © Thinkstock/iStock/HandmadePictures; 4 © Thinkstock/ iStock/Kharichkina; Ü1b: 1 © Thinkstock/iStock/hydrangea100; 2 © Thinkstock/iStock/Chimpinski; 3 © Thinkstock/iStock/ArtCookStudio; 4 © fotolia/Luminis; 5 © Thinkstock/iStock/Ljupco S. AB 80: Ü3 von links: © donaldyan1 – stock.adobe.com; © Thinkstock/iStock/sborisov; © Thinkstock/iStock/ bluejayphoto; © PantherMedia/Bojidar Beremski; Ü4 © fotolia/Fotos 593 S. AB 81: Ü7 © Thinkstock/ Creatas/Jupiterimages S. AB 82: Ü11: 1 © Thinkstock/iStock/XiXinXing; 2 © Thinkstock/iStock/Epic-StockMedia; 3 © Thinkstock/iStock/Nataly-Nete S. AB 83: Ü12 © fotolia/poco_bw S. AB 87: Ü2 © Thinkstock/iStock/kzenon

Lernwortschatz

S. LWS 3: © Thinkstock/iStock/BraunS S. LWS 7: virtuelle Welt © Thinkstock/iStock/Ali Kerem Yücel S. LWS 11: Einkaufen von links nach rechts: © Thinkstock/iStock/g-stockstudio; © fotolia/Kadmy; © Adam Gregor – stock.adobe.com S. LWS 19: Soziales Engagement von links nach rechts: © Thinkstock/iStock/ AlexRaths; © jupiterimages/Photoconcepts/Frank and Helena; Florian Bachmeier, Schliersee

Illustrationen: Jörg Saupe, Düsseldorf
Alle anderen Bilder: Matthias Kraus, München

Bildredaktion: Nina Metzger, Hueber Verlag, München